思考を鍛える

ライティング教育

書く・読む・対話する・探究する力を育む

INOSHITA Chiiko

井下千以子 編著

Writing Discipline to Encourage Inquiry Thinking Through Deep Active Learning

慶應義塾大学出版会

まえがき

　人間の思考をコピーするデジタルクローンの誕生など、人工知能（AI）の劇的な進化によって、知的作業を楽にし、将来的には経営判断まで任せられるようにしたいと意気込む企業まで現れた。「人間が考えることをしなくなる」ことは、近未来の話ではない。

　レポート課題での「コピペ」の横行は日常茶飯事であり、大学ではコピペ検出ソフトを導入してまでその対策に乗り出さなくてはならなくなった。自分の考えを自分の言葉で書けない。長い文章は読まない、読めない。プレゼンはパワーポイントで OK。パワポは電子紙芝居とも呼ばれ、論理的でなくても何となく伝わる。大学だけではない。クリックするだけで今夜のメニューが決まり、レンジのボタンを押せば、数分で晩御飯が完成。「考えなくていい」という選択肢は、私たちの日常生活のあらゆる場面で飛躍的に増えている。

　一方で、人知を尽くしても解決困難な不測の事態も頻発している。パンデミック、気候変動による自然災害、人災でもある震災による原発の廃炉問題、勃発する民族間の紛争など、世界規模で、知恵を結集し、共感し、協力していくことが求められている。変化の激しい混迷の時代を生きる生徒・学生に向けて、粘り強く考え、考え抜いたことを自分の言葉で伝え、話し合い、疑問を呈する思考力や共感する感性を持ち、連携し、行動していくことができるよう、学校や大学ではどのような教育ができるだろうか。

　「思考力を鍛えること」「書くことの教育」「書き言葉の教育」は、初等・中等教育から大学教育まで、古くからすべての教育において重要な課題であった。編者も長年にわたり、実践と研究を継続してきた。このたび、古くて新しいテーマとして、志を一にする研究者らとともに、共同研究として取り組む機会を得て、その成果を出版することとなった。

　本書の成り立ちについて述べておく。大学教育学会では、学会として取り組む研究テーマを、課題研究として設定し、研究成果を共有するために大会や課題研究集会でシンポジウムを開催している。編者は、研究代表者として、

課題研究「学生の思考を鍛えるライティング教育の課題と展望」に採択され、2018年度〜2020年度の3年間、本書の執筆者らと研究を重ねてきた。シンポジウムやラウンドテーブルで発表し、その成果を大学教育学会誌に発表し、そこで得られた知見が、本書の下敷きとなっている。

　本書は、出版にあたり、これまで大学教育学会誌に発表した原稿を大幅に加筆修正して、あらたな原稿として書き下ろしたものである。初年次教育学会課題研究シンポジウムにおける発表を初年次教育学会誌に掲載した原稿についても、大幅に加筆修正して、あらたに書き下ろした。

　本書は、序章に続く4部構成で、全15章からなる。
　　第Ⅰ部　「考える・書く・読む・対話する力」を鍛えるライティング教育
　　第Ⅱ部　高大接続〜大社接続に資するライティング教育
　　第Ⅲ部　正課と正課外教育をつなぐライティングセンター
　　第Ⅳ部　思考を鍛えるライティング教育の未来

　第Ⅰ部は、「書く」ために必須の「思考力・読む力・対話する力」を鍛えることも含めた包括的なライティング教育の実践の分析と報告である。第Ⅱ部では、高大接続〜大社接続（大学と社会との接続）まで長いスパンで「接続」を捉え、「探究学習」や「レポート課題」について分析している。第Ⅲ部では、正課科目としての授業と、正課外でのライティングセンターを連携した支援のあり方を提案している。第Ⅳ部では、分野を横断する学術日本語について考察し、21世紀型能力と思考を鍛えるライティング教育の未来を俯瞰している。各章については、目次をご覧いただきたい。

　なお、本書は大学教育学会課題研究「学生の思考を鍛えるライティング教育の課題と展望」（研究代表：井下千以子）の研究助成費を受けて出版されたものである。また、本書は文部科学省科学研究費補助金（18K02713）「高大接続に資する思考力・判断力・表現力育成のための教材開発に向けた国際連携研究」（研究代表：井下千以子）の成果の一部である。
　執筆者を代表し、多くの方々のご指導とご協力に、心から感謝申し上げる。

　2022年5月　　　　　　　　　　　　　　　　　　　　　　　　編者

目　次

まえがき（井下千以子）　i

序　章　思考を鍛えるライティング教育とは
　　　　―変革期を生きる人間形成の基本となる、
　　　　教養ある「自律した書き手」の育成―（井下千以子）……………1

第Ⅰ部　「考える・書く・読む・対話する力」を鍛えるライティング教育

第1章　初年次必修文章表現科目の成果と課題
　　　　―授業設計者のための材料として―（大島弥生）………………15

第2章　書くために必要な読解力を鍛える
　　　　―初年次科目「思考技術基礎」とライティング―
　　　　（福　博充・関田一彦）……………………………………………33

第3章　論理的に書く力を育成する思考ツール
　　　　―留学生クラスにおける実践―（高橋　薫）…………………51

第4章　リーディング学習と接続する
　　　　ライティング教育（杉谷祐美子）………………………………75

第5章　フィンランドの読む習慣と考えて書く力
　　　　―教師へのインタビュー調査と授業観察から―（井下千以子）
　　　　………………………………………………………………………91

第Ⅱ部　高大接続～大社接続に資するライティング教育

第6章　中等教育における探究学習はいかに大学での学習に接続したか
　　　　―慶應SFC中高における主体的・対話的な授業と
　　　　考えて書く力の醸成―（井下千以子・柴原宜幸）‥‥‥‥‥‥‥109

第7章　探究学習へと誘う大学でのライティング教育
　　　　―批判的思考力・論理的表現力の育成と教養の涵養―
　　　　（井下千以子・柴原宜幸・小山　治）‥‥‥‥‥‥‥‥‥‥‥129

第8章　レポート課題を分類する（成瀬尚志）‥‥‥‥‥‥‥‥‥‥‥155

第9章　高校・大学・仕事におけるレポートライティング経験の
　　　　職場における経験学習に対する連鎖構造
　　　　―社会科学分野と工学分野を比較した学び習慣仮説の精緻化―
　　　　（小山　治）‥‥‥‥‥‥‥‥‥‥‥‥‥‥‥‥‥‥‥‥‥173

第Ⅲ部　正課と正課外教育をつなぐライティングセンター

第10章　文章力向上を多面的に支える
　　　　創価大学ライティングセンター（佐藤広子・高橋　薫）‥‥‥197

第11章　継続的な利用が自ら書く力を育てる
　　　　青山学院大学ライティングセンター
　　　　（小林至道・中竹真依子・嶼田大海）‥‥‥‥‥‥‥‥‥‥‥213

第12章　正課と正課外の連環を目指した
　　　　関西大学のライティングセンター（岩﨑千晶）‥‥‥‥‥‥‥229

第13章　指導と研究を行う
　　　　早稲田大学ライティング・センター（佐渡島紗織）·········· 243

第Ⅳ部　思考を鍛えるライティング教育の未来

第14章　「学術日本語」は分野を横断するか
　　　　―理系の作文技術と英語に関する一考察―（小笠原正明）········· 261

第15章　21世紀型能力とライティング教育の未来（山地弘起）········ 273

あとがき（井下千以子）　285

執筆者紹介　287

思考を鍛える
ライティング教育とは

―変革期を生きる人間形成の基本となる、
　教養ある「自律した書き手」の育成―

井下千以子

1.　はじめに

　「書くこと」は簡単ではない。読み・書き・聞く・話す の 4 技能、どれも簡単ではないが、とりわけ、内容を精緻化し、読み手を想定し、言葉を選び、筋道立て、よりよく書くことは難しい。語彙力、感性、思考力、つまり、知情意すべてを注力しなければならない言語活動である。その「書くこと」を教育することは、さらに容易ではないが、筆者は「書くことは考えること」「思考を深める重要な教育」だと思い、実践と研究を続けてきた。学位論文は『高等教育における文章表現教育に関する研究―大学教養教育と看護基礎教育に向けて』（井下 2002）で、この題名を決めるまで悩んだ。「考えて書く力」「考えて書くことを教育すること」をどう表現し定義しようか、「思考表現教育」にしようかとも考えたが、「書く」という内容が伝わらない。

　そこで、「文章表現」を認知心理学の知見をもとに人間の内的知識表現の一つとし、「ことばで思考し認識するという内的にして知的な行為と捉え、それを文章として具現化する力」を「文章表現力」と定義した。さらに、そうした思考力や表現力を高めることを目的とする教育を「文章表現教育」として、日常の出来事をそのまま表出し文法的・統語的に正しい文章を書くことを目標とする「作文教育」と区別した。

　その後、20 年のときを経て、大学の授業に文章表現科目は定着した。初年次教育の普及率は文部科学省（2020）によると、97.4％であり、そのうち、レポート・論文の書き方など文章作法は 91.8％と、実施率の最も高いプログ

ラムとなっている。さらに、科目名をアカデミック・ライティングとする例
も増え、またライティングセンターの設置と機能の充実により、「書くこと」
「文章表現」「ライティング」という用語は文脈に応じて、自由に使用される
ようになった。

　こうした変遷に鑑み、本書の主たる研究対象は、大学や高校でのアカデミ
ック・ライティングであることから、「文章表現教育」の定義を継承しつつ、
本書の書名を「思考を鍛えるライティング教育」と称することとした。次節
では、その変遷を振り返りつつ、今日のライティング教育の課題を検討する。

2.　大学のライティング教育研究の歩みと課題

　40 年も前のことであるが、「大学で読み書きを教える」というと、「作文
教育や読書指導は大学教育といえるか」と苦言を呈する教員らもいたという。
しかし、読めない、書けないのだから、基礎からしっかり取り組まなければ
ならない。大学教育において本当に大事なことは何か。基本に立ち返り、熱
い議論が交わされていたのは、大学教育学会の前身である、一般教育学会で
あった。

　一般教育学会は 1979 年に設立され、1981 年に第 2 課題研究「大学におけ
る論述作文、読書及び対話・討議に関する意味づけと方策」が設定された。
1989 年の総括まで 8 年にわたり議論が重ねられた。主たる成果は二点にま
とめられる。一つは学生の論述作文能力開発は学問教育の基礎であるから、
FD（Faculty Development）として長期的に対処する必要があること。もう一つ
は共通基礎能力教育を功利的・技術的に解決しようとすれば、人間形成の基
本を見誤ると警鐘を鳴らし、教養教育の一環と捉える必要性を指摘している
ことである。読み書き教育を大学のグランドデザインと位置づけ、教養教育
の方策として、学会でどう取り組むか、時間をかけ模索している（堀地
1982；1989）。

　1981 年の第 2 課題研究を経て、2018 年に課題研究「学生の思考を鍛える
ライティング教育の課題と展望」が採択された。同時期に学会誌の編集委員
長を経験し、あらためて、この学会は「何を目指すのか」「何を目指してき
たのか」を考えることとなった。

　そこで、学会誌のアーカイブスを用い、1980 年の創刊号から 2020 年の第

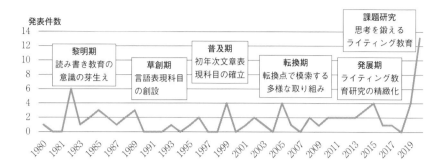

図 0-1　大学のライティング教育研究の変遷─大学教育学会誌 40 年の歩みから─

表 0-1　文章表現教育の変遷

1980 ─ 黎明期	読み書き教育の意識の芽生え
1990 ─ 草創期	日本語表現科目の創設
2000 ─ 普及期	初年次文章表現科目の確立
2010 ─ 転換期	転換点で模索する多様な取り組み
2020 ─ 発展期	ディシプリンと教養が発展の鍵

出典：井下（2008：12）

表 0-2　大学のライティング教育の変遷

1980 ─ 黎明期	読み書き教育の意識の芽生え
1990 ─ 草創期	日本語表現科目の創設
2000 ─ 普及期	初年次文章表現科目の確立
2010 ─ 転換期	転換点で模索する多様な取り組み
2020 ─ 発展期	ライティング教育研究の精緻化
2030 ─ 変革期	ディシプリンに根差した教養ある自律した書き手の育成

41 巻第 2 号までライティングに関連する論文について、論文名でキーワード検索を試みたが、内容に漏れがあることがわかった。そこで、学会誌の原本に当たり、該当論文を抽出した。

　図 0-1 は、発表件数を年次別に示し、各発表の核となる用語を分析し、テーマの変遷を表したものである。その結果，創刊号から第 41 巻第 2 号までライティング教育関連の発表数は 79 本で、発表数が突出する五つの時期を確認した。各時期は、次に示す**表 0-2** と対応している。

　表 0-1 は、2008 年の時点で文章表現教育の変遷として五つの発達段階を示したものである。**表 0-2** は、学会誌のアーカイブスを分析することで、**図 0-1** の結果と対応させ、大学のライティング教育の変遷として再編成したも

図 0-2　文章表現教育の 3 要素
出典：井下（2008：21）

のである。

　1980 年代の黎明期は、1981 年の第 2 課題研究「大学における論述作文、読書及び対話・討議に関する意味づけと方策」から 1989 年の総括までである（堀地 1982；1989）。

　1990 年代の草創期は、大学で初めて言語表現科目が設置（筒井 1995）され、科目の運営の組織化が、教養教育の一環として試みられている。

　2000 年代の普及期は、初年次教育が普及し、正課の言語表現科目（大島 2005；成田ら 2005；渡辺ら 2008）の研究では、ピアレビューなど協働学習の効果が検証されている。井下（2008）は『大学における書く力考える力―認知心理学の知見をもとに』において、2010 年代を転換期とし、実践や研究、特色 GP など多様な取り組みが模索される中で、2020 年代はさらに発展していくだろうと捉えていた。文章表現教育の 3 要素としてディシプリン・学習技術・教養を掲げ（**図 0-2**）、学習技術を基盤とし、ディシプリンと教養を文章表現教育に埋め込んでいくことが発展の鍵となると考え、初年次教育に集中させた指導だけではなく、教養教育や専門教育におけるライティングの重要性を主張した。しかし 2010 年の段階では理念としては受け入れられたものの、教育現場には浸透しなかった[1]。

　一方、学会発表は、初年次の文章表現科目の実践報告からライティング教育研究へと高等教育政策と連動し、精緻化している。2010 年以降は、論文発展プロセスの分析（小林・杉谷 2012）、ルーブリックによるレポート評価の質保証（松下・小野 2013）、ライティングセンターにおける支援の効果検証（佐渡島ら 2012；多田・岩﨑 2019）、パーソナル・ライティングによる自己形成研究（谷 2021）などが発表されている。また、関西地区 FD 連絡協議会・京都大学高等教育研究開発推進センター編『思考し表現する学生を育てるライティング指導のヒント』では、レポートの書き方から卒業論文まで、大学 4 年間のカリキュラムにわたって接続をはかり、思考を育むライティング指導として Writing Across the Curriculum（以下、WAC）（第 7 章、**図 7-1** を参照）が提案されている（井下 2013）。

　その後も、初年次のアカデミックスキル科目と専門科目がうまく接続して

いない問題がある中、大学教育学会で課題研究「学生の思考を鍛えるライティング教育の課題と展望」（2018–2020）が採択され、2020年にはカリキュラムに位置づけた横断的取り組み（WAC）ともいえる研究、新潟大学歯学部（丹原ほか2020）、早稲田大学人間科学部（高橋2020）、創価大学（福・関田2020）などが発表され、学士課程教育全般を見据えた体系化の兆しも見えてきた。

　それを踏まえて、あらたに**表0-2**では、2020年以降を2030年に向けた大学のライティング教育の未来を描く変革期として位置づけた。DX（デジタルトランスフォーメーション）、AIの進化など、人間が生み出したモノが人間の思考を阻むことさえある変革の時代に、人はいかに生きるべきかという哲学としての教養なくして、教育を論ずることはできない。

　そうした観点から、変革期のライティング教育のテーマを「ディシプリンに根差した教養ある自律した書き手の育成」とした。その具体的な説明は次節で述べることとする。

3. 思考を鍛えるライティング教育の枠組み

　ここまでライティング教育のあゆみを読み解いてきた。一般教育学会設立間もない1980年代の課題研究「大学における論述作文、読書及び対話・討議に関する意味づけと方策」を振り返ってみると、読み書き教育を人間形成の基本であるとし、教養教育の一環と位置づけている。教養や人間形成を重視しようとするライティング教育は、原点回帰ともいえるが、生徒や学生らが21世紀を生き抜く力を育成する素地として、継承すべき普遍的な課題であると考えられる。それは、知識やスキル学習を軽視するということではない。むしろ、知識やスキルを基盤とし、正解が一つではない問題や予測不可能な事態を捉え、どう解決していくか、創造的発見的に思考するライティングが求められる問題解決過程でもある。

　図0-3は、国立教育政策研究所が社会の変化に対応する資質や能力の枠組みの試案として示された図「21世紀型能力」（2013：26–28）を参照し、「思考を鍛えるライティング教育の枠組み」として作成したものである。基礎力、ディシプリン、教養の3層からなり、自分の考えを自分の言葉で書くことができる「自律した書き手」の育成を目標としている。

まず、思考を鍛えるライティング教育の中核に、ディシプリン（学問の思考様式や教科の見方・考え方：各教科の学問原理［ディシプリン］に基づいたエピステミックなアプローチ "discipline-based epistemological approach"; 白井 2020：115）を位置づけた。その構成要素は、アカデミック・ライティングの骨格となる批判的思考力、論理的表現力、問題発見・解決力などの思考力である。その思考力を支えるのが、基礎力としての書く力・読む力・対話する力である。

考えて書くという行為を包括的に捉え、方向づけるのが、教養である。安西（2002）は、教養があるということは自らを客体化できることだと述べている。学問は自らを客体化する一つの手段であり、それを自分の生き

変革期を生きる

人間形成の基本
人間として成長する醍醐味

自律した書き手

思考を鍛えるライティング教育

教　養
メタ認知・探究
（自己の相対化と調整）

創造的思考力・思いやる思考
（推論・判断）

ディシプリン

学問（教科）の思考様式
批判的思考力・論理的表現力
問題発見・解決力

基礎力

書く力・読む力
対話する力

図 0-3　思考を鍛えるライティング教育の枠組み

るプロセスの中で捉えていくことが教養教育の重要な点であるという。また、柴田（2005）は教養教育の目指すべきものとして、自己の相対化、新しい自分を探究させること、新しい世界を知る楽しさを発見させることを掲げている。こうした教養教育の捉え方に触れると、身につけるべき知としての "思考" は、自己を相対化して点検し調整するメタ認知、実社会や実生活の複雑な文脈や自己の在り方生き方と関連づけて問い続ける探究（文部科学省 2019：13）、新しい世界を創造する思考（文部科学省 2019：145）、多様な問題や他者と向き合い、推論して判断する思いやる思考（Caring Thinking; Lipman 2003）[2] など、広く深いことがわかる。

すなわち、書くことを通して思考を可視化し、自分の書きたいことや伝え

たいことは何かを省察し調整（メタ認知）することで、自己の在り方生き方を探究することができる。広くディシプリンに学び、文献を読み込み、他者と対話を重ね、現実を深く探究して、批判的に検討し、問いを温め、粘り強く考え抜いて書く力を鍛えるプロセスには、教養を深め、人間として成長する醍醐味がある。それは変革期を生きる人間形成の基本となる。図 0-3 はその枠組みを表している。

4. 自律した書き手を育むメタ認知的気づきを促す学習環境のデザイン

　では、生徒や学生にどのような学習環境を提供し、どのように指導すれば、自律した書き手を育てることができるのか、ここでは認知心理学の学習論を手掛かりに検討する。

　一般的に学習は基礎から始め、次第に難度の高い学習へと進む。すなわち、過去の学習経験を新しい事態に適用する転移（transfer）によって知識を獲得することができる。この前提には、知識は積み上げによって獲得されるという転移観がある。しかし、学習が創造的・発見的・洞察的な内容になるほど積み上げ論で説明することは難しくなる（佐伯 1998）。

　そこで、ここでは転移を 2 種類に分け、基本の転移と高次の転移として考える。基本の転移は、ある特定の学習内容 A が別の学習内容 B の構成要素となっているとき、A が B に転移したとする。構成要素を積み上げることでより複雑な学習ができるようになる。したがって、基本の転移には、構成要素を分析した学習デザインが必須となる。

　それに対し、高次の転移は、積み上げ式学習では理解が困難な場面において、学習内容の構造や関係性を理解することによって、知識を広げ、より柔軟に創造的・発見的に洞察できるようになることを指す。したがって、探究学習では高次の転移が必要となる。

　それでは、どのような学習環境で高次の転移が促されるのだろうか。それを図式化したものが、図 0-4 である。これは、看護学生の自律を促すメタ認知の発達段階モデル（井下 2008）を、一般的なライティング学習環境としてデザインしたものである。看護記録の熟達化研究を通して、看護学生が、既有知識の当てはめでは通用しない臨床実習という、脱文脈化した課題状況に

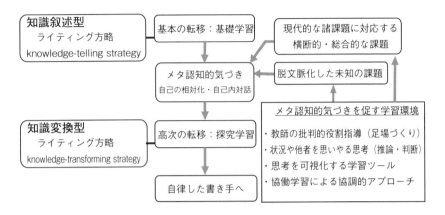

図 0-4　自律した書き手を育むメタ認知的気づきを促す学習環境

出典：井下（2008：91）を改変

応じて、高次のメタ認知的モニタリング活動を行っていることが明らかになった。しかし、メタ認知は自己内対話によるものであることから、学生らはメタ認知の重要性に気づかないこともある（井下 2000）。したがって、教師が学生にメタ認知の重要性を気づかせること、すなわち、学生にメタ認知的気づき（metacognitively awareness ; Breuer 1993）をどう促していくかが、学習環境デザインのポイントとなる。

　まず、教師が批判役のモデルを学生に示す。次第に学生は看護過程をメタ的に認知し、批判的役割を教師と共有し始める。つまずいたときには教師に指導を仰ぎながらも、最終的には学生が自分自身で批判的役割を行えるようになる。このようにメタ認知的気づきのある学習環境では、はじめは教師が批判的役割を担い、足場づくり（scaffolding ; Brewer 1993）をして、次第にその足場となる梯子を外し、学生に高次の転移を促すと考えられる。

　しかし、批判的思考を獲得するだけでは十分ではなく、思いやる思考（Caring Thinking）も必要となる（Lipman 2003）。他者の置かれている状況や心境を推論し、感性を研ぎ澄ませる精神的活動も重要である。どう対応すべきか、創造力（＋想像力）を働かせ、判断していくことが求められる場面で、メタ認知的気づきは活性化され、高次の転移へとつながる。

　さらに、看護記録研究では、思考を可視化するツールとしての関連図（看護過程やそこでの判断を図に表したもの）や、カンファレンスなど集団討議の

場での協働学習による協調的なアプローチによっても、メタ認知的気づきが促進されることがわかった。

　この看護学生の自律を促すメタ認知の発達段階モデルに、**図 0-4** では、二つのライティング方略（Bereiter & Scardamalia 1987）を対応させている。まず、知識叙述型（knowledge-telling）ライティングでは、文章のテーマについて思いついたままに書き連ねていく方略が取られる。推敲が行われるとすれば、文法的な誤りや統語的な問題についてのみである。いわゆる文章の修辞的な問題を、既有知識を用いてモニタリングするという表層的なメタ認知によって、基本の転移が機能していると考えられる。

　一方、知識変換型（knowledge-transforming）ライティング方略では「何についてどう書くか」というテーマに関わる内容的知識と文章表現に関わる修辞的知識と間に相互作用が見られる。推敲では目的と照らし合わせ表現を吟味する〝行きつ戻りつ〟の再帰的なプロセスを辿る。単に文章の誤りを修正するだけでない、知識の再構成が行われている。すなわち、新たな知識生成のためのメタ認知活動として高次の転移が機能している。

　さらに、どう書かせるかに加えて、何を書かせるかという論題の設定がメタ認知気づきを促し、高次の転移、すなわち探究学習において思考を深めることにつながる。**図 0-4** には、変革期を生きる生徒・学生らが取り組むべき課題として、「現代的な諸課題に対応する横断的・総合的な課題」（文部科学省 2019：87-90）を掲げている。たとえば、持続可能な開発目標（SDGs）の17の目標を参考にすることも考えられるだろうし、ディシプリン（学問分野や教科）に固有の話題や、普遍的なテーマ、身近な日常での話題など、まずは生徒・学生の関心ある話題で手が届きそうなものを論題とすることで、モチベーションを高め、思考を深めることができる。難度が高すぎる、興味のない話題では、思考を深めることは難しい。本書の各章では、これら批判的役割、思考ツール、協働学習、適切な論題についての実践報告や研究成果が具体的に示されている。なお、二つのライティング方略モデルに、WAC の理念を反映させ、大学 4 年間のライティング教育として示したものが、第 7 章の**図 7-1** である。

5. 本書のねらい

　「思考を鍛えるライティング教育」の目標は、変革期を生きる人間形成の基本となる、教養ある「自律した書き手」の育成にある（**図 0-3**）。3 年間の課題研究において導き出されたテーマでもある。ねらいは、実践と理論の両面から具体的な方策を示すことにある。とりわけ、「書くこと」に加え、「考えること」「読むこと」「対話すること」「探究すること」の教育の重要性を指摘している。さらに、初等・中等教育〜高大接続〜大社接続、ライティングセンター、学術日本語まで幅広く捉え、思考を鍛えるライティング教育の未来像を理論的に整理することで、実践に寄与する具体的内容を明示している。

注

1 ）　串本ら（2016）は、レポート指導の実態は依然として「黎明期」段階にあるのではないかとし、レポートを課している講義担当教員に面接調査を実施している。その結果を踏まえて、レポート作成機会の提供方式を「レポート作成能力の育成に特化した科目を作る（特化科目方式）」と「既存の授業をレポート作成能力育成として指定する（指定授業方式）」に分類している。本書第 7 章の「生涯発達心理学」の授業は後者に近いと思われる。

2 ）　Lipman（2003）によれば、批判的思考や創造的思考は重要であるが、それだけでは十分ではないという。複雑な問題を解決するには、困難な状況や他者の考えを推論し調整して判断する Caring Thinking が、問題の改善に向けて統合的な役割を果たすとした。"ケア"と翻訳すると看護や介護を連想させ、解釈が狭くなるので、"思いやる思考"と訳出している。

引用文献

安西祐一郎（2002）慶應義塾大学教養研究センター開所記念シンポジウム「教養教育をめぐって」慶應義塾大学教養研究センター，7-19.

Bereiter, C. & Scardamalia, M. (1987). *The psychology of written composition*. Hillsdale, N.J.: L. Erlbaum Associates: Routledge.

Bruer, J. T. (1993). *Schools for thought: a science of learning in the classroom*. Cambridge, Massachusetts; MIT Press. ブルーアー，ジョン・T.（松田文子・森敏昭監訳）（1997）『授業が変わる―認知心理学と教育実践が手を結ぶとき』北大路書房.

福博充・関田一彦（2020）「ライティング科目と連携する科目の設計―初年次科目『思考技術基礎』の実践から―」『大学教育学会誌』42(1), 27-30.

堀地武（1982）「第 2 課題研究　大学教育における論述作文，読書及び対話・討議に関す

る意味づけと方策について」『大学教育学会誌』4(1), 2-7.

堀地武（1989）「第2課題研究　大学教育における論述作文，読書及び対話・討議に関する意味づけと方策の総括」『大学教育学会誌』11(2), 73-77.

井下千以子（2000）「看護記録の認知に関する発話分析—看護記録の教育に向けた内容の検討—」『日本看護科学会誌』20(3), 81-91.

井下千以子（2002）『高等教育における文章表現教育に関する研究—大学教養教育と看護基礎教育に向けて—』風間書房.

井下千以子（2008）『大学における書く力考える力—認知心理学の知見をもとに—』東信堂.

井下千以子（2013）「思考し表現する力を育む学士課程カリキュラムの構築— Writing Across the Curriculum を目指して—」関西地区 FD 連絡協議会・京都大学高等教育研究開発推進センター編『思考し表現する学生を育てる—ライティング指導のヒント』ミネルヴァ書房, 10-30.

小林至道・杉谷祐美子（2012）「ワークシートの利用に着目した論文発展プロセスの分析」『大学教育学会誌』34(1), 96-104.

国立教育政策研究所（2013）「社会の変化に対応する資質や能力を育成する教育課程編成の基本原理」『教育課程の編成に関する基礎的な研究 報告書5』, 26-28.

串本剛・吉植庄栄・中川学・菅谷奈津江（2016）「東北大学の全学教育におけるレポート作成指導—講義担当教員を対象とした面接調査の知見—」『東北大学高度教養教育・学生支援機構紀要』2, 233-14.

Lipman, M. S. (2003). *Thinking in education*. Second edition. Cambridge, UK: Cambridge University Press.

松下佳代・小野和宏・高橋雄介（2013）「レポート評価におけるルーブリックの開発とその信頼性の検討」『大学教育学会誌』35(1), 107-115.

文部科学省（2019）『高等学校学習指導要領（平成30年告示）解説 国語編』.

文部科学省（2019）『高等学校学習指導要領（平成30年告示）解説 総合的な探究の時間編』.

文部科学省高等教育局（2020）「平成30年度の大学における教育内容等の状況について」.

成田秀夫・中村博幸（2005）「大学における『日本語表現』講座の意義と可能性」『大学教育学会誌』27(2), 56-59.

大島弥生（2005）「大学初年次の言語表現科目における協働の可能性—チーム・ティーチングとピア・レスポンスを取り入れたコースの試み—」『大学教育学会誌』27(1), 158-165.

佐渡島紗織・宇都伸之・坂本麻裕子・大野真澄・渡寛法（2012）「初年次アカデミック・ライティング授業の効果—早稲田大学商学部における調査—」『大学教育学会誌』37(2), 154-161.

佐伯胖・佐藤学他（1998）『心理学と教育実践の間で』東京大学出版会.

柴田翔（2005）「現代教養教育の原点と貢献—社会が求めるものと大学が提供すべきもの—」『大学教育学会誌』27, 2-16.

白井俊（2020）『OECD Education2030 プロジェクトが描く教育の未来—エージェンシー、

資質・能力とカリキュラム—』ミネルヴァ書房.

多田泰紘・岩﨑千晶・中澤務（2019）「ライティングセンターと教員の連携がプロセスに沿った継続的なライティング学習に与える効果」『大学教育学会誌』40(2), 46-53.

高橋薫（2020）「論理的に書く力を育成する指導法—思考ツールの活用事例—」42(1), 31-35.

谷美奈（2021）『「書く」ことによる学生の自己形成—文章表現「パーソナル・ライティング」を通して—』東信堂.

丹原惇・斎藤有吾・松下佳代（2020）「論証モデルを用いたアカデミック・ライティングの授業デザインの有効性」『大学教育学会誌』42(1), 124-135.

筒井洋一（1995）「富山大学における言語表現科目の新設とその意義」『大学教育学会誌』17(2), 157-162.

渡辺哲司・島田康行（2008）「大学初年次生が文章表現に対してもつ苦手意識の分析」『大学教育学会誌』32(1), 108-113.

第 I 部

「考える・書く・読む・対話する力」を鍛えるライティング教育

第1章 初年次必修文章表現科目の成果と課題
―授業設計者のための材料として―

大島弥生

1. はじめに：本章の目的

　本章では、初年次アカデミック・ライティングについて、その授業の課題として提出させる文章（以下、「課題文章」と呼ぶ）のジャンル特性から分類を試みる。そのうえで、必修科目の事例をもとに、その設計や活動を選んだ意図、実践の概要、成果と課題を示しながら、授業設計の材料を紹介していきたい。本章でいう「ジャンル」とは、英語非母語話者対象のEAP（学術のための英語）の分野で多用される観点で、目的を共有したディスコースを指す（Swales 1990）。コミュニケーション上の共通の目的達成に向けて作られたネットワークであるディスコース・コミュニティにおいて成員には特定ジャンルの熟知が求められ、タスクを通じて、内容スキーマ、先行テキストの知識、形式面の知識のスキーマが習得されるという。つまり、学部や卒業後のどのようなコミュニティを想定するかで、課題文章を書くための知識やタスクも異なってくる。本章ではこの視点から授業の設計を考えたい。

2. 必修の文章表現科目を始めることになったら：
レディネス・ジャンル・プロセス・協働・担当者を考える

2.1 初年次生のレディネスを知る

　「ウチの学生には何が必要か」を考える、すなわちその科目の履修学生は

何ができて何ができないのかというレディネスを知ることが、初年次の文章表現科目の設計の第一歩となる。当該機関でこれまでの高年次生が書いたレポートや入試時の小論文から、文章作成能力をある程度読み取ることができるだろう。初年次必修科目を始めるとしたら、入学後の学士課程でのライティング課題を書くための能力を養うことがまずは期待される。機関内で課題を共有するには、2.5 で後述する複数担当者による目標や方法のすり合わせがさらに必要となる。

こうした初年次生のレディネスを考えるうえで、非常に参考になる種々の調査を掲載した書籍が近年刊行された。大正大学の 1 年生を対象にした調査によれば、高校在学中に書いた文章の字数は 400 〜 800 字が 60.4% で、2,000 字を超える文章の経験者は 10% 余りに過ぎず、内容も「自分のしたこと（経験や感想）について書く」が最多で、先行研究の調べ方について指導を受けたと答えたのは 5.7% だという（春日ら 2021：16-21）。この結果は、2003 年から初年次文章表現科目を担当してきた筆者の経験に基づく実感にも近い。

初年次生の多くは、受験小論文対策として、ある程度の長さの文章を読んで「200 字で要約せよ」「筆者の主張を 100 字で抜き出せ」といった設問に答える経験を持っている。だが、これらは学術的な引用のルールに則ったものではなく、読解力・要約力を問うた結果、「誰の意見か」を文中に示さずにまとめる訓練となってしまっている。そのため、初年次生では、意見文はそれなりに書けていても、資料を用いた論説文となると、引用の形式はもちろん、引用という行為自体の経験や知識がなく、結果的に悪意のない剽窃となってしまうケースが多々ある。また、引用の指導なく学期末レポートなどを課されると、インターネット上で見つけた情報をパッチワークする悪意のない剽窃を行い、それを身につけてしまう恐れもある。そのため、まず初年次生に対して、引用とは何か、なぜ学問分野の学びを進めるうえで必要かという点を印象づけ、後述の文章表現の細部のルールに先んじて、繰り返し伝える必要がある。

初年次の文章表現科目を設計する際には、そのカリキュラム上の位置づけ（必修か選択か、1 科目のみの配置か後続科目群があるか等）、担い手（学生の専門分野の教師か、言語教育を専門とする教師か、その双方か）が学習項目や手法選択の要因となりうる。これに加えて、上述した初年次生のレディネスを調

査し、高校生を「（当該機関の）大学生にする」という観点から、学習項目・授業形態・到達目標を決定する必要がある。この分野は近年多くの教材が出版されているが、これらの要素内・要素間の優先順位は、その機関の学生の実態に合わせて調整する必要がある。

2.2 文章表現科目で課される課題文章のジャンルを考える

日本語のアカデミック・ライティングに関して、どのようなジャンルやタスクが、どのような認知的能力を引き出しやすいか、体系的な検討が十分になされているとは言いがたい。

以下では、課題文章のジャンルの特徴から、大学での文章表現科目の分類を試み、主張の根拠となる資料の指定の有無、論題設定の自由度から、概ね4つに大別して示した（表 1-1 参照）。ただし、課題文章が 4 種の中間や複数の特徴を持つことも、1 学期間の文章表現科目中に複数を課すことも、当然ありうる。この分類は、授業設計のための一材料として使用していただきたい。

初年次文章表現科目は、（当該の）大学の成員としてこれから課される、文章ジャンルの類型や作成プロセスを示す場と捉えられる。つまり、初年次文章表現科目で書くように指示された課題文章を通じて、初年次生は、これから大学生活で書いていく文章の作成プロセスを、あらかじめ体験することになる。その意味では、初年次生へ向けたメッセージでもある。

A「自己分析中心」ジャンルは、資料や論題の自由度が高く、経験や既有知識、思考、価値観にもとづく主張を内省しつつ展開するもので、表現の独創性も評価される。一方、B「実証中心」ジャンルは実験や調査の結果として得られたデータについて考察するもので、多くがIMRAD型（目的・方法・結果・考察）の定形を持ち、資料参照は論文を除き概ね少ない。C「知識の理解と解釈中心」と D「論証中心」は、文章の展開の類型は近いが、根拠となる資料が配布・指定されたものか、自ら検索したものかによって、思考のプロセスが異なる。C では授業の中で学習した知識や概念を理解・解釈し、何らかの考察や分析を書き手が行うが、D では論証する問い自体を自ら切り出し、それに答える思考のプロセスを文字によって外化することになる。

レポートは学術論文と異なり、完成形が一般に流通していないジャンルであり、課題文章ごとの理想形は教師の頭の中にしかないことが多い。そのた

表 1-1　課題文章のジャンルから見た文章表現科目の分類試案

課題	A　自己分析中心	B　実証中心	C　知識の理解と解釈中心	D　論証中心
指定	資料なし・論題自由	論題指定あり	論題・資料指定あり（または知識の暗記・理解にもとづく）	やや自由（論題指定もありうる）
主張のおもな根拠	経験や既有知識、思考、価値観にもとづく主張	オリジナル・データ（実験・調査の結果）にもとづく主張	配布・指定された資料や教材から理解した内容や引用にもとづく主張	検索した資料・データ、図書館の文献など、自ら探した情報にもとづく主張
強調する思考訓練	内省・自己分析自己省察、批評	データの考察実験や調査の手法	知識・概念についての理解と考察、分析手法	問いの切り出し、論証、問題発見と解決
教室内の文章ジャンルの例	小論文、振り返り文、志望理由書、鑑賞文	実験・調査レポート（実習レポート）	小論文、指定された資料の読解・要約や講義ノートにもとづくレポート、定期試験の記述問題	◆引用中心の「論証型レポート」、ブックレポート、テーマ選択が自由なレポート
高年次の発展的ジャンルで型が近いものの例	自己探求型エッセイエントリーシート「学生時代に力を入れたこと」	卒業論文（主に実験や調査が中心のもの）	学習した知識や概念を理解・解釈し、分析手法を援用したレポートや卒業論文	文献レビュー、報告書・企画書卒業論文（主に文系の文献資料の分析が中心のもの）
文章類型評価傾向	定型性はやや低いナラティブ表現の独創性が評価されることも	定型性が高い表現の独創性・多様性より正確さが重視される	分析手法と文章類型の関連性が高い正確さと論理性重視の評価が中心	定型性がやや高い文章類型が未流通正確さと論理性重視の評価

め、思考の外化の訓練のジャンルとしてのレポートの細分類化、レポート評価観点の明示化（ルーブリックなどの活用）が一層求められる。

2.3　ライティングの課題文章に共通する基礎を考える

　授業を設計する際に、上述のA〜Dの課題文章を初回から課すのではなく、短い文章から徐々に導入して、最終的にA〜Dを到達目標とする段階的な設計ももちろんありうる。「論理的な文章」「わかりやすい文章」のため

の日本語文章表現の基本構造・共通する構成要素として多くの実践で取り上げられているのが、一文一義、1パラグラフ1トピックによる明晰さである（大場・大島 2016）。

　これらの要素は、木下（1981；1994）を通じて浸透が進んだと言えよう。木下（1981）では、論文・レポートの書式といった約束事の紹介だけでなく、「明快な文章」を書くために「重点先行主義」「パラグラフ」「事実と意見の区別」「逆茂木型の文、文章を避けること」に力点を置く。木下（1994）では、文章を書く前の構想・構成・情報収集のプロセスを重視し、「アウトライン」の作成、レポート作成の指標としての「目標規定文」の活用を提案している。

　木下（1981；1994）の功績は、文レベル（一文一義、主述の一貫性等）・パラグラフレベル（「重点先行」とまとめとの一貫性）の明晰さの点検方法を広めただけでなく、「序論・本論・結論」構造を支える「目標規定文」と結論との一貫性の点検、主張と根拠の関係性の点検を強調し、「アウトライン」によって可視化することを伝えた点にあると言える。この点検行為をA～Dの課題文章作成のプロセスに落とし込むことが初年次文章表現科目の設計となる。長いレポートに先立ち、その前段階の短い文章を書くタスクでの導入も可能である。

2.4　ライティングのプロセスに沿って授業を作る

　初年次文章表現科目の設計は、レポートを書く過程で何を考えてテーマをどう絞りこむか体験するという大きな単位のプロセス重視のタイプと、今までに身についていない語彙・表現・書式等の知識（言語知識）を知り、文の中で使えるようにする小さな単位のプロダクト重視のタイプとに大別できる。後者は例文や練習を各週に配置することで焦点化することができる。前者は、完成形のレポートにおいてどの程度の達成を要求するかに応じて、その作成に必要な作業をスモールステップ化して配置するのが有効である。

　ここでは大から小への配置の例をもとに、授業設計を考えてみたい。ここで紹介する実践「日本語表現法」授業は、おもに木下（1981；1994）などを材料に、パラグラフ・ライティングや目標規定文、構想を練り序論本論結論の構造を習得させていく、プロセス・アプローチによるライティングを踏襲している（**表1-2**）。表1-2の波線部は、言語知識関連の指導を示す。

　本実践（2001年当時の東京水産大学で開設された初年次必修科目）では、広

表 1-2　実践事例における、タスクとコミュニケーションに着目した授業の流れ

回*	段階	主な学習内容（活動）	言語的知識・文章構成の知識を学ぶための例示とタスク	協働学習を通じたコミュニケーションの側面
1 〜 2	知る・練る	科目の目的、思考・構想マップ 模擬レポート（600字）作成	レポートのモデル ルーブリックの項目	マップの協働推敲（PR）を通じた構想の検討 ※相互評価
3 〜 4	調べる・絞る	情報収集・整理、目標規定文作成 「問いと答え表」作成	※過去の目標規定文の例示 「問い」の疑問文の例示	「問いと答え表」と目標規定文の PR ※図書館での読み合い
5 〜 6	組み立てる	文章展開の検討 アウトライン作成、検討と修正	文章展開の型（序論・本論・結論） アウトライン第1・2稿の例示	文章展開の検討の PR アウトラインの PR
7 〜 9	書く	パラグラフ・ライティング レポートの本文（下書き）作成	パラグラフ（トゥールミン・モデル）の例示 2種の例の比較	気づきの共有 反論反駁ロールプレイ練習
10 〜 12	発表する	発表練習、スライド作成 口頭発表、発表会の遂行	スライドの流れと配置の例示 語や表現選択等の小テスト	練習での相互コメント、質問、相互コメント・シート記入
13 〜 14	書き込む・点検する	反論への反駁部分の作成 引用・要約引用の練習 ※初回課題へのフィードバック	引用の例示とテスト、推敲の知識 （言語・表現・形式面の点検） 悪文修正練習等の小テスト	※引用例への気づきの共有 下書きの相互推敲
15（〜 16）	振り返る	実際の論文の特徴への気づき 再点検後に清書段階レポートの提出（2000〜4000 字程度）（復習試験）	専門学術論文の構造分析タスク （所属学科教師の説明を聞く） 文章点検のための知識の確認	論文に対する気づきの共有 清書レポートの相互点検（ルーブリックを用いた PR）

注：各回の授業の順序等は年度によって変動あり。大島ら（2014）に準拠。年度によって実施しなかった活動もある。なお、本実践は歴代の担当者の合議を通じて協働で設計したものである

めのテーマ範囲から個々に問題を取り上げ、一定の立場からの問題解決や提案を根拠とともに示す D「論証型レポート」（**表 1-1** ◆印の箇所）というジャンルを課題文章とした。

　当初、この開講学部では**表 1-1** の B「実証中心」の「実験レポート」の必要性が高かった。B では、どのように実験を行い、得られたデータをどう考察したかの説明が主であり、文章構成や表現の定型性は高い。しかし、主担当者らは日本語学や日本語教育が専門で、実験の知識は乏しい。また、工学系と生物学系など、理系の中でも構成・表現・書式の微細な差があり、その差は分野の専門家でなければ伝えきれない。加えて、初年次ではオリジナルのデータも有していない。一方の D「論証中心」は、各自の「問い」への「答え」を導く展開について、目標規定文とパラグラフの構造とを手がかりに、専門的知識を共有せずとも、教師からも学生同士でも、質問や相互推敲を行いやすいという利点があり、本実践はこれを選択した。

　また、本実践では、レポート作成プロセスの随所に協働推敲（ピア・レスポンス、以下 PR）を織り込んだ。協働学習には、社会に流通していない「レポート」というジャンルの文章を数多く目にする相互参照の効果もある。展開の特徴を意識化させるタスクで、気づきを話し合うことで、ライティングのプロセスにおけるコミュニケーションの活性化も期待しうる。

2.5　文章表現科目を複数の担い手で作る

　文章表現科目の設計や課題文章の選択には、担い手である教師の構成が影響する。学生の専攻分野の教師が中心となる場合には、**表 1-1** の「B 実証中心」や「C 知識の理解と解釈中心」の課題文章を選び、基礎演習（初年次のゼミ）に近い形で行う方法がやりやすいかもしれない。一方で、学生の専攻と異なる言語教育の教師が主担当である場合や、多くの分野の教師が合同で担う場合には、「D 論証中心」の比較的幅広いテーマを課して、文字数や文献検索の条件などを合議によって揃える方法が採りやすい。15 回をいくつかのユニットに分けて分担し、ティームティーチングをするケースもある（成田・山本 2018 ほか）。いずれの場合でも、事前に学生のレディネスを調べ、実践の結果を当該科目担当者以外の教員にも共有することで、学習成果を他の科目でも有機的に活かしやすくなるだろう。

　ライティング指導は文章表現科目だけで行うものではない。多くの科目で

レポートや答案の記述が課されている中、ルーブリックやタスクの共有、指導の手法について FD 等を通じ、科目を超えて学習成果を発揮する場を増やすことができる。岩井（2018）は、初年次教育科目の構成要素である「スタディ・スキルズ（学習技術）」を、特定の科目だけでなく「一般教養科目」「専門教育科目」においても、ジグソー学習などのアクティブラーニングを通じて随所に導入する「内蔵型初年次教育」を提案し、その実現には「教師協働」がもとめられると主張する。また、愛知淑徳大学では、全学共通履修科目「日本語表現」を初年次のみならず 2 ～ 3 年次にまで体系的に配置して段階的に文章表現能力を育成し、その成果を継続的に公開している（愛知淑徳大学初年次教育部門ホームページ）。学部全体での合議を経て Writing Across the Curriculum（井下 2013）を目指すという方向性もありうる。

2.6 文章表現科目とその後のライティングとの連携を考える

初年次文章表現科目でレポートの書き方を学んでも、その後の科目で用いなければ意味がない。学生は、タイプが異なると応用できないと考えがちだ。そこで、表 1-2 の実践の第 15 回では、その後に頻繁に書くレポートとの違いを図にして共通点・相違点を示した（表 1-3）。

時には、D「論証中心」モデルの提示による負の転移が、その後に履修した科目でのライティングで起こる可能性がある。「実験レポートに不必要なテーマ選択の動機が書いてあった」などの声を他科目の教師から耳にすることもある。「テキスト構造についての意識化」が足りず、教材の例を無目的に反復しているとしたら、文章ジャンルによるコミュニケーションの違いを理解していない可能性も否めない。この違いの意識化を行うステップが必要である。

2.7 ライティングのプロセスの中で学び合うように 協働学習を取り入れる

本実践では、プロセスの中で、随所に協働学習を配置した。近年、認知科学や教育心理学分野からの発信を受け、協同／協調／協働学習の視点からの授業設計への提案も増えている（大島ら編 2009；杉江 2011；鈴木編著 2009；安永 2012 ほか）。日本語教育分野では協働学習に基づくピア・レスポンスが広がっている。池田・舘岡（2007：32-33）は、「学習者が自分たちの作文を

表 1-3　初年次文章表現科目のレポートとその後のレポートとの比較

展開例	この科目のレポート　「論証型」 ＝調べたこと＋主張	実験・調査レポート　「検証型」 ＝オリジナルデータ＋考察
1 章	目標：テーマ選択の理由、問題の背景、問題提起、目標規定文、構成予告	目的：目的と対象の説明、先行研究（~~テーマ選択の理由、構成予告~~）
2 章	＊＊面から見たXの重要性などについて定義・現状・仕組みなどを引用しながら説明	方法・材料・理論など：事実中心だが、既存の方法や理論は引用
3 章	△△面から見たXの重要性／有効性などを情報・データ＋評価・解釈で展開	結果：実験・調査結果のオリジナルデータ
図表	情報・データ＋出典をもとに図表を作成 図・表から読み取れることを文章化	実験・調査のオリジナルデータをもとに図表を作成
4 章	XとYの比較考察、Zするための提案、反駁などを、前述の内容をもとに自分の論で展開	考察（結果と考察）：結果の考察、図・表の読み取り ＊先行研究と比較することも
5 章	結論：問題提起への答え	結論：判明事項のまとめ
参考文献	通し番号方式or公刊年方式で、文中の使用箇所と参考文献リストとをつなぐ	通し番号方式or公刊年方式で、文中の使用箇所と参考文献リストとをつなぐ

より良いものにしていくために仲間（peer）で読みあい、意見交換や情報提供（response）を行いながら作文を完成させていく活動方法」、「書くことで書き手の中に涵養される思考力と、書き手と読み手の相互活動で発達するコミュニケーション力に重点をおく学習方法」であると規定し、「緩やかな導入」「活動意義の明示」が設計のポイントとしている。単に読み手がコメントを述べるだけでなく、書き手の意図を読み手が口頭で再生する点に特色がある。清書前後の段階だけでなく構成段階でも活用できる。口頭発表を学期最後ではなく清書前に配置すれば、PRの機能も持たせられる。

　この科目を履修した学生に対する4年生・修士1年生時のインタビュー調査（大島 2021）によれば、初年次の文章表現科目での最大の学びは「自分の主張が相手に伝わっていなかった」と知ったことだったという。「今まで他人に指導されるって先生以外になかったので、意外と自分がわかっているつもりでも相手がわかってない」「とにかく読み手が受け取ったときに内容が伝わる、頭の中で想像ができるっていうものが良いレポートなのではないか

な」との総括を述べている。意図通りに伝わらないという体験自体が、PR の効果の一つだと言える。

　実践後の実感として、「意見を述べあおう」という指導よりも、相互行為の中で再生や質問を通じて共感しあう実体験をさせるほうが、促進的に作用するようである。ただし、ペアの進度の差や活動への温度差なども効果に影響するので、毎回の組み合わせには配慮が必要である。

3. 文章表現科目で指導する論理構造のモデルとタスクを決める：D「論証中心」の課題を例に

3.1　授業で指導する論理構造のモデルを選択する

　表1-1 のうち、D「論証中心」の課題文章では、論理構造のモデルを示すことが効果的である。文章作成のプロセスで、問題を切り出して考察し、論理的／批判的思考力を高めようとする試みが広まっている（楠見ら 2011 ほか）。本実践を含め、多くの実践や教材の土台となっているのが、井上（1989）を中心に普及したトゥールミン・モデル（主張 C [claim, conclusion]、事実 D [data]、理由づけ W [warrant]、Q [qualifier]、反証 R [rebuttal]、理由の裏づけ B [backing]）である。発展して、牧野（2013）の「十字モデル」など、様々なアイデアが提唱されている。これらのモデルは、書く際の準拠枠としてのみならず、後述する協働推敲の過程でも、参照枠として役立ち、話し合いでの迷走や沈黙を避ける助けにもなっている。

　本実践では、文章全体の構造には、前述の木下（1981：1994）の提唱した、序論・本論・結論を目標規定文によって貫くモデルを採用した。そして、**図1-1** のハンバーガーに見立てて、一貫性を点検しつづける重要性を何度も示した。

　このモデルでは、単に調べた知識を書くだけでなく、書き手自身が知識と問いをどう結びつけるかが重要となる。このモデルを大学教育へと応用させた井下（2008）は、大学における書く力考える力を「ディシプリンでの学習体験を自分にとって意味ある知識として再構造化する力」と捉えている。本実践では、検索した知識を「意味ある知識」として「再構造化」するプロセスで、個人の机の上の作業から一旦脱して「声に出して相手に伝える」「相

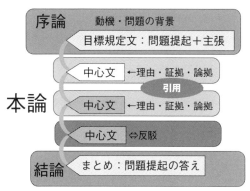

図1-1　序論・本論・結論の文章構造モデル

手の説明した知識の意味を問う・相手に応えて説明する」ことを課している。学生を観察していると、このプロセスを経て初めて、知識が書き手の学生の中で消化されるように見えることが多い。

3.2　タスクのタイプと配置を決める

　ライティングのプロセスの指導では、書き手自身の問題意識に即してテーマを絞り、資料を検索し、アウトラインを立て、正しく引用し、草稿を推敲し、口頭発表を経て清書するといった作業そのものは大半を宿題とし、授業の中ではスモールステップごとにタスクを配置することで、理解を促していった。授業では、たとえば、問いを立てる、事実と意見を切り分ける、文章の展開例を考える、悪文例を書き直す、読み取ったことを要約して引用する、非文・ねじれ文・話し言葉の混在をなくす、などは例題化して方法を説明した。その後、シートやオンラインの学習支援システムの小テスト機能などで、書いたものを提出させた。

　授業時間は、そのステップの持つ意義を伝え、学生が書いてきた「問い」「目標規定文」「アウトライン」などをPRによって吟味する時間に当てることが望ましい。説明部分は、オンデマンド教材化もある程度可能であり、理解に応じて学生個人の再生学習もしやすい。オンライン学習が普及した結果、反転授業を通じて前もって課題文章を読んだり書いたりしたうえで取り組めるので、授業時間の多くを学生間の活動に割けるようにもなりうる。

　たとえば、初年次生が作る問いには、範囲が大きすぎるものが度々ある。

「地球温暖化を防ぐべきか」と書いた学生に対し、なぜこの問いが不適切か、教師が注意することは容易だが、学生同士で「そもそも防ぐべきではないという議論が成り立つのか・現実的に可能か・誰が何をするのか」などの問いを交わさせ、論証が可能な問いを絞る過程を経験させたい。

3.3 ライティングのプロセスに引用・読解・要約を埋め込む

書くことの習熟は読解力と切り離せない。単なる書く練習だけでなく、プロセスの中で、読む・読んだことを要約する・引用する・要約引用に基づいて書く・書いたことについて話す・話を聞いて対話する・話を聞いて書く、といった、読むこととの連環を埋め込む必要がある。ライティングは決して切り離された言語行為ではなく、読んだことや聞いたことをどう捉えて咀嚼したかの可視化だと言える。初年次生はこの視点を欠いていることが多い。

その際に重要なのが引用指導（剽窃防止）である。インターネットの普及は、剽窃を飛躍的に容易にした。いわゆる「コピペ」の防止は、単なる禁止ではなく、引用はなぜ必要で、どう引用すれば剽窃にならないのかの指導と同時に行わなければ成り立たない。例文のみを提示した教材は多いが、引用という行為の目的やプロセスを示したものは少ない。引用の指導は、研究とは何かの学び・研究手法の獲得との並走が効果的だろう。この点は「ブロック引用」と「要約引用」の手順を詳細に示した佐渡島・吉野（2008）が参考になる。

4. 「大学を使う」ことを文章表現科目に盛り込む：
スタディ・スキルと学習リソース

4.1 初年次文章表現科目で担うスタディ・スキルを絞る

大学生は、大学の機能を利用するスタディ・スキル（学習技術）を身につけなければならない。資料検索（単なる検索エンジンだけでなく、学生アカウントがないと使えないデータベースや取り寄せサービスも含む）、文献の入手、図表の作成と提示、発表スライドの作成（データの出典の入れ方も含む）などを当該文章表現科目で扱うかどうかについては、他の基礎演習などとの棲み分けを検討する必要があろう。

4.2 科目の内外で利用できる学習リソースを意識させる

　文章表現科目は、図書館やITセンターなどの学内共同利用施設の有用性を知らしめる格好の場である。**図1-2**は、テーマを絞る際に図書館で行った協働学習の様子である。3〜4名のグループに対して20冊程度の本（特に初年次生が手にしたことが少ないであろう学会誌・業界誌・準専門書を意図的に選択）を渡し、約3分交代で興味のある記事の内容の説明を課した。説明や質問を通じ、たとえ今回のレポートに引用しなくても、図書館の蔵書の豊富さや利便性を体感する機会になっている。

過去に履修した大学院生へのインタビュー（大島2021）でも「それまで学内で図書館を利用したことはほとんどなかったんですけれど、……一度、大学の図書館の方に使い方とか聞いたりして、調べ方とかも、……文献の書庫とか……すごい詳しく聞いたと思います」と語っている。図書館の司書さんや書庫の検索リソースとしての有用性の発見機会に、本実践がつながったことがわかる。ライティング・センターがあれば、連携によって最初の利用機会を作るチャンスにもなりうる。

図1-2　図書館で行った協働学習の様子

5. 学びを確認する：
評価ルーブリック・模擬レポート・教師フィードバック

5.1 学習の成果を評価する：
評価ルーブリックを学生自身や相互の評価にも利用する

　本実践では、レポートとその途中提出物、発表、復習試験（書式や言語知識）を評価対象とした。レポートは、下書き・清書を提出する前に、ルーブリックによる自己・他者評価を経て、返却時に同じシートに教師による評価

を示した。評価項目ごとに該当する欠点の欄に〇印をつけることで、教師の添削が省力化でき、学生間でも評価・改善項目を具体的に理解できるようになる。このほか、最初の回で書いた自分の模擬レポートと最終レポートを比較し、気づきを書き出すことで、成長や課題の自覚を促すこともできる。

5.2 教師フィードバックを工夫する： 学生自身や学生間の後に教師フィードバックを行う

レポートへのフィードバックとして教師添削が想起されやすい。アウトラインなど作成プロセスでは、添削より問いかけや方向性の例示が効果的である。また、教師の前に、書き手の学生自身が自他の文章を評価し、改善するステップを入れたほうが、思考を活発化できる。その仕組みが PR であり、評価基準の共有がルーブリックとなる。

6. 実践の成果を検証する： 授業改善のためのアンケートやインタビューを試みる

6.1 授業最終回でのアンケートから実践の成果を考察する

本授業の最終回のアンケートでの「授業で学んだことは新しいことが多い」「大学生活に今後役立つ」という質問に同意する比率は、15 年以上 80 ～ 90％台で安定している。しかし、「内容に興味」は 70％前後、「レポート作成を独力で行える」は 50 ～ 60％で推移し、内容に興味がありかつ習得したとの認識は、新規性・有用性の認識に及ばない。「新しいことで役立つと思うが、一人でやる自信はまだない」という感覚が大勢を占めていた。

実践の 3 ヶ年分のアンケート自由記述の分析結果から、トンプソンら（2019）は PR が多角的視点の獲得、新たな人間関係構築や意欲の向上、メタ認知・自己理解・他者参照につながる反面、過剰な配慮にもとづく曖昧な言明や、雑談化、浅薄な議論が阻害要因となりうること、既知の人間関係が正負両面に働くことを指摘している。この結果からも、PR の効果的な実践には、組合せへの配慮、頻回なペアの交代が必要であることがうかがえる。

6.2 文章表現科目を履修した高年次生が 学習の成果をどう捉えているかを知る

　4年生へのインタビュー（大島 2020）では「ちゃんとテーマを絞ってっていうか、……結論もそれになっているかどうかっていうことを。でも、日本語表現法の時じゃないですか、そういうのを意識したのは」「ペアの人と交換して、互いの意見を言った上でまた修正して、最後の授業ですべてのバラバラのパーツを一つに組み合わせて出来上がりということがすごく印象的ですね。……毎回毎回やっているとちょっとうっとうしいと思っていまして。でも、最後はちゃんと一つの論文を出来上がるための必要なことだと感じていました」との声もあった。文章が完成して初めてプロセスの意義を感じる側面もあるようだ。

7. 初年次文章表現科目の今後の課題と改善策を考える

7.1 実践の結果から見えてきた課題を考える

　実践を振り返ると、進度の速さに起因する学び残しと日本語力の多様化への対応が課題である。主述照応や読点のルール、漢語名詞句の選択など、語彙・統語的問題が多い学生も見られ、読書習慣や PC 操作能力との関連も推察される。だが、必ずしも他の能力が低いとは限らず、スライド口頭発表では学生間の高評価を得るケースもあった。この傾向は現時点では未分析だが、読み書きの媒体が急変する中、日本語力と思考力の関連の検証に加え、口頭表現能力とライティング能力との学びの連関も図る必要がある。

　引用の定着の難しさも残る。各自のテーマで、調べたことをもとに主張を展開する D「論証中心」ジャンルでは、最終提出レポートが厳密にどの程度書き手自身の言葉から成り立っているかについて弁別するのは難しい。たとえ口頭発表段階で流暢に主張と根拠を述べていても、文章化段階で引用元の文章に過度に依存してしまえば、つなぎとまとめ部分のみが自分の言葉というケースもありうる。授業内での作業を通じて、インターネットから切り離された場面でのライティングを増やす必要がある。本実践では、近年、要約引用の小テストを取り入れた。抽象的な漢語を用いた名詞句化の困難さか

ら、要約引用が不十分となるケースも見られた。剽窃と思われるケースでも、要約引用の訓練で改善できる可能性が示唆される。

　また、タイトルやテーマで縛ることで、検索した情報に自分の言葉を加える加工プロセスを付加できる。たとえば、SDGs や格差、少子高齢化といった社会的な課題についてはインターネット上で容易に文章が見つかり、剽窃を招きやすい。これに「格差のない＊＊市は実現可能か」「私がまず達成したい SDGs」などの縛りを加えれば、書き手独自の見解が必要となる。成田・山本（2018：168）は、「一見論理的に見える文章が、実は単なる型にはまった文章」となるという問題を指摘し、「課題の“自分事”化」と「“自分事”の社会化」のために「知識活用」と「経験の言語化」が必要と主張する。得丸（2008）では、からだの感じに焦点を当てる文章表現の指導が紹介されている。いわば、前述の A・D タイプの融合型課題が求められる。

7.2　ライティング指導のバリエーションを知る

　初年次ライティングに限らず、専門分野のライティング教材として、現場を知る教師と教育学や言語学を専門とする教師との教師協働による優れたライティング教材が相次いで発表されている。たとえば、幼児教育分野の教材では保護者への連絡帳の記述の書き直し課題等（森下ら 2019）が、看護教育分野の教材では研修参加報告書や看護実践の省察記録の書き直し課題等（因2021）が示されている。書き直しの過程で、その専門分野では将来誰に何のために何をどう書くのか、書き手に自覚を促すものになっている。これらの課題は、単なる訓練ではなく、その分野の特定場面のコミュニケーションで何が要求されているか、ジャンルの特性を考えることにつながり、その職業においての書くことの必然性、重要性を自覚させる設計になっている。ライティング教育の可能性を感じさせる試みである。

8.　おわりに：初年次文章表現科目の可能性を考える

　大学でのライティングを振り返り、ある 4 年生は「大学の段階のライティングは、基本的に、たとえば骨格の中で自分の血肉を埋めるような感じとなりますね。……骨格はもう書式とか色々決まっているので、そこは真似すれば全然難しくないので、その血肉がどうやってきれいに見させるのかは頑張

って考えることですね」と語った。そのジャンルで要求される問題提起と結論の呼応のモニタリングとして、初年次ライティングの体験が卒論までの体験の中で昇華していることがうかがえる。もちろん、書き手としての熟達には個人差があり、初年次文章表現科目とのつながりを見出せないこともあるかもしれない。とはいえ、初年次文章表現科目は、書き直しを通じて思考の外化と深化を促し、書き手としての熟達と自律を支援する場であり、協働学習によって読み手としての熟達と自律も支援する場、お互いの推敲や他者参照を通じて貢献し合う場ともなりうるだろう。

謝辞・付記・初出

　本実践の履修者・担当者・開発者ほか、ご協力いただいた皆様に感謝の意を表したい。本章の作成においては JSPS 科研費 19H01269 および 20K02974 の助成を得た。本章は、大島弥生（2019）「初年次必修文章表現科目の成果と課題」『大学教育学会』41(1) 53–56 の〈課題研究シンポジウムⅡ〉報告をもとに大幅に加筆修正したものである。

参考文献

愛知淑徳大学初年次教育部門ホームページ（https://www.aasa.ac.jp/shonenji/index.html）（2022年2月15日）

因京子（2021）『看護現場で役立つ文章の書き方・磨き方―論理的に伝える方法―』日本看護教育出版会.

池田玲子・舘岡洋子（2007）『ピア・ラーニング入門―創造的な学びのデザインのために―』ひつじ書房.

井下千以子（2008）『大学における書く力考える力―認知心理学の知見をもとに―』東信堂.

井下千以子（2013）「思考し表現する力を育む学士課程カリキュラムの構築― Writing Across the Curriculum を目指して―」関西地区 FD 連絡協議会・京都大学高等教育研究開発推進センター編『思考し表現する学生を育てるライティング指導のヒント』ミネルヴァ書房，10–30.

井上尚美（1989）『言語論理教育入門―国語科における思考―』明治図書出版.

岩井洋（2018）「内蔵型の初年次教育―カリキュラムに初年次教育をいかに組み込むか―」初年次教育学会編集『進化する初年次教育』世界思想社，68–76.

春日美穂・近藤裕子・坂尻彰宏・島田康行・根来麻子・堀一成・由井恭子・渡辺哲司（2021）『あらためて、ライティングの高大接続―多様化する新入生、応じる大学教師』ひつじ書房.

木下是雄（1981）『理科系の作文技術』中公新書.

木下是雄（1994）『レポートの組み立て方』ちくま学芸文庫.

楠見孝・子安増生・道田泰司（2011）『批判的思考力を育む—学士力と社会人基礎力の基盤形成—』有斐閣.

牧野由香里（2013）「『十字モデル』で協同的に論文を組み立てる」関西地区 FD 連絡協議会・京都大学高等教育研究開発推進センター編，前掲書，31–53.

森下稔監修・久保田英助・大岡紀理子編集（2019）『幼児教育系学生のための日本語表現法—保育実践力の基礎をつくる初年次教育—』東信堂.

成田秀夫・山本啓一（2018）「初年次教育としてのライティング科目」初年次教育学会編集，前掲書，159–170.

大場理恵子・大島弥生（2016）「大学教育における日本語ライティング指導の実践の動向—学術雑誌掲載実践報告のレビューを通じて—」『言語文化と日本語教育』(51), 1–10.

大島弥生・池田玲子・大場理恵子・加納なおみ・高橋淑郎・岩田夏穂（2014）『ピアで学ぶ大学生の日本語表現—プロセス重視のレポート作成—』第 2 版，ひつじ書房.

大島弥生（2021）「学習者自身がふりかえる大学学士課程でのライティングを通じた学び—留学生・日本語母語話者大学生へのインタビューをもとに—」『日本語教育学会2021 年度春季大会予稿集』62–67.

佐渡島紗織・吉野亜矢子（2008）『これから研究を書くひとのためのガイドブック—ライティングの挑戦 15 週間—』ひつじ書房.

杉江修治（2011）『協同学習入門—基本の理解と 51 の工夫—』ナカニシヤ出版.

鈴木宏昭編著（2009）『学びあいが生みだす書く力—大学におけるレポートライティング教育の試み—』丸善プラネット.

Swales, J. M.(1990). *Genre Analysis: English in Academic and Research Settings*. Cambridge, UK: Cambridge University Press.

トンプソン美恵子・大島弥生・小笠恵美子・大場理恵子・河野礼実（2019）「大学初年次日本語表現科目におけるピア・ラーニングの促進・阻害要因」『大学教育学会誌』40(2), 54–63.

得丸さと子（2008）『TAE による文章表現ワークブック—エッセイ、自己 PR、小論文、研究レポート……、人に伝わる自分の言葉をつかむ 25 ステップ—』図書文化社.

安永悟（2012）『活動性を高める授業づくり—協同学習のすすめ—』医学書院.

第2章 書くために必要な読解力を鍛える

―初年次科目「思考技術基礎」とライティング―

福　博充・関田一彦

1.　はじめに

　少し前、数学者・新井紀子氏の著作から「教科書が読めない」大学生が話題になったが、AI 時代の知力を考えるとき、改めて読解力の育成が重視されている。論理的あるいは批判的思考力が重視されて久しいが、大学において、それはレポート作成において鍛えられ、評価される。しかしながら、レポートの素材となる知識や情報を文献から読み取り、自身の思考の糧とする読解力については、大学生なら当然身につけているだろうという先入観からか、論理的思考力ほど注目されていない。

　筆者らは、語彙力も含め、正しく文章を読み解く力とそこで得た情報や知識を自身のものとして関連づける力の二つから構成される読解力が、大学生に望まれるレポート作成の必要条件と考える。本章は、創価大学においてこの課題意識から開発している「思考技術基礎」という共通科目の概要とともに、書く力をトレーニングしているライティング科目とどのように連携しているかについて紹介する。

2.　「思考技術基礎」の概要

　「思考技術基礎」は初年次学生を主な受講生として想定しているが、学年・学部を問わず誰でも履修できる共通科目である。特定の教育内容を知識として学ぶといった科目ではなく、「思考技術」というものを意識させ、そ

れらを伸ばす訓練の場を提供すること、また初年次教育科目として大学での学び方について考える機会を提供することを目的にしている（福・関田 2020；2021）。2021年度は春学期に1クラス、秋学期に4クラス開講し、統一のシラバスを用いて専任教員3名（准教授1名、助教2名）が担当した。

「思考技術基礎」の具体的な到達目標は以下の五つである。

「思考技術基礎」到達目標
1. 活字媒体における相手の主張をきちんと理解し、自分の言葉でそれを表現できる。
2. 断片的な情報を関連づけ、自らに意味のあるものとして受容できる。
3. LTD（後述）の作法を体験的に理解し、他の学習場面にも応用できる。
4. 様々な思考ツールを学び、他の学習場面への応用を試みることができる。
5. 対話的な学びを通じて学友の学びに貢献できる。

この到達目標からもわかる通り、思考技術といってもハウツー的なテクニックを網羅的に学ぶことを目的とするものでもない。"思考力"を才能（持って生まれた属人的で固定的なもの）と捉え、「自分はバカだからわからないんだ」「自分には難しいことは無理なんだ」といった諦めが先に立ち、読み解く手応えや達成感を感じることなく汲々と課題をこなす学生たちに、少なくとも読解は技能であり、練習することで高められることに気づいてもらいたい。そしてさらに、思考は個人の頭の中で終始するものではなく、仲間との話し合いの中で広がり深まるということを体感してもらいたい。こうした願いを背景にこの科目は構想されている。

学生がこうしたことに体験的に気づくよう、本科目では Learning Through Discussion（以下、LTD）という、クラスの仲間とともに文献を読み解く、協同学習法を学習活動の中核に据えている（福・関田 2020）。LTD は、事前に指定された文献（通常は数ページから十数ページ）を、指定された手順で読解し予習ノートにまとめ、そのノートを使って4～5人のチームで話し合い、文献の理解を深め合うという学習法である（安永・須藤 2014）。**表 2-1** は「思考技術基礎」の 2021 年度秋学期の授業計画であるが、全 15 回のうち半分の7回を LTD に割いている。LTD で読む文献は大学での学び、あるいは学び

表 2-1　2021 年度秋学期の「思考技術基礎」授業計画

	学習活動
1	オリエンテーション（シラバス説明・学習の動機づけ）
2	チームビルディング／LTD 手順説明／対話ジャーナル説明
3	LTD1（安永悟［2014］「大学での学び方」『LTD 話し合い学習法』ナカニシヤ出版，pp.147–148.）
4	LTD2（名古谷隆彦［2017］「何のために学ぶのか」『質問する，問い返す』岩波書店，pp.52–77.）
5	LTD3（東谷護［2007］「思考の準備」『大学での学び方―思考のレッスン』勁草書房，pp.13–30.）
6	マインドマップ® の説明及び作成
7	マインドマップ® の応用
8	中間振り返り／チームビルディング／6 つの帽子思考法（説明）
9	6 つの帽子思考法（実習）
10	LTD4（東谷護［2007］「思考の準備」『大学での学び方―思考のレッスン』勁草書房，pp.31–54.）
11	LTD5（苅谷剛彦［2002］「知ることと考えること」『知的複眼思考法』講談社，pp.48–pp.60.）
12	LTD6（苅谷剛彦［2002］「問いを立てる」『知的複眼思考法』講談社，pp.176–197.）
13	LTD7（今井むつみ［2016］「知識観について」『学びとは何か』岩波書店，pp.144–168.）
14	授業内小論文テスト
15	期末振り返り

方に関する文献であり、関連する文献をクラスの仲間と読み、お互いに話し合う中で、大学での学びを考える機会を提供している。

2.1　思考技術基礎における LTD の留意点 （予習ノートの作成指導）

　LTD についてはすでに解説書（安永 2006；安永・須藤 2014）も出版されており、詳細はそちらに譲るが、ここでは特にこの授業で意識している指導上の留意点を述べる。LTD ではあらかじめ課題文を読み、決められた手順（ステップ）に沿った「予習ノート」の作成が学生に課される（**表 2-2**）。予習ノートの作成に当たって最初のステップでは、課題文の全体像がわかるまで何

表2-2　LTD の予習におけるステップ

ステップ 1	全体像の把握
ステップ 2	言葉の理解
ステップ 3	主張の理解
ステップ 4	話題の理解
ステップ 5	知識との関連づけ
ステップ 6	自己との関連づけ
ステップ 7	課題文の評価
（ステップ 8）	（リハーサル）

出典：安永・須藤（2014）を参考に作成

　度も繰り返し読むことが期待・奨励される。読むことに苦手意識を持つ学生の多くは、難しい言葉やわからない用語に遭遇したときにそこで読むことを止めてしまう。そこで、読めない漢字やわからない用語があったとしても止まらず、とりあえず不明な個所に印をつけるだけにして読み進め、「全体像」を掴むことを優先させる（ステップ 1）。二度三度と読み返し、ぼんやりとでも「全体像」が把握できた上で、どうしてもわからない言葉や気になる用語の意味を調べ、作者がその言葉を用いている意味に対して理解を深めるように促す。

　予習ノートには調べた言葉を書き留めさせる（ステップ 2）。この「言葉の理解」のステップでは、わからない言葉、読めない言葉を辞書で調べることももちろん大切だが、辞書的な定義だけではなく、「作者はどのような意味でその言葉を用いているのか」も合わせて考えてもらう。基本的な語彙を増やすだけではなく、言葉そのものに敏感になってもらうこともねらいである。LTD を初めて行う学生にとって、語彙調べは面倒でも何をすべきか明確な作業であり、努力の量が明らかになる分、取り組みやすいステップである。特に、インターネットでの語彙調べは比較的容易であり、あまり予習が得意ではない学生でもこの部分だけは手を付けていることが多い。

　その後、作者の主張を端的に考えてみるステップ 3 へと進む。なるべく「端的に」1 〜 2 文でまとめることを促すことで的確に主旨をつかむトレーニングになる。この「端的な絞り込み」の練習をしないと、学生たちはあれもこれもと重要そうな箇所をいくつもつなぎ合わせてしまう。口頭で主張やポイントを述べさせるときなど、だらだらと大事そうなところを挙げながら、こちらの顔色をうかがうそぶりさえ見せる。下手な鉄砲も数打ちゃ当たる式に、それらしいところを挙げていき、教員が反応するのを待っているように思えるときもある。自分は「これが最も作者が言いたいことだと思います」と断言する自信のない学生にとって、最初のうちはこのステップはしんどいのかもしれない。

次に主張に関連した話題を特定・整理するステップ4が続くが、ここまでが課題文の内容を適切に理解する、いわゆる「読解」のプロセスである。なお、LTDの特徴であるが、主張のまとめや話題の整理では、作者の言葉や考えに可能な限り沿って考えることが要求される。この段階では自分の考え（意見）を書き表すことは禁止とされ、厳密な読み取りが求められる。

こうした「読解」のプロセスを経たあと、文献で得た知識の定着あるいは理解を深めるために、課題文の内容と自身の既有知識（生活体験や他の科目で学んだことなど）とを関連づけるステップ5、及び自己の価値や意義と関連づけるステップ6に移る。ところが、この「関連づけ」がなかなか学生にとっては難しいようで、「なんとなくはわかるんだけど、いざ予習ノートに書こうとするとどう書いていいのかわからない」という学生が散見される。そうした疑問を抱く学生にはまず、安永・須藤（2014：150–152）にある「予習ノート例」を参考に、考えを整理するための「型」として、以下のように予習ノートで書き分けて作成することを勧めている。

　①課題文のどこなのかを抜書きする（関連づけの「ベース」を定める）
　②抜き書き部分（ベース）を読んでどのようなこと（経験や知識）を思い出したかを書く（関連づけようとするもの「ターゲット」を定める）
　③それら（ベースとターゲット）がどう関連するのか（似ているのか、似ているのならどこが似ているのか、異なるならどのような点が異なるか、そこから何が分かったかなど）を説明するように書く（関連づける）

こうした「読むことを通じてどのように知識を受容する・している」のか、関連づけの仕方をガイドすることで意識させる。意識化させることで学生はこれまでなんとなく読んでいた（あるいは読んだつもりになっていた）ことを少しずつ切り分けて、考えることができるようになる。まさに「読解」を進めるための一つのテクニックである[1]。

学生が「関連づけ」のプロセスで難しいと感じるもう一つに、ステップ5と6の違いがよくわからない、ということがある。その場合に筆者は、ステップ6を「これまでの自分」「なりたい自分」という表現を用いて説明している。

①課題文のどこなのかを抜書きする（ベース）※ステップ5と同じ。
②（ベースを読んで）気づいた（あるいは思った）「これまでの自分」を書く（ターゲット）
③ベースから新たに学んだことで、「これまでの自分」（ターゲット）をどのように見つめ直し、これからどのような自分になりたいのかを書く（関連づけ）

　このステップは一見、単に「感想」を書き出す作業のようにみえる。しかしながら「思考技術基礎」で扱う文献は「学ぶこと」に関するものである。学生が「大学での学び」に必要な態度やマインドを自覚し、それをこれからの学習に活かせるようになることを意図しており、「これまでの自分の学び方」に気づき、「なりたい自分（より良い学び方）」を目指すことを促す「自己との関連づけ」のステップは非常に有益である。こうした「読解」や「関連づけ」のプロセスを経た後、ようやく最後に課題文を評価し、文献の作者向けに建設的な改善提案を考えるというプロセスで予習ノートの作成は終わる。

2.2　思考技術基礎における LTD の留意点（授業時の指導）

　前述のように予習ノートを作成し、文献に対する自身の考えを整理したうえで学生は授業時の話し合いに臨む。話し合いは予習ノートで作成したステップに沿って行われる（**表 2-3**）。まず、共に課題文を読み合う仲間と予習の程度などを確認し合う雰囲気作りから始める。LTD にとって予習は必須であり、予習なき LTD は LTD とは言えない。しかし、その程度（質や量）には差が生じる。そこで LTD を始めるに際し、チームのメンバーには嘘偽りなく、自身の予習の程度を共有することを促す。予習が不足したメンバーはできる限り積極的に質問するなど、話し合いに対して最大限貢献するように促し、全員が話し合いに参加できる雰囲気を作ることを目指す。これは、ただ乗りは許さないが各自の努力はきちんと認めたうえで、それぞれの状況を踏まえて話し合いにベストを尽くす、という協同学習の態度養成に通じている。

　その後、作者の言葉の意味をお互いに確認し合う「言葉の理解」、「主張の理解」、「（主張に関連した）話題の理解」とステップを進めるが、「主張の理

解」では、チームのメンバーそれぞれが考えてきた作者の主張を共有したうえで、チームとして 1 〜 2 文にまとめる。それぞれが予習ノートで考えてきた作者の主張が一言一句同じであるはずがない。にもかかわらず、LTD を始めたばかりのときには、一部の積極的なメンバーの意見に、「私も似たような感じで……」「僕もほとんど同じで……」と同調するような前置きをしてから自説を述べる

表 2-3　LTD の話し合いにおけるステップ

ステップ 1	雰囲気作り
ステップ 2	言葉の理解
ステップ 3	主張の理解
ステップ 4	話題の理解
ステップ 5	知識との関連づけ
ステップ 6	自己との関連づけ
ステップ 7	課題文の評価
	振り返り

出典：安永・須藤（2014）を参考に作成

学生が散見される。全く違うことを書いてきた場合には「ごめん、私、全然合ってなかったかも」とまるで答え合わせをするかのように、自身の考えを早々に放棄する学生もいる。その際、筆者らは学生に対して個々の予習ノートで全く同じ文言になることはないことを強調し、それぞれどのような言葉（キーワード）を用いて作者の主張をまとめているのかなどを比較し、お互いの共通点とともに「違い」も確認にすることを促す。すると、「A さんは○○を、B さんは□□を強調してる感じがするけどそれはなぜ？」という質問や、「△△の部分って（チームでまとめる 1 〜 2 文に）入れる必要ある？　なくても大丈夫じゃない？」というように、より端的に作者の主張を捉えようとする話し合いが進む[2]。また LTD の回を重ねていくにつれ、作者の主張をなぜそのように抽出したのか、その理由や根拠もあわせて共有するチームも現れる。「主張の理解」のステップに限ることではないが、LTD は根拠をもって自身の考えていることを伝える「論理的思考」のトレーニングといえよう。

　この「主張の理解」とともに、学生が難しいと感じているのが次のステップである「話題の理解」との違いである。しばしば「主張の理解」と「話題の理解」の違いが曖昧なまま、話し合いが進んでいるのを目にする。この違いを明確にするために、筆者が学生に対して示すのが、安永・須藤（2014：155–156）を参考に作成した図 2-1 である。

　図 2-1 を用いて「主張の理解」と「話題の理解」に「上下関係」があることをまず示す。作者は何かを読者に伝えたくて文章を書いている。その「伝

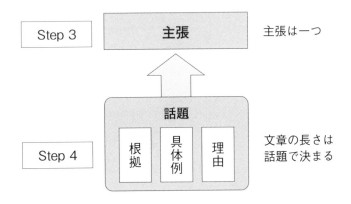

図 2-1 「主張の理解」と「話題の理解」の説明スライド
出典：安永・須藤（2014）を参考に筆者らが作成

えたいこと」が「主張」である。それを言いたいがために先人の知恵（先行研究）や具体例（＝「話題」）を用いてわかりやすく噛み砕いて伝えようとしているのであって、先行研究や具体例そのものを読者に伝えたいのではない。したがって、話題が主張よりも目立つことはないことを説明する。次に主張と話題の二つは全く別々に扱うのではなく、主張と話題はどのようにつながるのかを常に意識して考えながら話し合うことを促す。話し合いは、「主張の理解」から「話題の理解」へとすすむため、チームとして1文～2文に作者の主張をまとめる過程で、自ずとその主張に準じた話題をいくつか挙げ、どのように主張とつながるのかを検討し合うことになる。むろん実際は、チームとして作者の主張が端的にまとめきれず話題と切り離せない、あるいは端的にしすぎて必要なキーワードが欠落し話題につながらないこともある。その場合にはチームでまとめた作者の主張を再度検証するように促す。「主張の理解」と行ったり来たりしながら話題を話し合うことは、本科目の到達目標である「活字媒体における相手の主張をきちんと理解」することに通じる。LTD に慣れて、単にステップを「こなしていく」だけのような話し合いに終始する場合は、「何のために LTD で文献を読んでいるのか」を学生に問いかけ、「読解」とは何をすることかを意識させている。

2.3　読解を意味づけるために

　仲間との話し合いを通じて学ぶ LTD の醍醐味は「関連づけ」のステップにある。自身の知識や経験、自己の価値や意義との関連づけを共有、相互に確認するステップだが、単にお互いの「関連づけ」を紹介し合うだけでは、回を重ねても相互に確認するところまでなかなか進まない。その場合には、安永・須藤（2014：77-78）を参考に「なんとなくわかった気にならないために」として、たとえば「……と……は具体的にどこが関連してますか」「……について少し詳しく説明してもらってもいいですか」といった質問によって、お互いの関連づけを確認させるようにしている。

　さらにきちんと互いの関連づけを聴き分けられるようになってきた時点で、メンバーの「関連づけ」に触発された形で、今度は即興でその「関連づけ」に自らの知識や経験を関連づけることを推奨する。文献を読んでの学びが自身の知識獲得にとどまらず、他者の学びに影響し、共に学び合う知的に豊かな活動の創出に貢献しているという事実に気づくとき、学生は「きちんと読み、考える」という大学生に必要な学習に、我がこととして取り組むようになる。

　関連づけのステップ後、課題文に対する評価をそれぞれ述べ、自分たちの話し合いはどうであったかを振り返り、次回の目標を考えることで話し合いを終える。次回の目標は、具体的に「今回の LTD で改善の余地があったこと」をチームで考え、「〜ができる」という一文で書くように指示し、達成具合を自分たちで評価することができるようにしている。「より深い、あるいは真摯な読解が、より豊かな話し合いを可能にしていく」という自覚が、自分たちの取り組みの改善を促すことになる。

　こうした学生同士の対話的な学びを具現化するために、ほぼ毎回の授業後に「対話ジャーナル」という課題を出している。授業中の学びが仲間との話し合いを通じてどのように広がったのか、あるいは自身の学びに影響したのかを振り返り、ジャーナルに書き、次回の授業の冒頭でクラスの仲間と共有することがこの課題である。お互いに仲間の学習の深化や進展を確かめ合い、促し合う中で進む振り返りは、自己評価を促し、主体的に学習に向き合おうとする気持ちを高めてくれる（関田・森川 2019）。

3. ライティング科目との連携

　読解力を伸ばす「思考技術基礎」は、「書く力」をトレーニングするためのライティング科目との連携も見据えて設計されている（関田 2018）。まずは創価大学におけるライティング科目「学術文章作法Ⅰ」の概要を説明した上で、どのような連携を目指しているかを紹介する。

3.1　創価大学におけるライティング科目：「学術文章作法Ⅰ」

　本学では、学生全体の文章力向上をはかるため、基礎的な「書く力」をトレーニングする「学術文章作法Ⅰ」を開講し、大学に入学したばかりの全ての学部の初年次学生に対して 2014 年度から必修化した[3]。2021 年度は春期に経営・文学・理工・看護の 4 学部、秋期に経済・法・教育の 3 学部で開講しており、専任教員 11 名（准教授 2 名、助教 9 名）が統一シラバスのもと、担当している。各学部で入学時に実施されたプレースメントテストの成績をもとにクラス間の国語力が均等になるよう、20 名前後のクラスが作られており、成績順のクラスではない（関田・佐藤 2021）。

　「学術文章作法Ⅰ」は、レポートを書くという作業を通して、様々な事柄に対し、批判的、多角的に検討し、自分の考えを適切に他者に伝える力を身につけることを目的とし、具体的な到達目標として以下の九つをシラバスに示している。

　　「学術文章作法Ⅰ」到達目標
1. レポートに必要な情報を文献から読み取ることができる。
2. レポート作成の手順を理解し、手順通りに作業を進めることができる。
3. レポートに適した学術的な文章表現ができる。
4. レポートの基本的なルールを理解し、守ることができる。
5. パラグラフライティングを意識し、読み手に明確に伝わるレポートを書くことができる。
6. 推敲する習慣を身につけ、実行することができる。
7. 文献や資料から著者の指摘や主張を理解し、適切に引用することができる。

8. 自分なりのテーマと視点を設定した上で、体系的に論述することができる。
9. 様々な文献をクリティカルに読み、多面的なレポートを書くことができる。

　これらの到達目標からもわかる通り、大学という場で求められるレポート課題に取り組む際に必要な、基礎的な書くスキルのトレーニングを意図して設計されている。しかしながら、「引用」の仕方やパラグラフライティング、学術的な文章表現といった基本的な書くスキルを磨くことも大事だが、何よりも自分はどのようなことに疑問を持ったのか、そこからどのように学術的にふさわしい「問い」を立て、その「問い」に対してどのように考えるのか、文章で適切に他者に伝える力を身につけることを意図している。言い換えるなら、作法で終わらず書くことを通して様々な事柄に対し、批判的、多角的に考える力を伸ばしてほしいという願いが込められている。

　そうした背景もあり、「学術文章作法Ⅰ」では、レポートを書くプロセスを重視して授業が計画されており、そのプロセスをライティングサイクル（図 2-2）として示している。このライティングサイクルに従って、学生は第2回から第7回までで中間レポート、第8回から第15回までで期末レポートと計2本レポートを作成する。第2回〜第7回まではあらかじめ指定された共通の課題図書を用いて、要約の方法や「世界標準の『書く技術』」（倉島2012）とされるパラグラフライティングの基本を学ぶ。同時に課題図書で扱うテーマに関する「問い」を学生自身がそれぞれで設定し、1,500字から2,000字の論証型のレポートを作成する。これがライティングサイクルの1巡目に当たり、2巡目は自らテーマ設定（アイディア出し）から始め、2,500字から3,000字の同じく論証型のレポートを作成する。

　このサイクルで最も重視されるのは、全てのプロセスを司る「思考」である。サイクルの矢印は必ずしも一方向に進んでいるわけではなく、一つひとつのプロセスで「思考」し、進んでは戻る往還を繰り返すことでよりよいレポートを作成する（＝思考を鍛える）ことが何よりも重要であることを学生に説明する。ここでいう「思考する」とは、たとえば「問いの設定」のプロセスでは、「自身で立てた『問い』はレポートにふさわしい問いなのだろうか」「2,500字から3,000字にしては大きすぎる『問い』になっていないか」

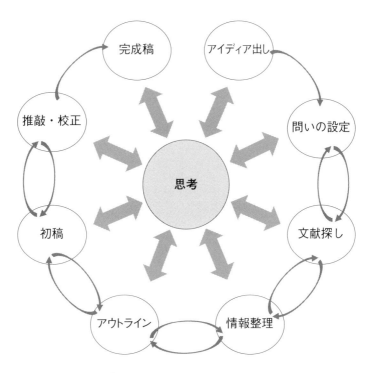

図 2-2　ライティングサイクル

出典：佐藤（2020）；関田・佐藤（ 2021）

と自身の「問い」を吟味することである。「文献探し」のプロセスであれば、「自身の主張に対してどのような文献が必要なのか」「この文献は根拠として妥当なのか」などを考える＝思考することである。戸田山（2020）の言葉を借りるならば「自分で自分の思考にツッコミを入れる（p.214）」ことだが、彼はこうした思考を「批判的思考」と定義しており、「様々な事柄に対し、批判的、多角的に検討する」ことは戸田山が言う「批判的思考」と通じる。

　一方で、クラスの仲間との話し合いの中で思考を鍛えるトレーニングも「学術文章作法Ⅰ」では重視している。その一つがクラスの仲間からの／仲間への「質問」である。「学術文章作法Ⅰ」のコーディネーターを務めている佐藤は、学生が主体的に問う力を育成することを重視しており、米国 The Right Question Institute が提唱する質問生成技法（the Question Formulation Technique）を「問いの設定」のプロセスに応用しているほか（佐藤 2019）、ライティングサイクルに様々な質問経験を組み込むことで、論理的思考の鍛錬を試みている（佐藤・鈴木 2020）。思考は個人の頭の中で終始するものではなく、仲間との話し合いの中で広がり深まるという前提は「学術文章作法Ⅰ」でも共有されている。

3.2　LTD によるレポート作成に必要な読解力の育成

「書くこと」を通じて初年次学生の思考を鍛える「学術文章作法Ⅰ」と、「読むこと」を通じて学生の思考を鍛える「思考技術基礎」は、学生の「思考」を鍛えることを重視している点で共通している。あわせてレポート作成に必要な文献の「読み方」「書き方」と LTD でトレーニングする「読み方」や予習ノートの「書き方」を連動させることでさらに効果的に「思考」を鍛えることを意図している。

「学術文章作法Ⅰ」では、「文献や資料から著者（作者）の指摘や主張を理解し、適切に引用することができる」ことが求められる。作者の主張を理解するためには、作者がその主張を根拠として挙げている先行研究や事例・データなどとは区別して主張と根拠を読み分けなければならない。この二つを読み取ることができなければ、意図的でなかったとしても学術的な文章における重大な倫理違反をおかしかねないからである。たとえばレポートを作成する際に自身の主張を補強するために文献を引用、とくに要約によって間接的に引用する際、作者の主張と全く異なる解釈をしてしまったり、文献の作者が用いているグラフなどのデータを、データそのものにはアクセスせずに引用したり（「孫引き」と呼ばれる）することなどがそれに当たる。さらに言えば「読み取る」ことができるだけでは不十分であり、どこからが自身の主張で、どこから他者の意見（つまり「引用」）かを明確に書き分けることができなければ「剽窃」や「盗用」を疑われてしまう。

「思考技術基礎」では前述の通り、LTD を用いて作者の主張を中心に文献を読むトレーニングをしている。読解のためのステップが 2 〜 4 に当たるが、「主張の理解」において端的に作者の主張をまとめる訓練はレポート作成における間接引用のトレーニングになる。また「主張の理解」と「話題の理解」の違いを意識することで、作者の主張と作者が用いている根拠を読み分ける「くせ」が身につく。こうした「くせ」は「学術文章作法Ⅰ」における

パラグラフライティングにも通じる。パラグラフライティングは自身の最も述べたい主張をパラグラフの冒頭に示し（トピックセンテンス）、その理由や根拠を述べ（サポーティングセンテンス）、論を展開する作文技法である。しかし、レポートを書く際の参考文献の多くはパラグラフライティングで書かれてはいない。だが、そうした文献もパラグラフライティング的に「読む」ことで、主張を捉えることができるようになるだけではなく、主張があいまいでわかりにくい文章に出会った際には、「自身の読解力がないから」と安易に考えず、なぜわかりにくいのか、わかりやすく伝わる文章にするためにはどのような点を改善すればよいかをパラグラフライティングの観点から考える機会が生まれる。これはLTDにおける「課題文の評価」にもつながることである。

　また、「関連づけ」のステップにおいては、レポート作成に必要な「主張」と「事実」を書き分けるトレーニングにもなる。レポートでは自身の主張と、その主張の根拠となるデータ等（＝事実）を引用して明確に分けて書かなければ、剽窃や盗用を疑われてしまう。LTDでは前述のように、予習ノートを作る段階で課題文に書いてあることと、どのようなこと（経験や知識）を思い出したか、それらがどのように関連するかを明確に分けるトレーニングをしているが、前者二つが「事実」にあたり、「関連づけ」が「主張」となる。ゆえに、文献をいかに引用するかのトレーニングになる。

　さらに、主張と事実を分けることは「まとめなさい」と「論じなさい」の違いを意識することでもある。LTDの前半のステップである「言葉の理解」や「主張の理解」「話題の理解」は、課題文献の内容を的確に読解することが求められる「まとめなさい」であり、「関連づけ」は自身の主張を展開し、「論じる」ための「種」となる。「学術文章作法Ⅰ」でも自ら「問い」を立て、それに対する自らの「主張」を「論じる」論証型レポートを求めているが、自らの関連づけを仲間と共有することは、自らの主張を展開するためのスタートラインとしても位置づけることができるだろう。

　このような「仕掛け」をできる限り学生自身が気づき、自身の学びに活用できるようにするため、「学術文章作法Ⅰ」の担当教員が「思考技術基礎」も担当している。「学術文章作法Ⅰ」で学生の理解が浅い点を、「思考技術基礎」でどのように補完できるか、あるいは「思考技術基礎」で鍛えているLTDの「読み」をどのように「書くこと」と連携させるかをそれぞれの教

員が適宜考え、各々の実践を SNS の一つである「Slack」で互いに共有することによって次年度の指導に生かしている。

3.3 カリキュラム運営上の連携

　「学術文章作法 I」と「思考技術基礎」はカリキュラム上でも連携をはかっている。この 2 つの科目は共に初年次教育科目に指定されていることから、同学期に並行して履修する学生も少なくない。図 2-3 は「学術文章作法 I」と「思考技術基礎」の全 15 回の講義日程である。たとえば、「学術文章作法 I」では中間レポートの作成に伴い、第 2 回から第 4 回で指定文献を使って、要約やパラグラフライティングの練習をする。「学術文章作法 I」では書くことのトレーニング（パラグラフライティング）が主となってしまうため、「読む」ことのトレーニングには多くの時間を割くことができない。一方「思考技術基礎」では、同時期に LTD によって一つの課題文をクラスの仲間とともに時間をかけてじっくり「読む」経験をするところからスタートし、読む技術をトレーニングしていく。必修科目である「学術文章作法 I」では

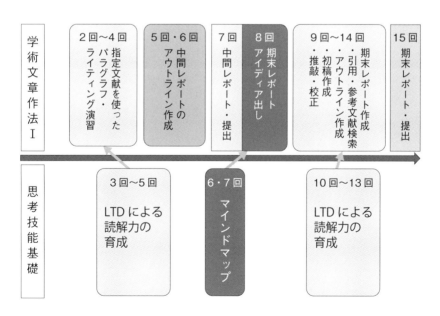

図 2-3　「学術文章作法 I」と「思考技術基礎」の授業日程による連携

中間レポートの作成に関して指定文献を用いるが、「読む」ことに対する苦手意識を持つ学生もいる。そうした学生が「思考技術基礎」も同時に履修した場合、課題文献をどのように読めばよいのか、そうしたヒントを得ることができるように LTD を実施する授業回を調整している。

4. おわりに（今後の課題）

　本章では、LTD を用いて読解力をトレーニングする「思考技術基礎」の概要を説明した。また、本学のライティング科目である「学術文章作法Ⅰ」との連携を事例として、レポート作成に必要な文献の「読み方」である正しく文章を読み解く力と、そこで得た情報や知識を自身のものとして関連づける力をどのように指導しているかを紹介した。

　「思考技術基礎」や「学術文章作法」と類似の初年次教育科目として、クリティカル・シンキングや論理的思考の訓練を目的としたものも大学教育では一般的である（竹内・谷本 2014；福・関田 2021）。標準的な LTD のステップでは時間的制約があり、クリティカル・シンキングを前面に扱うことは難しいが、正しく相手の主張を読み取りその論拠を探るステップ 3 と 4 は、クリティカル・シンキングで重視される「同定」作業に近い。現在の思考技術基礎は標準的な LTD を採用しているが、今後は鍛えたい思考技能をより明確にし、そのための読解作業を工夫することも検討したい。

　また、LTD で重視している、仲間との話し合いをより効果的な「思考」を鍛える場にするためには、相手の意見に対して敢えて異を唱える訓練も必要であろう。たとえば「関連づけ」のステップでは、お互いの関連づけの単なる紹介にとどまらず、「それって本当に関連してる？」「ちょっと話を聞いてもわからなかったけど、どこがどう関連するの？」と相互に関連づけの妥当性をチェックできなければ、自分自身に対しても本当の意味で「問う」ことはできないだろう。現在の「思考技術基礎」の LTD が持つ、共通点を探し、意見の統合を目指す「話し合い」のメリットは活かしつつ、個々の違いを活性化し「議論する」あるいは「討議する」要素を取り入れることで学生の「思考」はさらに鍛えることができるのではないか。協同学習は仲良し集団づくりを目的とはしない。互いの知的成長に向けて、是々非々の討論も厭わない真摯な学習集団の形成をこそ重視する。近年、「空気を読む」力が重

視され、予定調和的な話し合いを好む学生が増えている。そうした学生たちが安心してクリティカルな話し合いができるように、異議を唱えることは相手を傷つける行為ではない、ということを体験的に理解できるような活動を用意していきたい。

注

1) こうした読み方は LTD だけに限ったものではない。たとえば佐藤（2012）は、1 冊を 3 回読み、読後に「読書ノート」を作成することを「熟読」と定義している。「読書ノート」には「抜き書き」による正確な引用と、その箇所についての何らかの判断（コメントや意見）を書くことを読書法として紹介している。

2) 2020 年度、2021 年度は新型コロナウイルス感染対策のため、ZOOM による全面オンライン授業を行った。その際、学生らは ZOOM のチャット機能を使って予習ノートをコピー＆ペーストして投稿したり、画面共有機能を用いたりして、予習ノートそのものを共有していた。これは本来の対面での LTD（の話し合い）ではないことだが、話し合うだけではなく、お互いの予習ノートを読み合うことで個々の予習ノートの質が上がるというケースも見られた。こうしたオンラインでの LTD がどのように読解力向上に資するのかは今後注視する必要がある。

3) 英語で全ての授業を受講できる国際教養学部のみ「学術文章作法 I」ではなく、それと対応する科目が用意されている。なお、「学術文章作法 I」が必修化される以前は「文章表現法」という選択科目であったが、a、b、c の三つのクラスに分けられ、それぞれ別々のシラバスで授業が行われていた。また「学術文章作法 I」以降の文章力向上に関しては「学術文章作法 II」「学術文章作法 III」が開講されている。詳細は関田ら（2015）を参照のこと。

参考文献

新井紀子（2018）『AI vs. 教科書が読めない子どもたち』東洋経済新報社.

福博充・関田一彦（2020）「〈課題研究シンポジウム I〉ライティング科目と連携する科目の設計　初年次科目『思考技術基礎』の実践から」『大学教育学会誌』42(1), 27–30.

福博充・関田一彦（2021）「初年次科目『思考技術基礎』の特色と課題―他大学の類似科目との比較から―」『学士課程教育機構研究誌』10, 63–72.

倉島保美（2012）『論理が伝わる世界標準の「書く技術」―「パラグラフ・ライティング」入門―』講談社.

佐藤広子（2019）「学生の主体的に問う力を育成する試み―初年次におけるライティング教育の事例から―」『大学教育学会第 41 回大会発表要旨集録』108–109.

佐藤広子・鈴木道代（2020）「ライティングサイクルにさまざまな質問経験を組み込む試み」『大学教育学会第 42 回大会発表要旨集録』194–195.

佐藤優（2012）『読書の技法―誰でも本物の知識が身につく熟読術・速読術「超」入門―』東洋経済新報社.

関田一彦・山﨑めぐみ・山下由美子（2015）「創価大学のレポート指導科目の必修化に向けた取り組み」『学士課程教育機構研究誌』4, 23–36.

関田一彦（2018）「創価大学の初年次教育―初年次教育推進室開設の背景と取組―」『学士課程教育機構研究誌』7, 19–23.

関田一彦・森川由美（2019）「主体的・対話的で深い学びを促す振り返り―協同教育の視点からの一考察―」『教育学論集』71, 243–258.

関田一彦・佐藤広子（2021）「コロナ禍における初年次教育科目『学術文章作法Ⅰ』の対応」『初年次教育学会誌』13(1), 6–11.

竹内綱史・谷本光男（2014）「『クリティカル・シンキング』に関する科目の設置に向けて」『2014 年度龍谷大学教養教育・学部共通コース FD 研究開発プロジェクト報告書』（https://www.ryukoku.ac.jp/faculty/fd_project/data/2014-1.pdf）（2022 年 2 月 15 日）

戸田山和久（2020）『教養の書』筑摩書房.

安永悟（2006）『実践・LTD 話し合い学習法』ナカニシヤ出版.

安永悟・須藤文（2014）『LTD 話し合い学習法』ナカニシヤ出版.

第3章 論理的に書く力を育成する思考ツール
—留学生クラスにおける実践—

高橋　薫

1. はじめに

　近年、初年次教育でアカデミック・ライティングを必修科目として取り上げ、学生の書く力の向上に力を入れる大学が増えている。創価大学（以下、本学）でも学長ビジョンの一つとして「学生の文章力向上と適切なレポート作成に向けた取り組み」を掲げており、2014 年から「学術文章作法Ⅰ」を大学 1 年次の必修科目としている（第 2 章参照）。その一方で、アカデミック・ライティングの初学者や日本語を母語としない留学生の中には、大学で要求されるレポートを日本語で論理的に書くことに困難感や不安感を感じていることも多い。本学では「学術文章作法Ⅰ」において、日本語母語話者向けのクラスの他に、留学生を対象としたクラスも用意し、日本語で論理的に書く力の育成に取り組んでいる。これまでは、日本語母語話者クラスも留学生クラスもほぼ同じシラバスで学習を進めてきたが、2021 年度は第二言語（あるいは第三言語）でのアカデミック・ライティングであることを考慮し、留学生クラス独自のシラバスを作成し実践を試みた。本章では、2021 年度の本学の留学生クラスにおける思考ツールを活用した実践を報告する。

2. 思考ツールとピラミッドチャート

2.1　思考ツールとは

　思考ツールとは「頭の中にある情報を具体的なかたちにして書き込むためのシンプルな図形の枠組み」で「自分の頭の中にある情報やなんとなく形成されつつあるイメージを外に出すことを促し、共通理解のしやすい視覚化されたものにする」(関西大学初等部 2014：9) ものである。"thinking tools" という名称で世界中で使用されており、近年日本の初等中等教育でも考える力の育成に活用されている (関西大学初等部 2014；高橋・三宅・前川 2019；田村・黒上 2013 など)。また、田村・黒上 (2013) は思考をスキルと捉え、「比較する」(対象の相違点、共通点を見つける)、「推論する」(根拠にもとづいて先や結果を予想する)、「構造化する」(順序や筋道をもとに部分同士を関係づける) など、19 の思考スキルを挙げている。そして、育成したい思考スキルに合わせて思考ツールを活用することで、思考を可視化して情報を整理しやすくし、学習者の自立的な問題解決を促す実践を提案している。思考ツールに書かれる内容は必ずしも正解である必要はないという。まずは思いついたことを書き出し、それらの情報を取捨選択したり、統合したりしながら自分の意見を作り出すことをねらいとしている (田村・黒上 2013)。「考える道具を持たせることで自力解決できるように、つまり自立した学習者になるように」(関西大学初等部 2014：8) 支援することが思考ツールを利用する目的である。本実践では、思考ツールの中から「ピラミッドチャート」を使って、アカデミックライティングで思考を構造化するプロセスの支援を試みた。

2.2　ピラミッドチャートとは

　ピラミッドチャートとは思考を構造化するときに使用するツールである。田村・黒上 (2013) によると、**図 3-1** に示すようにピラミッドの下段には自分が持っている具体的な情報を、中段にはそれを抽象化したアイディアを、上段には最も重要な情報を書き出していくという。混沌とした情報を取捨選択したり、統合したりするプロセスを通して、重要な考えを絞り込んでいくのがピラミッドチャートのねらいだと述べている。本学の「学術文章作法

Ⅰ」では、以前からプランニングの
段階でマインドマップ（ブザン・ブ
ザン 2005）を活用してアイディアを
想起したり（思考の発散）、アウトラ
インを作成して構成を考える（思考
の収束）という取り組みは行われて
いた。しかし、ライティングの初学
者や留学生の場合、プランニング
（思考の発散）から一足飛びにアウト
ラインを作成する（思考の収束）の

図 3-1　ピラミッドチャート
出典：田村・黒上（2013）を参考に作成

には困難を伴うことが多く、想起したアイディアを取捨選択し、思考を構造
化するプロセスを支援する必要があると考えられた。そこで本実践では、レ
ポートのプランニングで様々なアイディアを想起した後で、思考ツールの一
つであるピラミッドチャートを作成して思考を構造化し、主張を導く論理展
開を俯瞰的に確認した上で、アウトラインを作成する支援を試みた。

3.　実践の概要

3.1　授業計画

　2021 年度の留学生クラスはコロナ禍で入国できない留学生もいたため、
Zoom を利用した同期型のオンライン講義として実施した。留学生クラスの
授業計画を**表 3-1** に示す。留学生クラスでは全 15 回の授業を、Step1「パラ
グラフライティングの基礎」、Step2「中間レポートの作成」、Step3「期末レ
ポートの作成」の三つのステップに分けて指導した。とくに Step1 では毎回
スモールステップで日本語で論述するための基礎固めを行った。そして、思
考ツールの一つであるピラミッドチャートは、Step2 第 6 回の中間レポート
のプランニングと、Step3 第 11 回の期末レポートのプランニングで利用した
（詳細は後述する）。次節では全 15 回の授業内容について説明し、その中で思
考ツールをどのように活用したかについて述べる。

表 3-1　授業計画

Step	回	内容
Step1	1	講義ガイダンス、レポートテーマ導入
パラフグラフ ライティングの基礎	2	三角ロジック、文献収集、文献管理
	3	パラグラフライティング（意見文作成）
	4	文献を引用する
	5	意見文推敲（文採）
Step2	6	中間レポートプランニング（ピラミッドチャート）
中間レポートの作成	7	中間レポートアウトライン（簡易版）
	8	中間レポートアウトライン（詳細版）
	9	中間レポート初稿
	10	中間レポート推敲（文採・FeedbackStudio）
Step3	11	期末レポートプランニング（ピラミッドチャート）
期末レポートの作成	12	期末レポートアウトライン（詳細版）
	13	期末レポート初稿
	14	期末レポート推敲（文採・FeedbackStudio）
	15	振り返り

3.2　授業内容

① Step1「パラグラフライティングの基礎」（第 1 回〜第 5 回）

　第 1 回の講義ガイダンスでは全 15 回の授業計画を伝えてレポートの課題を導入した。2021 年度の中間レポートのトピックは「プラスチック汚染」で、これは日本語母語話者向けの一般クラスと共通であった。一般クラスでは指定文献[1] を講読し、そこから個人の興味に応じて自分自身で問いを生成して行くが、留学生クラスでは関連動画[2] や関連記事[3] を読んでもらった上で、こちらが指定した以下の課題でディベート型の二者択一の論説文を中間レポートや期末レポートとして書く予定であることを伝えた。中間レポートも期末レポートもトピックは共通だが、中間レポートは個人が近未来を予測するテーマであるのに対し、期末レポートは日本の政策の問題として考え、反論を想定し反駁するというより高次の論証を試みる課題とした。

中間レポート課題

「日本でプラスチック容器のデポジット制は普及するか」

　コロナ禍でテイクアウトで飲食店を利用する人が増え、使い捨てのプラスチック容器のゴミが増えていることが問題になっています。これに対してドイツでは、食品をテイクアウトする容器をデポジット制にすることで、プラスチックゴミを減らそうという動きがあります（河内2020）。あなたは日本でプラスチック容器のデポジット制は普及すると思いますか？　普及する／しない、あなたの立ち位置を明確にして1,000 ～ 1,500 字程度で意見を述べなさい。

期末レポート課題

「日本は政策としてプラスチック容器のデポジット制を導入するべきか」

　近年プラスチック汚染が問題になっていますが、ドイツでは食品をテイクアウトする容器をデポジット制にすることで、プラスチックゴミを減らそうという動きがあります（河内2020）。では、日本は政策としてプラスチック容器のデポジット制を導入するべきでしょうか？　あなたの立ち位置を明確にして1,500 ～ 2,000 字程度で意見を述べなさい。論述する時はあなたとは反対の立場の意見も考慮しながら論述すること。

　第2回にはトゥールミンの論証のモデル（Toulmin 2003）を簡略化した三角ロジックを導入し、主張（claim）、データ（data）、理由づけ（warrant）を用いて日本語で論証するトレーニングを行った。この段階では日本語による引用方法はまだ導入していないが、主張を支えるデータは自分の体験ではなく文献を探して何らかの証拠を示し、主張とデータだけでは不十分な部分を自分の考えで理由づけするように指示した（図3-2）。

　第3回ではパラグラフライティングの基本的な技法を導入した。図3-3に示したようにパラグラフライティングと三角ロジックの関係を図式化し、データには主張を支える先行研究を引用すること（事実）、主張とデータだけでは不十分な点を自分のことばで理由づけとして補うこと、あくまでも自分の考え（主張＋理由づけ）が主であり、引用するデータは必要最小限にするよう指導した。また、理由づけはその領域の知識がないと書けないので、実

テーマ:ワクチンパスポートを導入するべきか?
Claim:わたしはワクチンパスポートを導入すべきではないと考える。
Data:厚生労働省の「新型コロナウイルス感染症(変異株)への対応」によると、感染性や重篤度が増していたり、ワクチンの効果を弱めるなどの性質に変化したおそれのある変異株で、アルファ株・ベータ株・ガンマ株・デルタ株が分類されているという。
Warrant:だから、ワクチンを受けても変異種に感染される恐れがあって、人の集まってるレストラン、居酒屋などのところに行ったら100%の安全とは言えないから、ワクチンパスポートを導入すべきではないという意見を持っている。

参考文献
厚生労働省の「新型コロナウイルス感染症(変異株)への対応」
https://www.mhlw.go.jp/content/10900000/000803147.pdf

図3-2　三角ロジックの例

出典：履修者作成

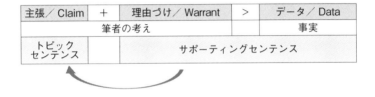

主張／Claim	＋	理由づけ／Warrant	＞	データ／Data
筆者の考え				事実
トピックセンテンス		サポーティングセンテンス		

図3-3　パラグラフライティングと三角ロジックの関係

際に引用するよりも多くの文献に当たり、その領域の知識を蓄える必要があることを伝えた。そして、三角ロジックを応用してパラグラフライティングを行うために、コンビニの四つの商品の1週間の売り上げデータと天候のデータから、四つの商品を推論するタスク（鶴田2017）をグループワークで行い、課題として**図3-4**に示したワークシートを用いて800字程度の意見文を作成させた。

　第4回では文中での文献の引用方法と参考文献リストの書き方を導入した。直接引用は原文をそのまま記載するため、ルールさえ覚えればさほど難しくはないものの、間接引用は読んだ内容を自分の言葉でパラフレーズする必要があるため、初学者や日本語を母語としない留学生には認知的な負荷が高い課題となっている。そのため、間接引用の形式をとってはいるものの、原文をそのまま切り貼りしたようなパッチワーク文（patchwriting）（吉村2013）になりがちである。パッチワーク文を防ぐためにHoward（1995）は原文を見ないでパラフレーズすることを推奨している。しかし、実際に行ってみると、原文を見ないでパラフレーズするのは母語でもかなり難しい作業である。第

図 3-4　意見文作成ワークシート

二言語としての日本語教育では、二通（2018）が①原文からキーワードを抽出した後で、②抽出したキーワードをもとに原文を見ずにパラフレーズすることを提案している。そこで、本実践では、二通（2018）の方法を参考に**図3-5** のような間接引用ワークシートを使って段階的にパラフレーズし、書き上げた間接引用と原文を見比べて、あまりにも似過ぎている場合は段階的に書き直していくという方法をとった。ここで取り上げた文献（河内 2020）は、中間レポートや期末レポートの序論で引用することが定められたものである。

第 5 回では本学の留学生クラスで導入している文章診断ツール「文採」[4]

学術文章作法 I 第 4 回

ワークシート_間接引用

1. 次の Web サイトの記事を読んで内容を理解してください。
   河内 秀子（2020）ドイツ発：コロナで増える使い捨て容器のゴミ問題
   デポジット方式の容器で解決へ？ Think the Earth 2020.11.18https://www.thinktheearth.net/think/2020/11/066rebowl/
2. 重要だと思われるキーワードを抜き出しましょう

   <キーワード>

3. 原文を見ないで、キーワードをもとに間接引用の文を作ってみましょう

   河内（2020）によると、＊＊＊＊＊＊＊＊＊＊＊＊＊＊＊＊＊＊＊＊＊＊
   ＊＊＊＊＊＊＊＊＊＊＊＊＊＊＊＊＊＊＊＊＊＊＊＊＊＊＊＊＊＊＊＊
   ＊＊＊＊＊＊＊＊＊＊＊＊＊＊＊＊＊＊＊＊＊＊＊＊＊＊＊＊＊＊＊＊
   ＊＊＊＊＊＊＊＊＊＊＊＊＊＊という。

4. 原文と自分の作った間接引用の文を見比べてみましょう。原文と似過ぎている場合は、段階的に書き換えましょう。

このワークシートは中間レポートで使用します。

図 3-5　間接引用ワークシート

を利用して第 3 回の課題で提出したコンビニの商品を推論する意見文の推敲を行った。「文採」は文章の形式（表層的な誤り）をチェックするツールで、一文の長さ、接続詞率、文末の統一感、話し言葉、助詞の誤りなどをチェックすることができる。本科目では、教員は学生が書いた文章に添削は行わず、文章診断ソフトのフィードバックを参考に自己推敲させるようにした。

② Step2「中間レポートの作成」（第 6 回〜第 10 回）

第 6 回では中間レポートのプランニングを行い、思考ツールの一つである

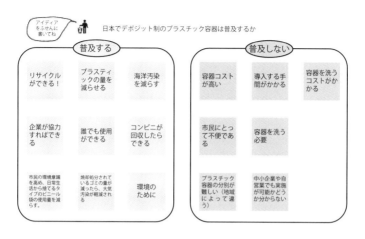

図3-6　アイディア出しの例

出典：履修者作成

ピラミッドチャートを活用した支援を試みた。プランニングには Google の Jamboard を使用した。Jamboard はデジタルのホワイトボード上に文字を書いたり付箋を貼ったり、画像を挿入したりできるアプリである。同じ Jamboard にログインすれば、個人作業だけではなく、グループで共同編集を行ったり、他者の成果物を閲覧したりすることもできる。プランニングは次の手順で行った。

　第一に、グループワークで、前述した中間レポートの課題「日本でプラスチック容器のデポジット制は普及するか」について、「普及する／普及しない理由」を、これまでに読んだ文献を参考に一つの付箋に一つのアイディアを書き出していってもらった（図3-6）。付箋に書き出すときは日本語でも母語でも構わないので、思いつくままどんどん書き出すように伝えた（思考の発散）。

　第二に、個人作業で自分が論述する立ち位置を決め、その主張を支える三つの理由を考えさせた。立ち位置は「普及する／普及しない」のどちらでも構わず、どちらかが正解というわけではないこと、また、三つの理由は自分のグループで出たアイディアを使っても良いし、他のグループのアイディアを参考にしても良いことを伝えた。

　第三に、個人作業でピラミッドチャートを使って、思考の構造化を試みる

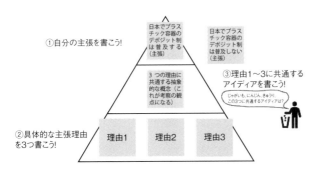

図3-7　ピラミッドチャート導入

タスクを行った（図3-7）。まず、ピラミッドチャートの上段には自分の主張を書いてもらった（焦点化）。次に、下段には主張を支える三つの理由を書いてもらった（具体的情報）。この三つの理由は本論の各論1、2、3のトピックセンテンスにつながるアイディアとなる。このときにどの理由から述べたら効果的か、並べる順番も考慮するように伝えた。そして、中段に三つの理由に共通する概念を書き出してもらった（抽象化）。学生には「じゃがいも、にんじん、きゅうり、この三つに共通するものは何か？」（答えは野菜）と尋ね、同じように自分が挙げた三つの理由に共通する概念をできるだけ「名詞」の形で書くように伝えた。この抽象化された概念は、最終的には序論の目標規定文の考察の観点につながる。目標規定文とは「何を目的としてレポートを書くのか、そこで自分は何を主張するのかを示した文」（木下 2003：55）である。そのため、抽象化のプロセスで三つの理由に共通する概念が見出せれば、どのような観点から主張を展開しようとしているのかが明らかになり、一貫性のある文章を書くための意識づけとなる。

　一方、三つの理由に共通する概念が見出せない場合は、「じゃがいも、にんじん、えんぴつ」のように同列に並べられない異なる要素が混じっている可能性が高い。そのためピラミッドチャートの見直しが必要となる。これらはピラミッドチャートを利用する際の、非常に重要なポイントである。実際に作業を行ってみると、履修者にとってはこの抽象化の作業が難しかったようだ。留学生の場合は言語的な制約もあり、「三つの理由に共通する抽象的な概念を書け」と指示しても、日本語でその概念を適切に表現できないこともある。たとえば、中段に「経済の問題」と書かれていたので、「誰にとってのどのような経済の問題なのか」と履修者に表現意図を確認したところ、

「市民の経済的負担」ということ
を表現しようとしていることがわ
かった（**図 3-8**）。加えて、留学生
の場合、「名詞の形で書くように」
と言っても、「地球の環境を保護
することができる」のような述語
で終わる文を書いてしまいがちで
ある。このような場合は履修者が
表現しようとしていることを確認
しながら「地球環境保護」のよう
に名詞になるよう調整させた。以
上のようにピラミッドチャートの

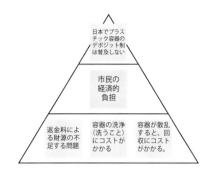

図 3-8　ピラミッドチャートの例

出典：履修者作成

抽象化の段階では、ある程度教員の介入が必要だと思われる。

　最後に、全体を俯瞰し、下段の三つの理由を提示する順序は適切か、中段
には三つの理由に共通する概念が名詞の形で書かれているか、上段の主張と
適切につながっているかを確認させた。ピラミッドチャートは 1 枚のシート
でレポートの論理展開を端的に表現し、かつ、俯瞰的に全体のつながりを確
認することができる。また、ピラミッドチャートを提示しながら、レポート
のとりあえずの構想を他者に向けて言語化してみることで、論理的なつなが
りの悪さに気がつくこともある。ピラミッドチャートは書き手に様々な気づ
きを与えるだけでなく、履修者一人ひとりが表現しようとしている内容を教
員が把握しやすくなるという利点もある。

　第 7 回ではピラミッドチャートをもとに、簡易版のアウトラインを作成し
た。レポートの基本構成は序論・本論・結論の 3 部構成とし、本論は各論 1、
2、3 の三つの部分からなること伝えた。そして、作成したピラミッドチャー
トをどのようにアウトラインに展開するか、アウトライン作成ワークシー
トを用いて説明した（**図 3-9**）。

　序論の書き方は向後（2016）を参考にした。向後（2016）は、序論の書き
方としてバーバラ・ミントの S-C-Q モデル[5]を推奨している。序論では、レ
ポートで取り扱うテーマについて社会状況を描写し（Situation）、焦点化して
トピックを狭め（Complication）、トピックを受けて問いと主張を明確に述べ
る（Question）というスタイルで書くと良いという。本実践では**図 3-10** のよ

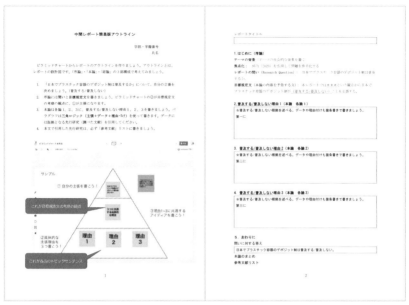

図 3-9　簡易版アウトライン作成ワークシート

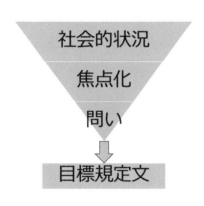

図 3-10　序論の構成
出典：向後（2016）を参考に作成

うな序論の構成のイメージ図を示し、
①社会的な状況を自分の言葉で書き、
②指定した文献（河内 2020）を引用し
て問題を焦点化し、③レポートの問い
（リサーチクエスチョン）につなげ、④
レポートの内容を予告する目標規定文
を書くように指導した。②の指定文献
を引用して問題を焦点化する時には、
第 4 回で作成した間接引用のワークシ
ートを参照するようにした。目標規定
文では、「本レポートでは、＊＊＊＊
＊という観点から、日本でプラスチッ
ク容器のデポジット制が普及する／し
ないことを主張する」のように、本論

の展開を予告する。この文にピラミッドチャートの中段に書いた三つの理由に共通する概念を入れる。前述した例を用いると、「本レポートでは、地球環境保護という観点から、日本でプラスチック容器のデポジット制が普及することを主張する」といった具合である。アウトラインの段階から目標規定文を明示するようにすると、内容の展開がそれとあっているか、履修者も教員もモニターしやすくなるという利点がある。本論は各論1、2、3の三つの部分から構成され、ここにピラミッドチャートで挙げた三つの理由をトピックセンテンスのキーワードとして使用する。各論は第2回で導入した三角ロジックを意識して主張、データ、理由づけに分けて書くこと、また、目標規定文で予告した通りに本論が展開しているかを確認させた。結論には序論で示した問いの答えを示すこと、また、本論のまとめを書くように指示した。

　第8回では簡易版アウトラインへのフィードバックを行い、それをもとに詳細版アウトラインを作成した。フィードバックにはGoogleスプレッドシートを使い、クラス全員のアウトラインが一覧できるようにした（**図3-11**）。問題箇所はセルの色を変えたり、コメント機能を使ってコメントを入れたりした。クラス全体のアウトラインが一覧できることで、他者との比較も可能になることから、自分のアウトラインの不足点が明らかになり、詳細版アウトラインを作成するにあたり、それぞれが何をすべきかが明確になるという利点がある。

　第9回では課題として書いてきた詳細版アウトラインをグループで発表し、不備がないかお互いにピアレビューを行ったうえで、中間レポートの初稿を作成した。本学では2020年度からFeedback Studio[6]という類似度評定ツールをアカデミック・ライティングに導入している。Feedback Studioは履修者が書いた文章と既存の文献がどのくらい類似しているかを評定するツールである。類似箇所にはマーカーが入り、レポート全体における既存の文献との類似度を数値で表示することができる。作成した初稿はFeedback Studioにアップロードして次回の授業に備えるように伝えた。

　第10回では作成した中間レポート初稿の推敲を行った。文章の推敲には第5回に導入した文章診断ツール「文採」と、類似度評定ツールFeedback Studioを利用した。「文採」では、ツールのフィードバックを参考に、主に書かれた文章の形式について自己推敲させた。Feedback Studioでは、初稿のどの部分にマーカーが入っているかを確認させ、自分の意見と文献からの引

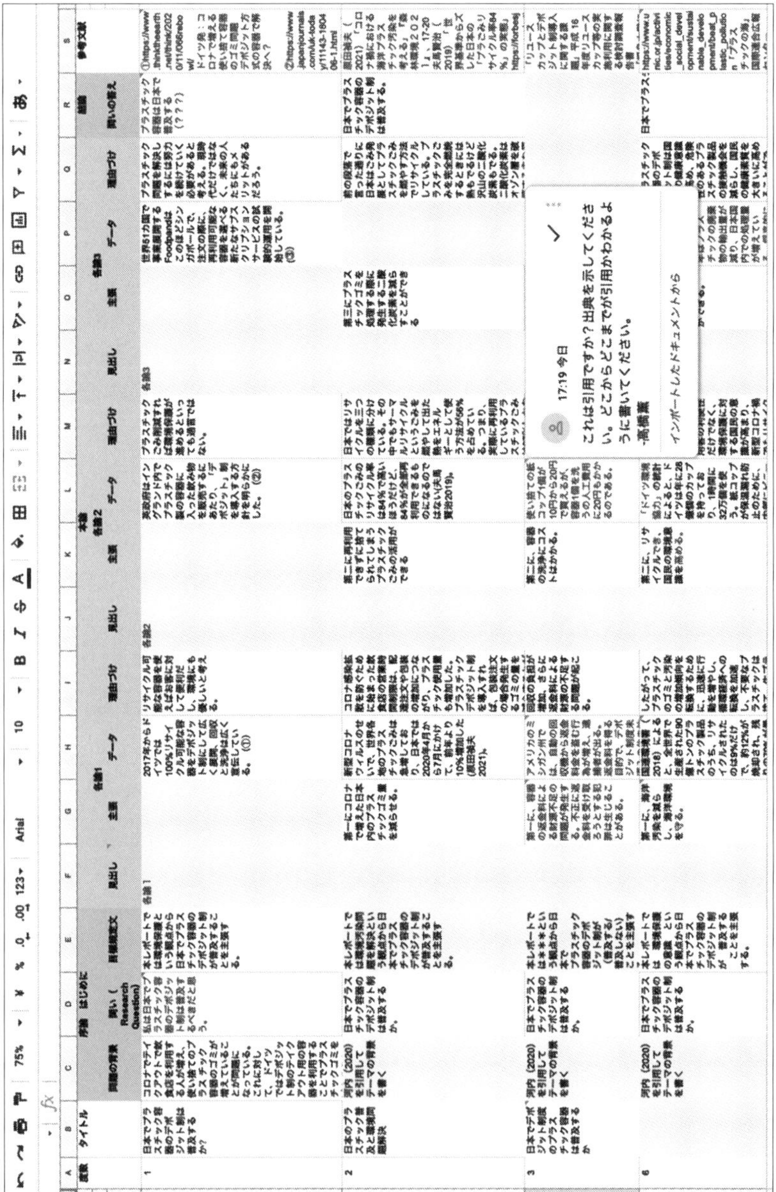

図 3-11 アウトライン（簡易版）へのフィードバックの例

用を適切に書き分けているかをチェックさせた。Feedback Studio は類似度が数値で表示されるため、明らかな盗用・剽窃は抑止できるものの、間接引用であるにもかかわらず、何行にもわたって類似度のマーカーが入ることがある。これは前述したパッチワーク文（吉村 2013）に当たることが多い。留学生の場合、言語的な制約もあり、なかなか自分の言葉でパラフレーズすることは難しいため、直接引用に書き換えるか、第 4 回で導入した二通（2018）の方法で、段階的にパラフレーズするように伝えた。そして、中間レポートのルーブリックを提示してレポートの評価観点を履修者と共有し、自分で最終チェックを行ってから完成稿を提出するように促した。

③ Step3「期末レポートの作成」（第 11 回〜第 15 回）

　第 11 回では中間レポート作成プロセスの振り返りを行った後で、ピラミッドチャートを活用して期末レポートのプランニングを行った。ピラミッドチャートを使うのはこれが 2 回目である。期末レポートでは、中間レポートよりも、より社会的な課題を自分とは反対の立場の意見も取り入れつつ論じる必要がある。プランニングには前述した Jamboard を使用した。

　第一に、グループワークで、「導入するべき／導入するべきではない理由」について、思いついたアイディアを 1 枚の付箋に一つずつ書き出して行ってもらった（思考の発散）。そして、双方のアイディアをできるだけ多く書き出すように伝えた。これは、自分とは反対の立場のアイディアは、反論を想定するときに利用できるからである（図 3-12）。

　第二に、グループのアイディアだけでなく他のグループのアイディアも参照したうえで、個人作業で自分の立ち位置を決めてもらった。中間レポートと期末レポートのトピックは共通しているものの、より社会的な課題であるためか、中間レポートとは異なる立ち位置を選んでいる履修者もいた。

　第三に、個人作業でピラミッドチャートを使って、思考の構造化を試みるタスクを行った。まず、ピラミッドチャートの上段には自分の主張を書いてもらった（焦点化）。次に、下段には主張を支える二つの理由と、反論の想定と反駁（三つ目の理由）を書いてもらった（具体的情報）。この時に、一つ目と二つ目の理由を述べた段階でどのような反対意見が起こりそうか、Jamboard に書かれた反対意見を参考にしながら考えさせた。そして、その反対意見に反駁するにはどのような証拠を示したらよいか考えさせた。反論の想

図3-12　アイディア出しの例

出典：履修者作成

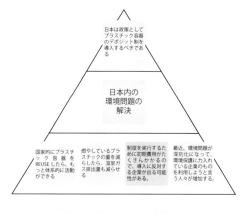

図3-13　ピラミッドチャートの例

出典：履修者作成

定と反駁は機械的にセットにすればよいわけではなく、一つ目と二つ目の理由とのつながりを考慮しつつ、反論と反駁を考える必要がある。そして、中段には共通する概念を書き出してもらった（抽象化）（**図3-13**）。ピラミッドチャートの作成は2回目であるうえに、事前にグループワークで「導入するべき／導入するべきではない理由」についてアイディア出しを行ったうえで、自分の立ち位置を決めてもらったためか、比較的スムーズにピラミッドチャートを作ることができた。

　第12回では前回作成したピラミッドチャートをグループ内で発表してピアレビューを行ったうえで、期末レポートの詳細版アウトラインを作成した。

　まず、ピラミッドチャートのピアレビューでは、ピラミッドチャートの下段にある理由1、理由2、反論の想定と反駁を貫く横軸と、下段の具体的事例、中段の抽象化した概念、上段の主張を貫く縦軸がきちんと通っているかどうか、お互いに確認してもらった。この横軸と縦軸がきちんと通っていることを意識できれば、論理的なつながりのある文章を生成することができるからである。たとえば、下段の反論の想定と反駁が対応していないと、この

図 3-14　詳細版アウトラインの
　　　　　ワークシート

横軸を通すことができない。そこでピ
ラミッドチャートの横軸と縦軸を手が
かりに、論理的なつながりを確認して
もらうようにした。ピラミッドチャー
トで論理展開を可視化し、それを言語
化する活動を通して、「反対の立場の
意見に（反論の想定）、強力に反論する
には（反駁）、もっと強力なデータが
必要だ」など、新たな気づきも生まれ
ていた。また、履修者と教員がピラミ
ッドチャートの段階で、表現しようと
している論理的なつながりを共有でき

ていると、履修者が生成した文章にわかりにくさがあった場合に、日本語の
誤用による問題なのか、論理的なつながりの悪さによる問題なのかを判断し
やすくなるという利点もある。
　次に図 3-14 に示したワークシートを使って、初めから詳細版アウトライ

ンを作成してもらった。中間レポートでは、簡易版、詳細版と段階を踏んでアウトラインを作成したが、中間レポートを書いてアカデミック・ライティングのスキーマが出来上がったためか、ピラミッドチャートを作ることができた履修者は、詳細版アウトラインも作ることができた。

　第13回では課題として提出された詳細版アウトラインにフィードバックを行ったうえで、期末レポートの初稿を作成した。フィードバックには前述したGoogleスプレッドシートを使ってアウトラインの一覧表を作成し、クラス全体に向けてフィードバックを実施した。そして、期末レポートの初稿の作成に当たり、期末レポートのルーブリックを提示して、評価観点を履修者と共有したうえで、初稿を作成した。

　第14回では作成した期末レポートの初稿を推敲した。推敲には文章診断ツール「文採」と、類似度評定ツールであるFeedback Studioを使用した。「文採」では文章の形式（表層的な誤り）のチェックを行い、Feedback Studioでは類似する箇所のマーカーの入り方をチェックさせた上で、レポートの最終稿を提出した。

　第15回ではこれまでの学びを振り返り、第1回に設定した自分の学習目標をどの程度達成できたか自己評価を行った。

4.　履修者は思考ツールをどのように評価しているか

　履修者はこの思考ツールを活用した実践をどのように評価しているのか、毎回授業の終わりに書かせている講義リフレクションの回答をもとに判断する。講義リフレクションには、毎回の学習目標の5段階評価と授業での気づきを記載してもらった。コメントを記載するときには単なる感想ではなく、なぜそのように感じたのか具体的な論拠を示すように指示した。これは主張と論拠を示すことは論述の基本だからである。分析には2021年度の春学期と秋学期に開講した留学生クラスのうち、筆者が担当した二つのクラス（春学期15名、秋学期10名）のデータの中から、データ利用の同意を得た19名の回答を使用した。分析には中間レポートのプランニングとして始めてピラミッドチャートを導入した第6回と、ピラミッドチャートのピアレビューを行った第7回、および、期末レポートのピラミッドチャートのピアレビューを行った第12回を使用した[7]。履修者の自己評価については記述統計の結

果を、自由記述については KJ 法を援用して抽出したカテゴリーと履修者のコメントを示す。

第 6 回の講義リフレクションでは「Q1. ピラミッドチャートを使ってアイディアをまとめることができそうだ」という項目について 5 段階で自己評価を行った。その結果、すべての学生が「5. そう思う」「4. ややそう思う」と回答しており、履修者がピラミッドチャートを活用した活動を好意的に評価していることがわかった（**図 3-15**）。

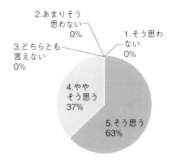

図 3-15　Q1. ピラミッドチャートを使ってアイディアをまとめることができそうだ

自由記述を見ると、Jamboard 上でグループでアイディア出しを行い、その結果を参照しながらピラミッドチャートを作成することに**「学びの楽しさ・面白さ」**を感じていること、また、グループでの対話を通して、**「異なる視点への気づき」**が生まれていることがわかった。関西大学初等部（2014）では、思考ツールを活用する利点として、対話型学習が活性化されることを挙げている。本実践でもツールを活用して思考を可視化することで、グループでの対話が促進され、それが個人の学びを深めている様子がうかがえた（丸ゴシック体の記述コメントは誤字も含めて原文のまま掲載する。下線は筆者が追記した）。

学びの楽しさ・面白さ

- 今日の授業は本当に楽しいです。グループの皆さんは積極的に参加して、いい雰囲気があると思います。それから、みんなが自分の意見をよく話して、私に新しいインスピレーションをくれました。
- Jamboard でピラミッドチャートは初めてやりますけど、面白かったです。なぜなら、みんなの意見を参考することができるという。（中略）しかし、反対の意見を考えれば、難しかったですが、本当にチャレンジして、よくできて良かったです。

図3-16　Q2. ピラミッドチャートを使って中間レポートのアイディアを説明することができた

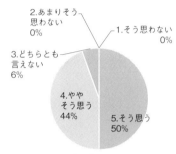

図3-17　Q3. ピラミッドチャート、アウトライン、三角ロジックの関係性がわかった

異なる視点への気づき

・私が日本でデポジット制を普及するのが当然だとずっと考えてきたけど、グループワークで普及する必要がないと言った人はいるのがびっくりしました。なので、これから他の人の立場から考えてみたいと思います。

・同じ意見を持っても、そう思った理由が人によって全部違うのが面白かった。そして、私が考えられなかった観点で問題を見られるのを見てもっとたくさんの資料を探して行こうと決意した。

　第7回の講義リフレクションでは、「Q2. ピラミッドチャートを使って、中間レポートのアイディアを説明することができた」「Q3. ピラミッドチャート、アウトライン、三角ロジックの関係性がわかった」という項目について、5段階で自己評価した。その結果、Q2. は、そう思う67%、ややそう思う28%で、どちらとも言えないという回答が5%あった（図3-16）。Q3. は、そう思うが50%、ややそう思うが44%、どちらとも言えないが6%であった（図3-17）。概ねピラミッドチャートを活用して自分の考えをまとめ、それを他者に説明することができたと感じていることがわかった。また、ピラミッドチャートで整理したアイディアをアウトラインに広げ、三角ロジックを意識しながら本論を構成するというように、これまで学んだ知識を関連づけている様子がうかがえた。

　自由記述を見るとピラミッドチャートで情報を整理し、それを言語化することで新たな気づきが生まれていることがわかった（「言語化による新たな気

づき」)。前述した Q2. に「どちらとも言えない」と回答していた履修者も、言語化することで論理的なつながりの悪さに気がつき、うまく説明できなかったと感じていたことがわかった。前述したように、田村・黒上（2013）は、思考ツールに書かれる内容は必ずしも正解である必要はないと述べている。まずは思いついたことを書き出し、それらを吟味するプロセスを通して思考を精緻化していくことが思考ツールのねらいだからである。本実践でも自分のピラミッドチャートの不備に気がつき、修正を試みていることがわかった。これは、思考ツールがねらいとする自立的な学習の第一歩であると捉えることができる。加えて、ピラミッドチャートで自分の考えを整理した上でレポートのアウトラインを作成することで、書くことへの心理的な負荷が軽減し、日本語でレポートを書くことに自信を深めている様子がうかがえた（「**書くことへの自信**」）。

言語化による新たな気づき

・今回の授業で自分で完成したピラミッドチャートをグループで発表したが、自分はあまり良く発表なかったと思います。なぜなら、自分が書いた理由と観点は合わない気がしたから、自信を持たずに発表したからです。それに、書いた理由と観点を直す必要があるかもしれませんので、自分がまたそれを考えて直そうと思ってます。

・今日の授業でのグループ活動が良かったです。なぜなら、ピラミッドチャートで私が気づかなくて見逃していた部分を同じグループの友人が教えてくれたからです。おかげでレポートを書く時にもう少し補うことができるようになりました。

書くことへの自信

・今回の授業に、前回のできたピラミッドチャートを一回まとめて、それを参考としてアウトラインを作ってみました。レポートはどういう風に書いたらいいのかを大体わかるようになって来ました。レポートを書くことは難しいと思いましたが、先生とみんなで一緒にピラミッドチャートとアウトラインを作ってみて、レポートを書くことは簡単になったみたいです。今回の授業も面白かったです！

・ピラミッドチャートで自分の考えを簡略化して、あれから派生しても

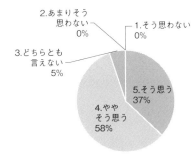

図3-18　Q4. 反論を想定し、反ばくすることができそうだ

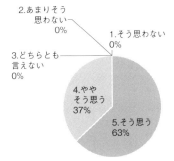

図3-19　Q5. グループでのピアレビューは役にたった

っと資料を探しながらアウトラインを作るのがよかった。いつもレポートを書く時頭の中だけでアウトラインを作って、途中に内容の流れを変わったり、だいぶ書いたけどテーマ設定から間違って最初から書く時もあったが、今回の授業でやったまま<u>これからきちんとアウトラインを作成したら、レポート書く時間を減らせる</u>と思った。

　第12回では「Q4. 反論を想定し、反ばくすることができそうだ」「Q5. グループでのピアレビューは役にたった」について、5段階で自己評価した。その結果、Q4. は、そう思う37%、ややそう思う58%、どちらとも言えない5% であった。また、Q5. は、そう思うが63%、ややそう思うが37% であった（図3-18）。このことから、反論を想定し反駁するという中間レポートよりもより高次の論証ができそうだと考えていること、また、ピラミッドチャートのピアレビューは役に立ったと感じていることがわかった（図3-19）。

　自由記述を見ると、期末レポートのピラミッドチャート作りは難しいものの、ピアレビューでの対話を通して各々が自立的に学びを深めていることがわかった（「対話からの学び」）。

対話からの学び

・今回のピラミッドチャートは作るときに少し難しさがありました。反論を最後に入れて書くため、それに合わせて自然な流れになるように

することが難しいでした。しかし、みんなと一緒に作成したアイディア出しが役に立ちました。そして、グループワークでみんなのコメントを聞いてピラミッドチャートを補うことができた。

・本日の授業で、グループの皆さんと自分のピラミッドチャートを詳しく討論しました。それは、嬉しかったです。留学生なのに、やっと学術の討論ができるようになりました。皆さんの協力して、私はこの授業のよさを感じました。やはり、先生は学生全員に全部の観点ポイントを教えるわけないので、学生さんの間に意見を交換するのは、大事だと思います。

5. まとめ

　本実践では、留学生を対象としたアカデミックライティングの授業で、思考ツールの一つであるピラミッドチャートを活用して思考の構造化を促す活動を行い、論理的な文章を作成するための支援を行った。履修者が授業後に記載する講義リフレクションの分析から、履修者はピラミッドチャートを活用した実践を好意的に捉え、「学びの楽しさ・面白さ」を感じ、「異なる視点への気づき」を得ていることがわかった。また、ピラミッドチャートのピアレビューを通して「言語化による新たな気づき」を得たり、「書くことへの自信」や「対話からの学び」を深めており、自立的に学習を進めている様子がうかがえた。以上のことから、ピラミッドチャートで自分の考えを整理した上でレポートのアウトラインを作成することは、書くことへの心理的な負荷を軽減し、自立的な書き手となるための一助となっていることがわかった。本実践は留学生を対象としたものであるが、この技法は一般的なアカデミック・ライティングの初学者向けにも応用可能であると考えられる。今後はより自由度の高いテーマを設定した場合、どのような思考ツールをどのように活用するか、検討する必要があるだろう。

注
1）　指定文献として一般クラスでは以下の文献を提示した。
　　枝廣淳子（2019）『プラスチック汚染とは何か』岩波書店.
2）　関連動画としてオンライン上で視聴することができる以下の動画を提示した。

国際連合広報センター「プラスチックの海」

（https://www.unic.or.jp/activities/economic_social_development/sustainable_development/beat_plastic_pollution/）（2022 年 2 月 15 日）

３） 関連記事としてオンライン上で読むことができる以下の文献を提示した。

河内秀子（2020）「ドイツ発：コロナで増える使い捨て容器のゴミ問題 デポジット方式の容器で解決へ？ Think the Earth 2020.11.18」

（https://www.thinktheearth.net/think/2020/11/066rebowl/）（2022 年 2 月 15 日）

４） 「文採」は株式会社ザ・ネットが提供する文章力向上支援サービスである。

（https://sp.tnweb.biz/sso/menu/menu.asp）（2022 年 2 月 15 日）

５） バーバラ・ミント（山﨑康司訳）（1999）『考える技術・書く技術―問題解決力を伸ばすピラミッド原則―』では、S-C-Q モデルの Complication は複雑化と翻訳されているが、ここでは向後（2016）に倣い、焦点化という用語を使用する。

６） Feedback Studio は turnitin 社が提供する類似度評定ツールである。

https://www.turnitin.com/ja/products/feedback-studio（2022 年 2 月 15 日）

７） 第 11 回で期末レポートのピラミッドチャートを作成しているが、この日は中間レポートの振り返りを行っており、一般クラスと同じ振り返り用のフォームを使用していることからピラミッドチャートに関する学習者のコメントは見られない。

参考文献

ブザン，トニー・ブザン，バリー（2005）『ザ・マインドマップ―脳の力を強化する思考技術―』神田昌典（訳），ダイヤモンド社.

Howard, R. M. (1995). Plagiarisms, Authorships, and the Academic Death Penalty. *College English*, 57(7), 788–806.

関西大学初等部（2014）『思考ツールを使う授業』さくら社.

木下是雄（2003）『レポートの組み立て方』筑摩書房.（改版，1990 年）

向後千春（2016）「スタディスキル 早稲田大学人間科学部 e スクール 2016 年版」（https://kogolab.files.wordpress.com/2016/03/2016_ss_text-pages.pdf）（2022 年 2 月 15 日）

二通信子（2018）「資料の利用と引用についての指導―アカデミック・ライティング入門期における実践例―」『AJ ジャーナル』10, 89–97.

高橋薫・三宅貴久子・前川佳美（2019）「論理的に書く力を育成する指導法の検討―小学生を対象とした思考ツールの活用事例―」『AJ ジャーナル』11, 81–88.

田村学・黒上晴夫（2013）『「思考ツール」の授業―考えるってこういうことか！―』小学館.

Toulmin, S. E. (2003). *The Uses of Argument Updated Edition*. Cambridge, UK: Cambridge University Press.

鶴田清司（2017）『授業で使える！ 論理的思考力・表現力を育てる三角ロジック―根拠・理由・主張の 3 点セット―』図書文化社.

吉村富美子（2013）『英文ライティングと引用の作法―盗用と言われないための英文指導―』研究社.

第4章 | リーディング学習と接続する ライティング教育

杉谷祐美子

1. リーディングとは

　本章は、これまでライティング教育において十分に取り上げられてこなかったリーディング学習に焦点を当て、その意義を示すとともに、レポート・論文の作成指導を目的としたライティング教育プログラムにどのようなリーディング学習を取り入れるのがよいかを検討する。「リーディング」という表現自体が大学教育に定着しているとは言いがたい面もあるが、「ライティング」と対置させるべく、主に学術的文章を読む学習活動を指してこの語を用いることとする。

　筆者は所属機関において、大学1年次生の「基礎演習」科目を担当して10年以上経つ。本科目ではレポート・ライティングに重点をおき、実践研究にも取り組んできた（杉谷・長田・小林2009；小林・杉谷2012など）。同時に、リーディング学習についても試行錯誤してきた経緯がある。そこで本科目を事例として取り上げ、二つの観点からライティング教育プログラムにリーディング学習を組み込む際の留意点を検討する。一つは市販のテキストに基づいて整理したリーディング学習の内容から、もう一つは履修者の授業アンケートの結果から、授業を振り返って考察する。

　本書のタイトルは、「思考を鍛えるライティング教育」である。「読む」という行為はともすると、文字を追ってその情報をインプットするだけの受動的営みのように受け取られるかもしれない。しかし、「読む」とは文章に書かれた情報だけではなく、読み手の持つ知識も使い、それと関連づけながら、

言外のことも推論しつつ文章の意味構造を心の中に作り上げることである（秋田 2002）。さらにはこうして文章の意味を理解するにとどまらず、後述のように情報の確からしさを判断するために文章を吟味することも大学生のリーディングには含まれる。このように、「読む」とは思考することを伴うきわめて能動的な行為といえる。それゆえ、ここではあえて「リーディング教育」ではなく「リーディング学習」として論じる。学生の思考力を涵養するうえで、リーディングの学習をいかに効果的にライティング教育と接続させるかを考えたい。

2. 基礎演習科目の授業実践

　ここで取り上げる基礎演習は 1 年次前期に開講される教育学科科目である。この科目は教育学科の必修科目でクラス指定となっているが、その内容は担当者の裁量に任されている。1 クラス 20 名程度の規模で、各担当者は 2 クラスを担当する。筆者は「現代の教育問題の考察―論文作成の基礎と学びの姿勢を身につける―」というタイトルで、レポート・ライティングに重点をおいてきた。また、教育学科の初年次教育科目となるよう意識し、問題を多面的に考察する思考力、「読む・書く・聴く・話す」といった学習スキル、大学での学びの姿勢を身につけることを到達目標としている。この「大学での学びの姿勢」とは、問いを明確にして探究する姿勢、事実に基づいて考察する姿勢、自分の考えを相対化する姿勢の三つを指す。こうした学びの姿勢は、筆者が専門分野の一つとする教育社会学に依拠している。教育社会学では社会通念や常識的なものの見方を批判的に捉え直し、教育事象を実証的に分析するが、前述の三つの姿勢は教育社会学に限らず、およそ教育学を学ぶにあたって必要な姿勢であり、大学で学ぶうえでの基本的姿勢にも通ずると考えられるからである。

　授業の内容は、1 年次の前期 4 月から夏休みの 8 月にかけて、学生各自が自分の興味関心に基づいて教育問題を取り上げ、それについて自分自身で自由に問題設定し、4,000 字程度の論文を書くこととしている。学生の関心は、いじめ、不登校、英語教育、ICT 教育、アクティブ・ラーニング、教員の多忙化、教育格差、奨学金制度など、毎年、実に多様である。

　これまで、本授業のタイトル、到達目標、基本的な構成については大きな

変更はないが、学生の提出物にみる学修成果や授業に対する反応・評価に合わせて、教育内容や教育方法を微修正してきた（杉谷 2017）。ここではその主な変遷を確認したい（次頁**表4-1**）。アミカケ部分がリーディングに関連した授業である。こうしてみると、2007 年度当初より、読むことを意識して授業構成していたことがわかる。これが 2009 年度にはリーディングに関する回数を 2 回増やし、それまで部分的に取り入れていたクリティカル・リーディングを「批判的読み」として集中的に行うことにした。ここには記載していないが、実はその後も 2 年おきに内容を若干修正している。2011 年度には「批判的読み」以前に「本の読み方」からきちんと教えたほうがよいと思い、「批判的読み」の 1 回分をそれに当てた。さらに 2013 年度には先行研究のレビューの重要性を認識し、「先行研究の検討」の回を 1 回増やした。そして、2015 年度には全体のスケジュールを考えてやむなく「批判的読み」の回数を 1 回減らし、「先行研究の検討」を「文献の情報整理と検討」に変更した。しかしそれでは不十分と感じ、2017 年度には「論文の書き方」の回でリーディングを取り入れることとした。

　こうした流れには、「論文を書く」から「文献を読む」へ、「批判的読み」から「情報整理と検討」へ、「ディスカッション」から「シートでのレビュー」へ、「グループ学習」から「個別学習」へ、授業の重点がシフトしてきたことがみてとれる（杉谷 2017）。読みの重要性を認識し、「文献を読む」授業回数を増やしたことは前述の通りである。「情報整理と検討」と「シートでのレビュー」は、2015 年度の「先行研究の検討」からの変更と関わっている。以前は学生たちが先行研究を要約・批評したものを持ち寄ってディスカッションをしていたところ、論文を書くときに直接役立てられるように文献の内容の情報整理とそれにコメントを付すという方式に改めた。初期は協調学習を多用していたが、こうした変更によってディスカッションの時間は減り、学生各自がシートに記録して振り返ることが増えた。また、試験や提出物の多い学期末に負担が過度にならないように授業内で実際に論文を書く時間も増やした。これらの結果、「個別学習」の機会が増えたのである。

　したがって、あえて自嘲的にいえばアクティブ・ラーニングの拡大といった時流に反するかのように、本科目は協調学習の要素を抑制し、「活発な」「活動的な」といった意味ではアクティブでなくなっていった。しかし、表面上の活動は減少していったとしても、自己の問題関心と対峙し思考を巡ら

表 4-1　基礎演習の授業計画の変遷

回数	2007 年度 テーマ	2009 年度 流れ	2009 年度 テーマ	2015 年度（2017 年度）流れ	2015 年度（2017 年度）テーマ
①	オリエンテーション	1. ガイダンス	オリエンテーション	1. ガイダンス	オリエンテーション
②	図書館の利用		論文を書くとは	2. 資料読解	本の読み方
③	ブログの利用	2. 資料検索	図書館の利用		批判的読み
④	論文の読み・書きの注意①	3. 資料読解（グループ学習）	批判的読み（1）		論文の書き方
⑤	先行研究の検討（議論）		批判的読み（2）	3. 資料検索	図書館の利用
⑥	論文の書き方		批判的読み（3）	4. 論文作成準備	文献の情報整理と検討（1）
⑦	問題設定(議論)	4. 論文作成準備（グループ学習）	先行研究の検討（1）		問題の設定
⑧	論文の読み・書きの注意②		問題の設定		文献の情報整理と検討（2）
⑨	アウトラインの作成（議論）		先行研究の検討（2）		主張の確認と根拠
⑩	プレゼンテーションの技法		主張の確認	5. 発表	プレゼンテーションの技法
⑪	アウトラインの発表（1）		アウトラインの作成		アウトラインの発表（1）
⑫	アウトラインの発表（2）	5. 発表	アウトラインの発表（1）		アウトラインの発表（2）
⑬	アウトラインの発表（3）		アウトラインの発表（2）	6. 論文作成	論文の作成（1）
⑭		6. 論文作成			論文の作成（2）
⑮					まとめ
夏季休業					

注 1：2007 年度、2009 年度は授業回数は 13 回
注 2：2015 年度と 2017 年度は授業構成は同じだが、授業内容は 2017 年度を反映
出典：杉谷（2017：46, 49）より作成

せる機会が増えれば、それはむしろ「能動的な」という意味においてアクティブ・ラーニングが促されるといってよいだろう。本科目の変更はそれを狙ったものであり、アクティブ・ラーニングの含意からすれば能動性こそが重要といえる。

　こうした変更の背景には、これまでの基礎演習の授業実践のなかで学生たちが書き方そのものに躓くというよりも、自分の関心を問題設定として明確化したり、情報を根拠として適切に提示したりすることが難しいといったことがある。それは書くべき内容であるインプット部分が脆弱であり、何を書けばよいのかわからない、つまり書くこと以前に読むことや読んで考えることが不足しているからではないかと考えられる（杉谷 2017）。さらにいえば、山地（2021）が指摘するところの「言葉とのていねいな関わり」の経験そのものがそもそも希薄になっているといえるのかもしれない。

　学生たちはテーマを与えられれば、それなりに書き方を真似て文章を書くことはできる。しかし、自分の問題関心を見つけ、それを展開させて論理的に書くということは難しい。これは上級学年の学生や大学院生でも困難であるが、2年次以降の学習や論文作成につなげるためにも早い段階から自分の関心を掘り下げていく学習機会は必要ではないだろうか。たしかに1年生にとっては過大な要求かもしれないが、反面、入学後まもないやる気にあふれているだろう時期だからこそ適しているとも考えられる。冒頭で述べたように、「読む」行為が既有の知識と関連づけて理解する営みであるということは、リーディングによって知識を結びつけることを通して、自分の問題関心への気づきや新たな視点の発見をもたらすことにもなりうるだろう。本授業は、学生が読む・書くというプロセスを通じて自分の問題関心と対峙しつつ思考することを重視するものである。

3.　大学教育におけるリーディング学習の位置づけ

　以上のような筆者の問題意識は共有されるところであると思われる。たとえば、俯瞰的多読と比較レポートを考案した牧（2019）は、「レポートに何を書いてよいのかわからない」「考える方法がわからない」という学生の声に対応するために読みの教育を実践している。その牧氏が、日本の大学テキストにおいて「読むこと」の記載を調べたところ、アメリカの教授学習法の

影響を受けていること、読みに関する扱いが少ないこと、読む領域の用語上に揺れがみられることが明らかになった。「読み方」「読書方法」「リーディング」といった言葉、さらには読む技法の名称も様々挙げられる。しかし、そうした用語の揺れはあるものの、総じて俯瞰的・効率的に把握する読みを促す点では共通するとしている（牧 2017）。

このような状況から、日本の大学教育においてはリーディング学習の内容がまだ確立途上と考えられる。文部科学省（2021）によれば、大学での初年次教育の実施内容として「レポート・論文の書き方などの文章作法」（実施率 91.4％）、「プレゼンテーションやディスカッション等の口頭発表の技法」（同 85.2％）、「大学内の教育資源（図書館を含む）の活用方法」（同 82.6％）などが上位を占め、「ノートの取り方」（同 65.5％）もみられるが、文献の読み方（リーディング）はそもそも項目に含まれていない。

さらにいえば、リーディングはスタディ・スキルズの一つの要素として取り上げられ、レポート・ライティングも同じテキスト内に並列して記載されるが、スキルごとに章立てされ分断されている。テキストの構成としてやむをえない面もあろうが、リーディングがライティングとどのように結びつき、連動しているのかがわかりづらい。文献の検索や情報の整理などは扱われていても、リーディングとライティングとの接続、もっといえばどのようにリーディングとライティングを統合して教えたらよいかという点ではまだ課題は少なくないと考えられる。

それでは、大学で必要なリーディング・スキルとはどのようなものか。ここでは、初年次教育が全国の大学に普及してきた頃より用いられているような、リーディングを扱った主要なテキストや文献 10 点（藤田 2006；学習技術研究会 2006；井下 2019；慶應義塾大学教養研究センター・大出 2015；北尾ほか 2005；牧 2014；松本・河野 2007；中澤・森・本村 2007；佐藤・湯川・横山・近藤 2006；橘 2017）を参考にする。これらは用語や意味内容、分類方法などが微妙に異なるが、比較的共通する部分を整理しよう。

まず、文章の種類や扱うトピックを見きわめ、文献を選ぶことから始まる。その際、手がかりとなる情報は題名、表紙や帯の紹介文（論文では要旨）、目次、まえがき（序論）、あとがき（結論）、索引、著者紹介、出版年などである。これらの情報は、次に示す実際に「読む」段階でも活用される。

読み方については、2 種ないし 3 種に分けて説明される。2 種とは、「エク

ステンシブ・リーディング（extensive reading）」と「インテンシブ・リーディング（intensive reading）」に大別して、後者の「インテンシブ・リーディング」に「クリティカル・リーディング（critical reading）」を含む場合である。3種とは、「クリティカル・リーディング」を「インテンシブ・リーディング」と独立させて、その次の段階として位置づける場合である。いずれにしても、実質的には3段階に分けて読んでいくことになる。一見、回り道のようだが、文献を効率的かつ分析的に読むには、読み方を使い分けながら、より重要な部分については複数回にわたって読むことが有効である。

　「エクステンシブ・リーディング」は「多読」とも訳されたりするが、大まかに内容を把握する読みである。速読といってもよいだろう。具体的な方法としては、文献全体にざっと目を通して、その文献の概略を大雑把につかむ「スキミング（skimming）」がある。これは「すくい読み」などとも呼ばれ、前述した文献を選ぶ際に利用する情報や接続語などに注意して読むとよい。これに対して、「探索読み」ともいわれたりする「スキャニング（scanning）」がある。スキャニングは索引や目次などを活用して、文献から特定の情報を素早く見つけ出し、重点的にその箇所を読む方法である。これらは下読みの段階であり、多数の文献に目を通して幅広く情報を得るとともに、優先的に読む文献を精選するなどにも利用できる。

　「エクステンシブ・リーディング」で大まかな内容をつかめたら、次に「インテンシブ・リーディング」に進む。これは精読であり、文章を丹念に読み、論理の構造を分析しながら正確に把握する読み方である。選んだすべての文献に対してインテンシブ・リーディングができればそれに越したことはないが、時間の制約もあるだろうからより重要と思われる部分に絞ってもよい。そのためにエクステンシブ・リーディングを行うのである。方法としては、見出しに注意する、重要な箇所に印をつける、わからない箇所をチェックして用語の意味を調べる、段落ごとの要点をつかむ、接続語を確認して段落と段落のつながりや関係を把握する、これらを通じて著者の主張したいことを理解する、さらには読みながら疑問に思ったことや考えたことをメモするなどが挙げられる。また、これには文章の構造を把握するための図式化や文章の理解を確実にするための要約が、アウトプットとして用いられる。

　さらに次の段階として、「クリティカル・リーディング」へと発展させることが大学生の学びにおいて重要である。クリティカル・リーディングとは、

インテンシブ・リーディングで述べてきた注意深く分析的に読む「分析読み」と、さらに一歩踏み込んで、書かれた内容を鵜呑みにせず、複数の視点から注意深く論理的に分析しながら、ときには批判的に読む「批判的読み」の二つが含まれる。クリティカル・リーディングの方法としては、多くのポイントを取り上げている文献もあるが、たとえば、中澤・森・本村（2007）の説明がわかりやすい。常に疑問を持つ、反対の立場に立つ、矛盾がないか注意する、公平な議論をしているか注意する、理由の説得力を考える、理由と主張がしっかり結びついているか考える、といった内容が挙げられる。そして、クリティカル・リーディングのアウトプットとして用いられる書評（クリティカル・レビュー）では、読みを通じて生じた疑問や同意、反論を論理的に説明することが期待される。

　以上のことから、大学でのリーディング学習では、知識や情報を得るため、情報の妥当性を判断するためのリーディングを行い、速読・多読から精読へ、さらに批判的読みへと段階的読み方が必要とされることがわかる。また、書かれた内容を理解することから発展させ、その内容の信頼性や説得力を吟味し判断するという行為を通じて思考することが求められている。そして、インプットしたものをアウトプットしていく活動も含まれており、ここにリーディングとライティングとの接続・往還をみることができる。

4. 基礎演習におけるリーディング学習

　ここで改めて、2015 年度の授業構成を踏襲した 2017 年度の基礎演習のリーディング学習を紹介したい。前出**表 4-1** の授業計画の通り、リーディングは第 8 回までの前半の回に取り入れている。しかし後述するように、リーディングに関する学習課題は学期中盤の第 10 回まで必須としている。他方、8 月中旬に提出する「完成論文」（4,000 字程度）に向けて、6 月上旬第 7 回に「序論」（600 字程度）、6 月中旬第 9 回に「中間論文（1）」（1,000 字程度）、その後、アウトラインの発表を経て、7 月中旬第 14 回に「中間論文（2）」（3,000 字程度）の課題を課し、徐々に論文作成の比重が増してライティングに移行していく。リーディングの学習はリーディング・スキルの習得を目的としつつ、そもそも論文作成のために行うということを学生には繰り返し伝えている。

第2回「本の読み方」には、先に整理したリーディング・スキルを盛り込んでいる。「1. なぜ本の読み方が重要か」、「2. 大学生に必要な読み方」、「3. 段階的読み方」（資料を選ぶ、速読する、精読する）、「4. さらに深い読みへ」（要約する、感想・意見を持つ、疑問を持ち批判する）という順序で講義を行い、教育改革に関する文献を読んで考えたことを書くという演習課題を設けている。

　第3回「批判的読み」はこの続きで、「5. 批判的読み」の演習を行い、「6. 参考文献とは」として参考文献の活用方法を説明する。批判的読みについては、問いを発見できる可能性、情報・主張の妥当性の判断、自分の文章の推敲と、三つの意義を説明する。ただし、実際に扱う教材や方法は導入的な内容にしてある。「子どもとメディア」に関する例文を読んで文章に下線を引き、4種類のタグ（鈴木・白石・鈴木 2009）を付してコメントを付ける。タグについては、「？」（疑問が残る、意味がとれない箇所）、「ムカッ」（反発したいと思った箇所）、「へぇ」（知らなかった、意外だと思った箇所）、「そうそう」（同意できると思った箇所）と説明している。各自の読んだ結果を突き合わせ、グループでワークシートに沿って話し合いをしてまとめ、その後、違うグループと混合で話し合ってまた別のワークシートにまとめる。この混合グループは、正反対の主張を読んだグループ同士で組み合わせており、このとき初めてお互い違う例文を読んでいると知り、同じ問題もまったく異なる立場から捉えられることに気づくことになる。そして最後に、各自で二つの例文について意見文を書く。

　第4回「論文の書き方」では、教員に関する学術論文の内容を次の項目に沿って整理することを事前学習としている。(1) 問題設定（問い）、(2) 問題設定の背景・理由、(3) 先行研究と本研究の関係、(4) 研究方法、(5) 結論（主張）、(6) 論文の構成、(7) 論証—(7-1) 主張を成り立たせる理由・理屈、(7-2) 主張が真実であることを明らかにする証拠・データ、(8) 反証・限定（対立する意見の検討、あるいは、本研究の主張が成り立つ条件・範囲）、(9) 論文を読んで考えたこと・思ったこと、である。この課題は早目に提示して十分に時間をとっているものの、学術論文を読むだけでもかなり苦労する。そのため、要約できれば望ましいが該当する部分を抜き書きするのでもかまわないとしている。とくに、(8) 反証・限定は事前に補足説明していても理解が難しい。授業では、論文や論文作成のステップについて講義したうえで、

この課題の解答例を用いて論文の構造を説明する。学生は論文とはどのようなものかを学び、それに基づいて、他の学生や自分がそれ以前に書いた小論文のレビューをする。

第5回「図書館の利用」は、図書館において同館の職員から図書館利用のガイダンスを受け、文献検索の方法について検索実習を交えながら学ぶ回である。授業終了後には自分の論文作成に必要な文献を調査し、雑誌論文も含めて文献を8点以上列挙した文献表を作成することになっている。

第6〜9回は論文の書き方のポイントを解説するとともに、リーディング学習については第6〜8、10回に「文献の情報整理と検討」を集中的に行う。学生は前述の文献表に基づき、あらかじめ文献を精読してくる。文献1点とは雑誌論文1本、あるいは図書1章分であり、重要な箇所に印をつけたり、批判的読みを参考にして印やコメントをつけたりしておく。授業では論文を書くために必要そうな内容をワークシートに引用・要約し、それぞれにコメントをつける。また、これまでの調査から明らかになったことや今後の計画（不足している情報、今後調べなければならない内容など）も記入する。なお、「文献の情報整理と検討」は授業では2回だが、実際には他の回にも組み込んで4回の授業で計5点文献を読むことになる。文献を少なくとも2点読んで序論を、4点読んで中間論文（1）を、そして5点読んでアウトラインの発表を行い、その後、課題にはしないが、中間論文（2）を書くまでにさらに3点読むことを目標としている。各論文の課題では盛り込むべき要素を示し、読む量が増えるに応じて、その都度前に書いた部分の改良も求めている。

5. 学生にとってのリーディング学習

それでは、学生たちはこの授業をどのように受けとめているだろうか。完成論文を書き上げた後の授業アンケートから論文作成の理解状況をみると、「理解できなかった」という回答は皆無で、年度を経てリーディング学習が増えるにつれて、概ね全体的な理解が増していることがわかる（**図4-1**）。2015年度より始めた現行のプログラムが安定してきた2016年度、論文内容の整理を追加した2017年度には、特に理解できた人数が多い。2017年度に「理解できた」と回答した9名はその理由について、課題による実践（2名）、丁寧な指導（2名）、繰り返し学べる配布資料（1名）などを挙げていたが、

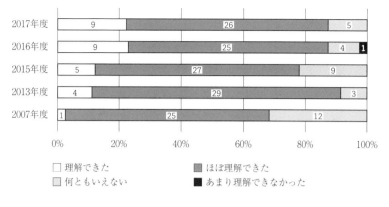

図 4-1　論文作成の理解（人）

より具体的な授業内容を挙げていた 4 名はすべてリーディングに関する事項であった。たとえば、「一度、論文を読んで内容を整理する課題をやったことで、批判的読みが鍛えられたり、論文の書き方が理解できたと思う。」、「大事なのはデータや文献の信頼性であるということは知らなかったため衝撃的であった。しかし、講義内で大事であるとされている理由が説明されたので理解できた。」と批判的読みに言及している。

　次に、各授業内容が論文作成の理解に役立った程度、および、**図 4-2** の理解度と各項目との相関係数を示そう（**表 4-2**）。紙幅の都合で 2015 ～ 17 年の各年度の値は割愛したが、3 年にわたってほぼ同様の傾向がみられる。3 年間の平均をみると議論やコメントなどディスカッションに関係する項目は他に比べて役立ったとはあまり認識されていないようで、テーマが異なる人との議論以外は相関もない。平均が高い項目は、添削や論文の書き方、実際に論文を書いてくる課題の回であり、とくに中間論文はある程度の相関がみられる。なお、これらには及ばないが、読みの回も一定程度役立っているようである。

　読みの重要性は自由記述回答からもうかがえる。「『論文の作成』にあたって難しいと感じたことと、どうしてそう考えるのか理由を記入してください。」という質問に対して、2017 年度の 40 名の回答（アンケートに無回答であった 1 名を除く）を KJ 法によって 52 の記述に整理し分類した（**表 4-3**）。一部の記述は重複して分類している。「論理展開」に関する内容が最も多い

表 4-2　論文作成の理解に役立った程度と相関係数

	2015 ～ 2017 年度（120 名）		
	平均値	標準偏差	相関係数
「本の読み方」の講義（第 2 回）	4.43	0.632	0.275**
「批判的読み」の課題演習（第 3 回）	4.43	0.645	0.206*
「図書館の利用」のガイダンス（第 5 回）	4.38	0.861	0.077
「論文の書き方」の講義（第 4 回、第 6 回、第 8 回～第 9 回）	4.68	0.534	0.306**
文献の情報整理と検討（第 6 回～第 8 回、第 10 回）	4.35	0.706	0.212*
序論「問題の設定」の報告と検討（第 7 回）	4.55	0.606	0.302**
中間論文 (1)「主張の確認と根拠」の報告と検討（第 9 回）	4.54	0.593	0.401**
「プレゼンテーションの技法」の講義（第 10 回）	4.35	0.684	0.160
「アウトラインの発表」のプレゼンテーション（第 11 ～ 12 回）	4.39	0.771	0.246**
授業内での「論文の作成」と個別指導（第 13 ～ 14 回）	4.50	0.769	0.331**
7 月の提出課題「中間論文 (2)」の作成	4.53	0.709	0.374**
自分の課題に対する他の学生からのコメント	4.28	0.873	0.034
他の学生の課題に対してコメントすること	3.92	0.940	0.135
テーマが類似する人との議論	3.97	1.128	0.150
テーマが異なる人との議論	4.00	0.953	0.287**
中間論文 (1)(2) への教員・TA からの添削	4.81	0.473	0.277**

注：「役に立たなかった」(1) ～「役に立った」(5)　* p<0.05, ** <0.01

が、「文献・情報」もそれに匹敵する記述数がある点に注目したい。「文献・情報」に関する記述はおよそ三つに分類でき、「適切な文献・情報を見つけること・選ぶこと」が多く、次に、「文献の信頼性を判断すること・批判的に読むこと」、そして「文献の内容をよく理解すること・アウトプットすること」である。この三つの分類ごとに順に記述例を挙げれば、一つ目は「多く集めた文献の中からどの部分が自分が設定した課題に合うのか、自分が設定した問題点に対してどのようなものを使えば問題の証拠や裏付けになるのかなど、多くある情報の中から適切なものを探し出すこと。」、二つ目は「参考文献の選別が難しいと感じた。まだまだ未熟な私にはどれも良いことを書いてあるように感じてしまったから。」、三つ目は「論文作成の中盤まで頭の中で文献内容を整理できていなかったので、何を伝えたいのかはっきりせず、結論の方向性があやふやになり、論文がまとまらなくて苦労した。」が挙げられる。

　他方、「論理展開」は論旨に一貫性を持たせることなどが中心になるが、

表 4-3　2017 年度論文作成で難しいと感じたこと（記述数）

文献・情報（22）	テーマに適した文献・情報を見つけること	2
	説得力を持たせるために適切な文献・情報を見つけること	4
	説得力を持たせるために適切な文献・情報を選ぶこと	4
	文献・情報の信頼性を判断すること	3
	文献を批判的に読むこと	1
	文献によって自分の意見が引きずられないようにすること	2
	文献の内容をまとめること	3
	文献の内容を整理して把握すること	1
	文献の内容を論文に組み込むこと	2
論理展開（26）	テーマを設定し、絞り込むこと	2
	問いと答えが対応し、主張がずれないようにすること	4
	議論の展開が飛躍せずに一貫性を持つようにすること	3
	論理的に適切な順序構成を考えること	4
	主観的にならずに客観的に論ずること	3
	納得させられる根拠を示すこと	3
	自分の意見と反対の意見に反論をすること	2
	自分の文章を客観的、批判的に捉え直すこと	5
文章表現（11）	自分の意見を文章で表現すること	2
	自分の意見と筆者の意見を区別して書くこと	1
	序論と本論を書き分けること	1
	中間論文から内容を広げること	1
	わかりやすく述べること	1
	適切な日本語で表現すること（語彙、接続詞、段落構成）	3
	適切な分量で書くこと	2

よく見ると「納得させられる根拠を示すこと」や「自分の文章を客観的、批判的に捉え直すこと」が含まれており、これらは「文献・情報」とも重なるリーディングに関わる記述である。前者には「自分の主張を明確に裏づける根拠を考えることが難しく感じた。情報収集能力と自分の深い考えが足りず、少し曖昧な主張になってしまったと思うから。」、後者には「論文を書き進めるうちに論点がずれてきたり、話が飛躍的になってしまったり、客観的に自分の論文を捉えて考え直すことが難しく感じた。」などの記述例がある。

また、「『論文の作成』」についてさらに学んでみたいこと、新たに気づいた

自分自身の課題を記入してください。」という質問には、40名中21名がリーディングに関する内容を挙げていた。それらの21の記述を同様に分類すると、「文献を見つける」（4件）、「文献を判断して選ぶ」（4件）、「文献を調査・整理する」（2件）といった文献の探し方・選び方に関する内容、「文献をもっと多く読む」（5件）、「文献を批判的に読む」（4件）、「文献を効率的に読む」（1件）といった文献の読み方に関する内容、そして「文献から適切な部分を見つける」（2件）というこれら二つにまたがる内容、「文献を参考にして書く」（2件）という文献を用いた書き方に関する内容、その他「図書館を活用する」（1件）という図書館に関する内容に分類される。このように、本授業の学生はライティングを通じて、リーディングの難しさとさらなる学習の必要性を強く認識しているのである。

6. リーディング学習の方法・タイミング・バランス

　以上述べてきたテキストの内容と授業アンケートの結果から、ライティング教育にどの程度、どのようなリーディング学習を組み込むのがよいか、授業を振り返って留意点を検討したい。この基礎演習は半期15回のうち、リーディング学習が授業の前半から中盤の回に配置され、3分の1以上の回数を費やしている。インテンシブ・リーディングとクリティカル・リーディングを中心に演習を行い、リーディングの結果をアウトプットする機会も毎回盛り込んでいる。2017年度から始めた「論文の書き方」の回の学術論文の内容を整理する課題も、論文の構造分析をするうえで一定の有効性があったようである。また、文献の情報整理ではリーディングと各自の論文作成とを連動させている。このように、リーディングを通じて、またライティングとの接続によって、学生たちは文献や引用部分の適切性や信頼性を判断しながら、自己の論を展開するという「思考する」営みを体験しているといえる。
　ただし、プログラムの内容としてはいまだ検討の余地がある。第一に、この授業ではエクステンシブ・リーディングについて講義したが、学生の記述にもあるように文献をより多く探すためにもエクステンシブ・リーディングの演習機会を設けたほうがよいのではないか、あるいはエクステンシブ・リーディングの重要性をもっと強調すべきではないかということである。第二に、「文献の情報整理と検討」は少なくとも文献5点を義務づけているが、

もう少し方法を工夫して効果的、効率的に取り組めないかということである。学生の負担を重くしすぎないように授業内で情報整理する時間を設けているが、これを授業外学習にし、授業では整理した情報を論文でどのように使うかを検討するといったことも考えられるだろう。第三に、リーディングの比重をさらに増やし、論文を書き進める後半にもっと組み込めれば望ましいが、限られた授業時数のなかでそれが可能かということである。アウトラインの発表後は論文作成の注意点を説明したり、個別に相談に乗ったりしつつ、学生には中間論文（2）の作成を進めてもらう。その際に示す文献数は目標値である。これを必須の課題にすることはたやすいが、目先の課題をこなすのに精一杯となり、よく検討せずに文献を選んだり、整理した情報を論文にうまく活用できなかったりするのであればそれこそ本末転倒である。ライティング教育をめぐる一つの論点として、「授業内学修の限界と補完」が挙げられるが（杉谷 2020）、授業内と授業外それぞれで必要なことや可能なことを整理し、それらのバランスをとりながら、リーディング学習の成果をライティング教育にどう接続させるかが課題となるだろう。

　いずれにしても、これらの課題にどのように対応するかは初年次前期終了時の到達水準をどの程度に設定するかによる。初年次の段階であれば、論文の完成度よりも論文作成の基本的な方法を習得し、ライティングという行為を通して、リーディングの重要性、すなわち文献を見つけて読み込み、その信頼性を吟味したうえで適した情報を利用することの重要性に気づかせるところまででもよいのかもしれない。筆者が担当する基礎演習はまさにこのような位置づけであり、大学での専門的な学びへの導入としてはそれで十分とも考えるが、この点については議論になるであろう。

注
本章は、杉谷（2021）を大幅に加筆修正した論稿である。

参考文献
秋田喜代美（2002）『読む心・書く心―文章の心理学入門―』（心理学ジュニアライブラリ 02）北大路書房.
藤田哲也編著（2006）『大学基礎講座　改増版―充実した大学生活をおくるために―』北大路書房.
学習技術研究会編著（2006）『知へのステップ　改訂版―大学生からのスタディ・スキル

ズ―』くろしお出版.

井下千以子（2019）『思考を鍛えるレポート・論文作成法［第 3 版］』慶應義塾大学出版会.

慶應義塾大学教養研究センター監修・大出敦（2015）『アカデミック・スキルズ　クリティカル・リーディング入門―人文系のための読書レッスン―』慶應義塾大学出版会.

北尾謙治ほか（2005）『広げる知の世界　大学でのまなびのレッスン』ひつじ書房.

小林至道・杉谷祐美子（2012）「ワークシートの利用に着目した論文発展プロセスの分析」『大学教育学会誌』34(1), 96–104.

牧恵子（2014）『学生のための学び入門―ヒト・テクストとの対話からはじめよう―』ナカニシヤ出版.

牧恵子（2017）「『レポートを書くこと』と『読むこと』の再定位―大学初年次生の困難さから―」『愛知教育大学大学院国語研究』25, 60–35.

牧恵子（2019）「英語多読方法の調査と日本語多読への応用―大学初年次教育における新たな『読書シート』の開発のために―」『愛知教育大学大学院国語研究』27, 48–29.

松本茂・河野哲也（2007）『大学生のための「読む・書く・プレゼン・ディベート」の方法』玉川大学出版部.

文部科学省（2021）「令和元年度の大学における教育内容等の改革状況について（概要）」（https://www.mext.go.jp/content/20211104-mxt_daigakuc03-000018152_1.pdf）（2022 年 3 月 1 日）

中澤務・森貴史・本村康哲編（2007）『知のナヴィゲーター』くろしお出版.

佐藤望・湯川武・横山千晶・近藤明彦編著（2006）『アカデミック・スキルズ―大学生のための知的技法入門―』慶應義塾大学出版会.

杉谷祐美子（2017）「初年次教育の重要性とリーディング＆ライティング」全国大学生活協同組合連合会教職員委員会監修『大学教育と読書　大学生協からの問題提起』大学教育出版, pp.43–63.

杉谷祐美子（2020）「ライティング教育をめぐる論点―全体討論より―」『大学教育学会誌』42(1), 39–41.

杉谷祐美子（2021）「ライティング教育にいかにリーディング学習を組み込むか―初年次教育科目において―」『大学教育学会誌』43(1), 33–37.

杉谷祐美子・長田尚子・小林至道（2009）「5 章　協働学習を通した気づきと問題設定の深まり」鈴木宏昭編著『学びあいが生みだす書く力―大学におけるレポートライティング教育の試み―』丸善プラネット株式会社, pp.87–112.

鈴木聡・白石藍子・鈴木宏昭（2009）「マーキングと感情タグの付与によるライティング活動における批判的読解の誘発」『情報処理学会研究報告』2009-CE-98(15), 97–104.

橘由加（2017）「アメリカにおける大学教育とリーディング・テクニック」全国大学生活協同組合連合会教職員委員会監修『大学教育と読書　大学生協からの問題提起』大学教育出版, pp.30–42.

山地弘起（2021）「指定討論」『大学教育学会誌』43(1), 43–44.

第5章　フィンランドの読む習慣と考えて書く力
―教師へのインタビュー調査と授業観察から―

井下千以子

1.　はじめに

　フィンランドの国土面積は33.8万平方キロメートルで日本よりやや小さく、人口は約551万人（2018年12月末時点：外務省基礎データ）の、森と湖に囲まれた自然豊かな国である。そのフィンランドが一躍有名になったのは、PISA2000の読解力で世界1位を獲得したことに始まる。PISA（Programme for International Student Assessment）とは、OECD（経済協力開発機構）による生徒の学習到達度調査で、義務教育修了段階の15歳児を対象に、2000年から3年ごとに、読解力、数学的リテラシー、科学的リテラシーの3分野で実施されている。2018年調査の読解力の結果は、フィンランド3位、日本11位であった（文部科学省・国立教育政策研究所 2019）。

　なぜ、フィンランドが読解力で世界のトップとなったのか。レベルを維持しつつも、多少順位を落としている原因は何か。人口も文化・歴史も異なる日本と安易に比較はできないが、書く力とその基盤となる読む力に焦点を当て、フィンランドの初等・中等教育の教師を対象としたインタビュー調査と授業観察から検討する。

2. 現地調査の概要

2.1 事前調査

　まず、事前調査として、2018年9月に、ヘルシンキ大学のSari Lindblom副学長に、短時間ながら、フィンランドの高等教育から見たPISAの好成績の背景について話を伺う機会を得た。Lindblom教授によれば、フィンランドの教育では、すべての子どもたちの能力を平等に伸ばすという思想が貫かれており、能力の高い子どもの層が厚いわけでも、低学力の子どもが多いわけではない。その結果、全体の学力が底上げされているという。

　それに対し、米国では能力の高い子どもが多いが、能力が低い子どもも多いので平均値が低くなる。また、能力の高い子どもや学生を伸ばす教育システムが充実していることと、優秀な留学生が世界中から集まってくることによって競争原理が機能することも、米国がノーベル賞受賞者を数多く輩出している一因ではないか。フィンランドのノーベル賞受賞者は過去3名にとどまっている。

　質の高い教育を提供できている最大の理由は、徹底した教員養成にあるという。フィンランドの初等・中等教育の教員はすべて修士号を取得している。教員の優れた指導力によって教育の質が保証されている。幼稚園教諭養成でも修士号を取得するように変更され、優秀な教員を養成するシステムが整備されていることがわかった。さらに、事前調査では、ヘルシンキ大学の他に、タンペレ大学、タンペレ工業大学、ユバスキュラ大学を訪問した。大学図書館は充実していたが、ライティングセンターは設置されておらず、また中等教育からアカデミック・ライティングを学習していることが明らかになった。そこで、本調査では、初等・中等教育の教員を対象としたインタビューと授業観察を実施することとした。

2.2 本調査

　調査は、2019年1月末から2月にかけて実施した。調査対象校は、小学校・中学校・高等学校 各2校 計6校で、調査対象者は、小学校・中学校・高等学校の国語科教諭 計7名である。また、国語科の授業を小学校・中学

表 5-1　調査対象・調査方法

	学校名	学校の場所	調査対象者	調査方法	
				インタビュー	授業観察
高校①	TYK 高等学校 (Tampereen yhteiskoulun lukio)	タンペレ市の中心街	国語教師 A	実施	高校 3 学年の国語の授業観察
高校②	レンパーラ高等学校 (Lempäälän lukio)	タンペレの隣町レンパーラ市	国語教師 B	実施	なし
中学校①	リンナインマー学校 (Linnainmaan koulu)	タンペレ市東部	国語教師 C	実施	中学 2 学年の国語の授業観察
中学校②	カーリラ学校 (Kaarilan koulu)	タンペレ市西部	国語教師 D, E	実施	なし
小学校①	ユハンヌスキュラ学校 (Juhannuskylän koulu)	タンペレ市の中心街	国語教師 F	実施	小学 3 学年の国語の授業観察
小学校②	ヒュフク学校 (Hyhkyn koulu)	タンペレ市西部	国語教師 G	実施	なし

校・高等学校 各 1 校ずつ 1 コマ参観した。

　調査対象と調査方法は**表 5-1** の通り。調査はフィンランド語の通訳を通じて行われた。

3.　インタビュー調査から明らかになったこと

　まず、小中高に共通する回答について、次に、教員の専門分野と教育観を明らかにする。

3.1　小中高に共通する回答について

① PISA について

　PISA は、経済が落ち込んだ時期に参加するかどうか議論があった。2000 年に参加したところ、突如 1 位になり、国中が驚いた。受験準備をしなくとも好成績であれば、教育に国家予算を注ぎ込まなくともよいのでないかという議論もあった。

　PISA の実施にあたっては、前もって無作為に抽出された、中学 3 年または 2 年の生徒が、PC を利用して学校でテストを受ける。結果はそのまま国

に送信され、学校では結果の内容についてはわからない。学校でPISAのための準備学習を行うことはない。PISAの試験を実施するという事前の予告も生徒にはしない。中学校としては、15歳までにどのような教育を行ってきたか、その成果と捉えている。

②国家で実施されている試験について

中学校では、フィンランド教育評価センター（Kansallinen koulutuksen arvio-intikeskus：Karvi）による学習成果評価テストが実施されている。教育の質と公平性を国が把握することが目的である。出題分野は、読解問題、文法、記述問題で、試験時間は4時間である。成績の分布に地域差はないか、全国的な水準に位置づけられる。結果は学校にフィードバックされ、授業開発に活かされている。

高校では、「高校卒業統一試験」がある。文章を読み、分析することが求められる。すべてPCによって記述式で回答する。評価するのは教員で、正答はなく、分析の視点として示された一定基準をもとに評価する。それを全国レベルで集約して評価する。

試験結果が志望する大学の判定に反映されることから、試験の前に民間教育機関が提供する集中講座を受講する生徒もいるが、そもそもフィンランドでは大学間格差がないことから、生徒には悲壮感や競争意識はない。

③進学率と進路

大学進学率は25〜30％程度。高校入学時に、普通高校か職業訓練高校かを選択する。職業高校を進学しても大学進学に進路変更することもできる。中学校の授業内容は、国語・数学と、技術・芸術（arts）の割合が同じで、木工・工作・裁縫などを学ぶことから、生徒は自分の適性を判断することができる。

④外国語教育

第一言語はフィンランド語。公用語はスウェーデン語。スウェーデン語で話している地域もある。小1からスペイン語、ロシア語など、多言語を浴びせる「言語シャワー」という方針がとられている。小3から英語は必修。ラテン語とスウェーデン語は中1から、フランス語は高1から学習する。幼児向けのアニメでも吹替はなく、耳で聞いて、字幕を見る。

⑤学士から修士までの教員養成課程について

教員養成課程は、学士課程から修士課程までの6年間にわたって行われる。

修士課程では、専門分野に加えて副専攻の研究も行う。修士論文を作成することによって、自分の専門分野を明確に理解することができる。その専門性が教科学習を教える礎となり、教員として教えることにおいて迷いがないという。

　教育実習は、修士課程で1年間かけて行われる。実習報告、授業計画書の作成に多くの時間を割く。教壇に立って教えることを学ぶ。いきなり授業ができるようにはならない。実習を通して、モデルとなる授業を観察することが大切だという。教員養成の指導者である大学教員と現場の学校教員は、実習の院生を励ますことを怠らない。よいところをほめる、フィードバックは時間をかけて行われる。反省を促すだけでなく、励ましほめられることで成長できたという。教師の卒後研修は、学校の財政的に厳しく、その機会はない。

〈院生時代の教育実習での振返り
―戦争について深く考えさせる、中学1年の作文の授業〉
　生徒たちは緊張している。雰囲気づくりのため、部屋の電気を消してろうそくの火をともし、第2次世界大戦の小説を朗読させた。強制収容所の少年の話で結末は悲惨。登場人物の関係を、歴史的出来事と関連させ考えさせる。最初はグループで、最後に全体で話し合う。感性に訴えかけ、深く考えさせると、感動的な文章が書けるようになることを体験した。

⑥学習指導要領と教員の裁量について
　国が定めた学習指導要領はあるが、締め付けは弱い。すべてを授業で扱うことは難しく、教員の裁量で授業を計画することができる。以前は教員中心の知識習得型だったが、現在は生徒自身に考えさせて話させ、話し合わせる、生徒に発言を求める、相互にやり取りがある会話や意見交換による授業が行われている。

⑦教科書
　国の学習指導要領に基づいていくつかの出版社が作成する。教科書は学校や教員の裁量で採用できる。夏休み期間に授業計画を行うときに教科書が指導要領に基づいているかを確認する。教員自身が長年かけて作った教材もあるが、既成の教科書を使うことで、学習指導要領に基づいた授業ができる。

⑧読書文化と読む習慣について
　読書能力は書くことの基礎力であるが、この10年間で低下している。

PISA の今後の結果も心配である。原因は読書文化の変化にある。小説を読まない。長いものを読まない。短いものだけ。スマホなど技術革新によって、読む力が低下し、二極分化している。読む力のある生徒と、スマホやゲームにのめりこむ生徒に分かれる。教員としてはあきらめないで、本を読ませること、教科書を読ませるようにしている。スマホ依存の生徒は授業でも集中することができない。座って読む習慣が大切である。スマホ依存の背景には家庭環境や家庭での教育もある。親がスマホ依存で子どもに注意が行き届かない。スマホの使用を子どもに制限できない家庭もある。デジタルネイティブが親世代になったときにどうなるか。メディアや専門家が警告を発している。子どもの脳が発達する大切な時期に読み聞かせや読む習慣をつけることが大切だが、読む習慣は減少傾向にある。読書率を高める工夫が必要で、中学では 1 ヶ月で 3 〜 4 冊の小説を読ませている。家庭での読む習慣を徹底することが要であり、学校だけでは読む習慣は身につかない。親が日常で本を読んでいる。親が本を読む趣味があり、読む習慣がある。読んだ結果、どのような考えが湧いてきたか、幼い頃からの親子でのやり取りが、子どもの読書能力につながっている。

⑨地域図書館と連携した論文指導

　学校には所蔵図書は少ない。教員が要望すれば、テーマに沿った図書を地域の図書館が協力し、収集し、届けてくれる。同じ本を必要数揃えてくれることもある。

〈中学校での地域図書館と連携した論文指導例〉

　有名な作家について論文を書かせる。作家の人生、作家の小説を調べる情報収集から始める。情報源の調べ方を教える。そのために、地域図書館との連携は不可欠となる。すべての生徒が完全な論文を書けるわけでないが、何らかの結論に達することができるように指導する。興味や意欲があり、意義を感じた生徒は生き生きと書き、教師が期待していた以上の成果を挙げることができる。質の良い図書や的確な情報から、興味や意欲が引き出される。そのためには地域図書館や優秀な司書との連携は必須となる。

3.2　教員の専門分野と教育観

　教員別に、専攻、修士論文題名、国語教育で大切にしていること、授業の工夫についてまとめた。なお、状況により面談時間が異なることから、各教

員の特徴を反映させた。

◆高校教師 A　→　授業観察を実施した

　専攻：歴史・文学のダブルメジャー　　修士論文：歴史／ 1905 年〜 1910 年のフィンランドの保護教育、文学／作家フランス・エミール・シランペー（F. E. Sillanpaa）の短編小説の同情心を促す方法

　歴史学・ソーシャルポリティクスを専攻したが、就職先がなく、国語で修士号を取得した。二つの専門目線での教育、科目内容を超えた授業に相乗効果とやりがいを感じている。

◆高校教師 B

　専攻：国語・国文学・英語　　修士論文：シルヴィア・プラス（Sylvia Plath）の『ベル・ジャー』における純潔と汚れ

　生徒が主体的に参加できるクラスの雰囲気づくり。自由に発言でき、間違った答えはないことを理解させる。自分の頭で考え、怖がらないで話せることが大切。米国のカリフォルニアにある高校に留学したとき、正答を押し付けられる教育に違和感があった。フィンランドでは生徒の考えを尊重し、発言することが認められていたので文化の違いを感じた。

◆中学教師 C　→　授業観察を実施した

　専攻：国語・国文学・エストニア語　　修士論文：ヴィルタ方言のシンタックスおよび一致

　国語は多様性のある教科。生徒自身が考えていることや自分のことを自在に表現できるように様々なタスクを準備している。文章表現、口語表現、参加型の授業を行っている。

　教員養成課程の院生からインタビューされた経験はあるが、研究者から通訳を介してのインタビューは初めてで広い視野から振り返ることができ、よい経験となった。たとえば、地域図書館と学校の連携についてなど、焦点が絞られた質問で自分にとって意味があった。

◆中学教師 D

　専攻：国語・国文学、社会心理学　　修士論文：場所名・道路名の研究

　話し合いができる能力、4 技能の基礎を大切にしている。グループワークよりペアワークを多用し、リーダーを頼らずにスムーズにできるよう、多くのタスクに入れている。出版社の電子上の教材を使っているが、その教材を自分で難易度を調整して作成し、補足している。PISA の読解力は、

国語以外のすべての教科で要求されるリテラシーであり、論理的に筋道立てて答えを導きだす力が試されていると理解している。高校になると、国語のレベルが急激に高くなるので、中学から読むこと書くことの指導を強化している。

◆中学教師 E

専攻：国語・国文学　　修士論文：子どもの言葉の発達—2歳児の話し言葉の語尾変化

読むことと書くことの大切さを教える。書くことは読書能力で基礎的な能力であるから、場面ごとに応用できるようになってほしい。中学になると教科学習で学力に差が出てくる。成績がよくないと親子面談もする。現実をわからせる必要がある。普通高校か職業訓練校かの選択が難しい課題となる。生徒には大人になるための見通しを持つよう指導している。

◆小学校教師 F　→　授業観察を実施した

専攻：演劇・教育学　　修士論文：子どもの演劇の中の恐怖心について—何を恐れるか

これまで就学前教育を主に担当してきた。小学校では、児童を授業にいかに集中させていくのか、導入の取り入れ方を工夫している。ドラマ仕立ての授業などで、児童に興味関心を持たせ、そこから発想を膨らませて、情報を集めさせ、考える手順を教えている。

◆小学校教師 G

専攻：特別支援教育　　修士論文：発達障がい者の日常スキルの目標

発音セラピー、特別教員資格を取得、長らく小学1年生を担当している。とくに学習に遅れのある児童を対象としたクラスを担当し、小学2年生になるまでに読み書きが通常レベルになるよう集中した指導を行っている。家庭教育の格差が学力や発達に影響している。

4.　国語の授業観察

4.1　高校①の授業：教員 A が担当者、対象は高校3年生

始業のベルとともに生徒が一斉に教室に入ってくる。教科ごとに生徒が教室を移動する。全員が PC を開く。PC は生徒が自前で購入する。PC には電

図 5-1 「文学作品の批評」の授業風景

図 5-2 高校の国語の教科書

子教科書が入っている（図 5-1）。

本日の授業のテーマ：文学作品（コラム）批判的検討

　教師は、分析のポイントを、パワーポイント（PPT）を使って説明。PPT は教師の自作。短編小説の一部を朗読で聞かせる。スピーチの専門家による朗読は教科書の副教材として用意されている。教師「それでは、登場人物の目線、コラムの書き手の視点などについて、何を考えたかをお互いに話し合ってください。」生徒は自由にペアで話し出す。PC を見ている生徒もいる。教師「それでは何を考えましたか。」一人の生徒が自主的に答える。その回答を受けて、書画カメラを使って、手書きで分析の視点を提示する。その後、グループ別に課題を与えて分析させ、発表させる。最後に宿題を出す。宿題はメールで提出。国語の教科書名は『SÄRMÄ』（図 5-2）で、鋭い分析という意味。教科書は共著で、ジャーナリスト、言語学者、国語教員、文学研究者、フィンランド言語の研究者、スピーチの専門家など、現場の教員と研究者で構成されている。高校の授業は 75 分間で、教員はその準備に 1 時間かける。1 日 3 コマ担当。週 5 日制。作文の課題は 705words で、この日は「いじめ」に関するテキストを読んで意見文を書かせる。そのほか、「過激派」についてブログの記事を読んで意見を書くなど、公民の免許を持つ教員のダブルメジャーの知識も活かした、社会問題に関するテーマを多く扱う。作文の添削にも教員の専門性が生かされている。たとえば「歴史的観点からも考察してください」など。作文の評価の視点はアカデミック・ライティングそのもので、大学教育への移行を意識した授業が行われている。

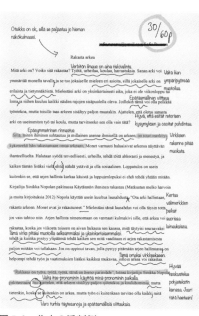

作文題名「日常を愛せよ」の添削
評価は、30/60

タイトルはいいです。内容をよく表しています。

動詞がない文はリスクがあります。

繰り返しは良くないです。文章の構造を考えてください。

引用の仕方を復習してください。

他の文献と比較して、うまく考察されています。

総括コメント

あなたの考え方がよく表れていますが、もう少し心理学的にまたは哲学的に深く考えたらいいです。たとえば哲学の授業では日常をどう分析するのでしょう。または公民や歴史の授業からもヒントが見つかるでしょう。最後に言葉遣いに注意してください。無駄な単語や文章は省き、必ず主文と述語があることを確かめてください。

図 5-3　作文の添削例

作文の評価の視点

1. 主張は明確か、主張の根拠を示せるか
2. 資料は適切か：資料の質の評価、信頼できる情報か
3. 引用は適切か：自分の言葉と他者の言葉を明瞭に区別しているか、引用法は適切か
4. 文章全体の構成：論理的に説明されているか、読み手に伝わるか
5. 文章表現：文法、語彙は適切か

　作文提出後に添削して（**図 5-3**）、再提出させる。その都度フィードバックをし、よくできた例と、できていない生徒への添削指導例を示すとともに、国語の基礎となる概念を習得させるために、なぜ間違いを指摘されたのかをしっかり理解させる。30 人クラスであれば、5 人は非常に出来がいい、3 人が非常によくないという。

4.2　中学校①の授業：教員Ｃが担当、対象は中学２年生

　45 分間の授業。授業観察の週は、新聞週間ということで、地元新聞社が 1

図 5-4　自分にとっての重要度
　　　　を量る天秤

図 5-5　「新聞」を用いた授業風景

週間無料で学校に新聞を配布する。その日の新聞記事を使った授業だった。先生が生徒に問いかける。

　まず、新聞とは何か。昨日、何があったか、どのような出来事があったのか。スマホやテレビのニュースより新聞は遅いけれども、スマホやテレビと、新聞記事はどのような点が異なるのか。新聞の特徴や新聞から得られる情報は何かを生徒に問いかける。生徒が隣同士で話し始める。先生は、重要度の構造を逆三角形の図にした PPT を示して、最も重要度が高い順で、新聞に掲載されることを説明していく。

　さらに、天秤の図（図 5-4）を見せて、記事を二つ、天秤に乗せて、あなたの天秤ではどちらが重いと示すのか、自分にとっての基準（criteria）を記事から見つけ出すことも必要だと問いかける。政治の問題も重要だが、地域の自分に直接関わってくる記事を見つけることも大切だと話し、自分にとって興味のある記事の見出しを切り抜くように指示する。生徒が記事を切り抜く。先生「どんな見出しですか」生徒「体育館の建設予定に反対者が出たそうです」先生「それは地元のニュースですね」と言って、教室のボードに貼ってある模造紙の一番上に、「地元のニュース」とマジックで書く。全部で5枚の模造紙には、下記のタイトルがつけられ、生徒たちは自分が興味を持った新聞の見出しをハサミで切り取り、分類して糊で貼り付けていった（図5-5）。

①最近のニュース：未成年者の中学生でも夏のアルバイトを募集できるようになった

②地元のニュース：体育館の建設予定に反対者が出た

③広い視野からのニュース：タリバンがアメリカと平和条約を締結した

④ビックリするニュース：スマートナイフで癌を治療することが可能になった

⑤役立つニュース：天気予報、マインドフルネスは受験生の緊張を緩和する効果がある

先生「では、次回は新聞の記事の読み方を学習しましょう」

4.3　小学校①の授業：教員Fが担当、対象は小学3年生

　1時間目の授業は午前8時15分開始。1コマ45分間、9時終了。

　授業が始まる時刻は、外はまだ薄暗い。教室に入ると、半分は照明が消されている。そして、ミステリーの世界に引き込まれるような音楽が流れている。先生は黒のマントをはおり、首に黄色と紫の縞模様のマフラーを下げている。手には、ピンク色に光る長い杖を持っている。まるでハリー・ポッターに登場する魔法使いのようだ（**図5-6、5-7**）。

　突然、先生は「私は賢くなりたい。これから賢いロボットに変身する」という。「そのための薬を作らなければならない」。机の上には、いろいろな形のガラスのビンがおいてある。一つのビンを取り、何やら液体を入れる。「私は賢くなりたい！　だから、副校長先生の脳のひとかけらをここに入れる。そして、混ぜる」「次に、校長先生の足の裏の皮膚を入れよう。さらにかき混ぜる」「さあ、これからこれを飲んでみよう」「ううっ、なんだか、腕がロボットみたいに棒のように硬くなってきた、足の底が痛い。足全体が硬くなってきた。それに足が少し大きくなったようだ。歩き方もロボットみたいになってきた。頭がぐるぐる回転する。いろいろなアイディアが頭に浮かんできた。私は賢いロボットになれたのかもしれない」というところで、照明をつけて教室全体を明るくする。

　「きょうは、何かを変化させる、変身させる、形を変える、ということをテーマに作文を書いてみましょう。変化させるお話を考えてください。ストーリーには材料（レシピ）が必要です。一人で書きたいですか。ペアでやりたいですか？」「ペアでやりたい！」「では、ペアか、3人のグループになりましょう」。普段の授業は25人だが、作文のクラスは13人。

1. 最初に何を何に変化させたいのか、変身させたいのかを一緒に考えてく

ださい。

2. 次に、変化するときには、どのような状態になるのか、何を感じるのかを想像してみましょう。薬を飲んだら吐きそうになるかもしれません。あるいはお腹が痛くなるかもしれません。身体が張り裂けそうになるかもしれませんね。考えて話し合ってみましょう。

図 5-6 「作文」の授業

3. そうしたら、変身に必要なレシピのリストをノートに書き出してください。

4. 各グループに PC を配布する。PC に直接書き始めましょう。

図 5-7 先生の教卓の片隅にあった本

1 年生のときから PC で学習しており、3 年生ともなるとタイピングもうまくできる。子どもたちはペアになって話し始めた。その内容を PC に入力する子、ノートに絵を描いてその脇に説明を手書きに書いている子、箇条書きでレシピのリストを作成している子など、次々とアイディアが浮かんでいるようだった。先生は、子どもたちが書き出したものを見て回り、書画カメラを使って、生徒のノートを映し出し、変化させたいものを読み上げた。「校長先生をネズミにする、お母さんを怪獣にする、机をワニにする。ネズミを魔女にする」「レシピは、トカゲの目玉、バケツ一杯の泥水、ベリーのジュース、青色のペンキ、ココアの粉 1 匙」「では、次に考えるのは、どのようにエキスを作るか、どのように変化を起こさせるか、お母さんにどう話して飲んでもらうか、そのストーリーを次の授業で考えていきましょう。」

導入のさせ方がうまく、子どもらを授業に引き込んでいた。

5. フィンランドにおける考えて書く力：
教師の力量形成と読書文化

　教師らのインタビューから強く伝わってきたことは、すべての教師が自分の専門性と教育実践に誇りと自信を持っていることだった。それは、学士課程から修士課程の6年間に基礎と理論を学び、かつ修士課程で1年に及ぶ教育実習での経験の積み重ねにある。さらに教員養成課程を修了しても就職先が保証されてはおらず、選ばれた優秀な人材としての意識性の高さが、教師らの語りから読み取れた。教師教育を行う教員側も大学の研究者と現場の教員が一体となって、院生を批判的に省察させ、励まして育てていることがわかった。授業観察では、周到に練られた授業計画、生徒の発言や思考を引き出す創造的な取り組み、少人数制による手厚い指導、小中一貫で9年間の成長を把握できる仕組み、ゆったりと設計された学習空間など、豊かな学びを保証するシステムを確認できた。

　すなわち、PISAの実績は突然のことではなく、教師の力量形成の長年の成果であるともいえよう。近年では、国際的な調査によって、フィンランドの教育は高く評価されるようになった。たとえば、教師教育の質的研究によって、教員養成課程では、実践を振り返る反省的思考や探究的思考が育成され、それが質の高い教育につながっていることが明らかにされている（Simola 2015）。さらに、グループディスカッションの学習場面における教師の反省的関与が、生徒の批判的思考を育成するうえで、重要な要素となっていることを分析した事例研究など、教育実習の成果が、教員養成課程の修士論文として精緻化されている例もある（Asrita & Nurhilza 2017）。また、幼児教育から大学院まですべて公教育制度として無償で提供されていること、学校間の格差も少ないことも全体の学力を底上げしている大きな要因となっている（増田 2017）。

　もう一つは読書文化であり、国民に読む習慣が根づいていることである。じっくりと考えて読む文化があり、親にも読む習慣と趣味がある（中泉 2008）。その読む習慣を下支えしているのが、地域に開かれた図書館である。国民一人が図書館から借りている本は年間21冊で世界一であるのに加え、司書養成教育が確立し、専門性の高い司書を輩出し（桂 2013）、学校と連携して論文作成指導に貢献している。情報リテラシー教育（桂 2020）も充実し

ており、的確に情報を収集する能力が、より深く考えて書く力やPISAでの読解力の好成績につながっている。

　一方で、スマホやアニメなど手軽に読める視聴できる環境によって、子や親世代までこれまで培われてきた読む習慣に翳りがみえてきた。今後のPISAの成績を危ぶむ教員もいる。しかしながら、長い歴史をかけて築き上げた読書文化と教師教育の基盤は容易く崩れるものではない。このたび、夏と厳寒の冬に調査を行い、小国フィンランドが隣国の侵攻による悲惨な体験によって何度も生命の不安に脅かされてきたこと、そうした危機意識が市民に根づいていること、収容所の少年の話など授業にも反映されていることを知った。国家、教師、親の持つ文化が、教育の力と質に深く関わっていることを改めて認識した。

謝辞

事前調査ではフィンランドに詳しい桂啓壮宮城女学院大学元教授に、本調査での学校紹介と通訳ではPetri Niemelaさんに大変お世話になった。心よりお礼申し上げる。

引用文献

Asrita & Nurhilza (2017) The Emergence of Students' Critical Thinking Skills in Group Discussion. "A case study of fifth grade students in Sukma Bangsa Bireun Elementary School" Master's thesis in University of Tampere Faculty of Education.

外務省基礎データ（2018）「フィンランド共和国 基礎データ」.

桂啓壮（2013）「フィンランド図書館の教育への貢献」『人文社会科学論叢』22, 1–7.

桂啓壮（2020）「海外図書館の最新動向（第22回）フィンランドの大学図書館における情報リテラシー教育」『日本農学図書館協議会誌』200, 29–38.

増田健太郎（2017）「フィンランドにおける教育方法と教員養成の研究」『教育経営学研究紀要』16, 9–17.

文部科学省・国立教育政策研究所（2019）「OECD生徒の学習到達度調査2018年調査（PISA2018）のポイント」.

中泉淳（2008）「読書推進運動の現状と今後について」『読書と図書館（図書館の最前線4）』青弓社.

Simola, H. (2015) The Finnish Education Mystery-Historical and sociological essays on schooling in Finland. London; New York: Routledge.

第 II 部

高大接続～大社接続に
資するライティング教育

第6章 中等教育における探究学習はいかに大学での学習に接続したか

―慶應 SFC 中高における主体的・対話的な授業と考えて書く力の醸成―

井下千以子・柴原宜幸

1. はじめに

　高大接続に関する議論は、大学入試に焦点が当てられてきた。大学教育学会第 41 回大会シンポジウム「どう変わる高校教育・どう変える大学教育―高大接続改革における大学教育のあり方を問う―」において、大会企画委員長の大塚（2020）は、今後の課題として次の 2 点を指摘している。①基礎的研究促進、②教育実践的課題である。そのためには「学力の 3 要素」を挙げ、「知識・技能」「思考・判断・表現」「主体的学び」が相互に関連し合う高次の認知活動モデルの構築など基礎的研究が充実し、その研究成果と教育実践との往還によってこそ本質的な高大接続改革を成し得るのではないかという。

　高大接続答申（中央教育審議会 2014）では記述式問題を導入することで、高校でも「複数の情報を統合し構造化して新しい考えをまとめる思考・判断能力やその過程を表現する能力」「習得・活用・探究の学習過程における言語活動等」が充実し「能動的な学習」を促進するといったメリットが強調されたが、一方、採点の妥当性・信頼性や負担など現場との乖離が指摘され（日本経済新聞 2019）、共通試験改革の核でもあった「英語民間試験」と「記述式問題」の導入は見送られた。

　本来、高大接続改革の趣旨は、高校・大学を通して必要な資質・能力を養い、高校と大学の役割は何か、学びを継続する「接続」のあり方を考えることにある。そうした観点からすれば、記述式問題は「主体的に考えて書く力」「主体的・対話的で深い学び」へと誘う探究学習を進めていくうえで、

今後も継続して検討すべき課題であろう。

　2018年改訂高等学校学習指導要領では「知識及び技能」「思考力、判断力、表現力等」「学びに向かう力、人間性等」の3本柱で捉えられる「資質・能力」を育成することにより「生涯にわたって探究を深める未来の創り手」を目指した「総合的な探究の学習」の重要性が指摘されている。たとえば、探究学習の先進的事例ともいえる東京大学教育学部附属中等教育学校では、「卒業研究」の成果をAO・推薦入試に活用し、探究型入試は高大接続の可能性を広げるものだと評価している。1983年から継承されてきた卒業研究は「研究過程で鍛えられた思考回路も、発表会で培われた表現力も、その後の学業や人生に生かされていく」ものと位置づけ、10,000字を超える論文を課している（荒井 2017）。また、1999年に探究科を新設した京都市立堀川高等学校の「探究基礎」では、「探究的な活動を通して、自ら問題を発見し、多面的・批判的に検討し、根拠や理由から論理的に答えを導き、まとめ・表現できるよう」、目標を掲げ、カリキュラムが組まれている。生徒は少人数のゼミ活動を通し、1年半に及ぶ研究成果を論文にすることで、探究での学びや気づきを自らの在り方生き方に生かすことができるという（飯澤 2020）。米沢興譲館高校「未来創造プログラム～なせば成る～」では3年間の探究学習を通して生徒らに生きる道筋を探究させ、未来のキャリアを創造できるように指導している（廣瀬 2020）。

　それに対して、高校での探究学習の実態には、開きがあることを示す調査結果もある。大阪大学全学入学時アンケートによれば、レポートをまとめた経験を持つ者は、探究学習経験者の3割であり、2,000字以上書いた経験を持つ者は2割にとどまっていること、さらに高校の探究学習は口頭発表が中心であることが明らかにされている（吉本・和嶋・坂尻・堀 2020）。また、高校での探究学習は、成果物の表現力など、大学での学びに発揮されやすいものもあれば、研究のプロセスや考え方は大学低学年では発揮されにくいという指摘もある（田中 2020）。

　そこで、本章では、中学・高校での探究学習が、大学での学習にどう接続しているのか、うまく接続していないとすればどのような問題があるのか、論述課題に焦点を絞り、授業や論題のあり方が「考えて書く力」にいかに影響したかを検討することを目的とする。具体的には、探究学習に取り組んでいる中高一貫校を事例として、高校で課された卒業研究、高校・大学でのレ

ポート課題と論述試験について、高校卒業時と大学1年修了時に調査を実施し、その結果を踏まえて、大学におけるレポート課題や論述試験の論題や指導が、高校での探究学習の経験を発展させるものであるのか、大学の授業のあり方も含めて考察する。

2. 調査対象・調査方法・分析方法

高校から大学への移行過程を調査するため、高校の卒業生ほぼ全員が推薦により大学に進学できる私立の中高一貫校である慶應義塾湘南藤沢中等部・高等部（以下、SFC中高）を対象とした。SFC中高は、1992年「社会的責任を自覚し、知性、感性、体力にバランスの取れた教養人の育成」を目的に開校し、2022年に開校30周年を迎えた。単独の中高一貫教育ではなく、初等教育から高等教育まで一貫して、建学の理念が継承されている。「教員は大学入試に左右されず、生徒がこれからの社会を生き抜くために本当に必要なものが何かを常に考え、授業内容を再検討しつつ、質の向上に努めている」という（SFC中高HP）。高校では、3年次から生徒の進路希望により、文系クラスと理系クラスに分かれる。文系クラスでは卒業研究（卒業論文）が課される。なお、本調査は桜美林大学研究倫理審査（19080）に承認され、SFC中高と調査対象者から許諾を得ている。

調査対象、調査時期、調査方法を、**表6-1**にまとめた。

分析方法

調査1の結果の概要は、**表6-2、6-3、6-4**にまとめた。調査2, 3をまとめるにあたっては、SCAT（Steps for Coding and Theorization）分析（大谷2019）を行った。調査2はインタビューを逐語化したデータを、調査3は記述回答を、次のステップで分析した。①テクスト（データ）の中の注目すべき語句を書く。②テクストの中の語句の言い換えを書く。③②を説明するテクスト外の概念を書く。④テーマ・構成概念を書く。⑤構成概念を紡ぎ合わせてストーリーラインを書く。以上の分析結果の概要を**表6-5、6-7**に示した。⑥鍵となる発話や記述内容の概要を**表6-6、6-8**に示した。

調査4の論述試験とレポートの論題は、タキソノミー分析（成瀬2016）で分類し、具体例として、論題内容と学生の振り返りを**表6-10、6-11**に示し

表 6-1　調査対象・調査時期・調査方法

調査対象	SFC 中高から紹介された高校 3 年次の男女各 5 名、計 10 名（A〜J）、うち理系クラスは 4 名
調査時期	**高校卒業時**／2019 年 3 月に、SFC 中高会議室で、調査 1, 2 を実施した
	大学 1 年修了時／2020 年 3 月に、郵送で、調査 3, 4, 5 を実施し、9 名回収、学生 J は無回答
調査方法	調査 1, 2 の時間は、1 時間以内として SFC 中高より許可が得られた
調査 1	**記述式調査**／趣旨を説明した後、質問紙票に進学先学部、文系生徒は卒業研究の題名理系生徒は大学でやりたい研究、教師が指導で大切にしたこと、レポート・論述試験のある授業、読書冊数、感動した本、高校図書室・大学図書館・データベースの利用頻度について、20 分間実施した
調査 2	**半構造化グループ・インタビュー**／質問項目は、以下の通り。40 分間実施した 中高での授業、卒業研究：よかった・大変だった・困った・学んだこと、先生の指導 個人活動・グループ活動、資料収集、論述試験、大学生活・学業への期待、将来の夢
調査 3	**記述式調査**／大学の授業（高校との違い, 期待との違い）、大学での学習計画、将来の夢
調査 4	**記述式調査**／大学 1 年次の論述試験とレポート課題について各 2 題ずつ回答、出題内容・形式・制限時間・文字数・レポートの題名と概要・難しかったこと・成功したこと
調査 5	**質問紙調査**／高校と大学の相違に関する設問が 22 問，大学でレポートに取り組んだ効果に関する設問が 11 問の合計 33 問、5 件法（5 とてもそう思う〜1 全くそう思わない）

た。

　調査 5 は、得られた回答の平均値が 5 件法の回答の中央値である「3 どちらともいえない」から偏っているかどうかを確認する（1 標本の t 検定）とともに、高校と大学での違いについても検討した（対応のある t 検定）。

3.　調査結果

　3 節では、五つの調査結果を**表 6-2 〜表 6-11** にまとめ、次の 4 節で考察を行う。
　調査 1 の結果（**表 6-2、6-3、6-4**）から、レポート課題と論述試験は多様な科目において課されており、論理性、自主性、オリジナリティ、徹底的に調べる探究を重んじる指導がなされていることが明らかとなった。キャンパス内には系列大学の図書館があり，自由に利用可能であるが、生徒のデータ

表6-2　調査1：進学先・卒業研究題名・やってみたい研究・教員の指導

		学部	卒業研究の題名	卒研担当教員が指導で大切にしたこと／教員の担当科目
文系	A	法・政治	重回帰分析による殺人発生の要因	研究範囲、前提／国語科
	B	法・政治	なぜ渋谷は若者の街であり続けるのか―自己肯定感の獲得から探る	客観的な分析と、それが表れた文章／国語科
	C	法・政治	草野ユサムネの死生観	自分の言いたいことを簡潔に書く、だらだら書かない／国語
	D	経済	都市における24時間営業のあり方―コンビニエンスストアを事例にして	オリジナリティー／体育科
	E	経済	ハワイ日系人のアメリカ化に見る音楽史	論文の体裁／社会科
	F	文	銀河帝国研究スターウォーズに見るアメリカの理想郷	自主性、持続力／社会科（歴史）
			大学でやってみたい研究	**担任教員が授業の指導で大切にしたこと／教員の担当科目**
理系	G	薬	ライフセービング	自分が興味あることはとことん調べる／数学科
	H	医	アルツハイマー病, 脊髄小脳変性症	自分が決断し、社会のルールとは何かを考え、しっかりと前に進んでいくこと／物理
	I	環境情報	プログラミング	自分で考え、学ぶこと／
	J	理工	機械の設計	論理的に話を進める、曖昧をなくす／社会科（法律）

出典：井下・柴原（2021）表1を修正した

表6-3　調査1：レポート・論述試験・読書について

		レポートを書く授業	論述式試験がある授業	読書月間冊数	感動した本
文系	A	物理、化学、現代文	世界史、地理	記載なし	記載なし
	B	物理、化学、生物、現代社会（倫理含む）、英語	世界史、現代史	7	記載なし
	C	物理、化学、現代文	西洋史、日本史	1	記載なし
	D	物理、化学、現代文、現代社会	現代文、現代社会、世界史、日本史、英語	0.1	記載なし
	E	物理、化学、現代文、現代社会、歴史	現代文、現代社会、歴史、古典		『三国志』（マンガ）人間模様に感動した
	F	物理、化学、生物、古典、論理国語	世界史、論理国語	記載なし	あまり読んでいない
理系	G	物理、化学、現代文、選択地学	世界史、現代文	3	『活版印刷三日月堂』日常の人の関わり
	H	物理、化学、現代文、現代社会	世界史：資料読解、現代社会：批判、生命科学：論証、現代文：論理	10	『砂漠』今後の生き方や考え方を考えた
	I	物理、化学、現代文、数理	世界史、現代文	0	記載なし
	J	物理、化学、現代文	世界史、現代文	1	『パラドックス13』兄弟の絆に感動した

表 6-4　調査 1：高校図書室・大学図書館・データベースの利用頻度

		高校の図書室の利用		大学の図書館の利用		データベースの利用頻度：よく使う◎、たまに使う○、知っているが使わない△、知らない×									
		書籍貸出月間冊数	閲覧頻度月間冊数	書籍貸出月間冊数	閲覧頻度月間冊数	Wikipedia	Yahoo	Google	Google scalar	CiNii Articles	聞蔵	毎索	ヨミダス歴史館	日経テレコン	KITIE (OPAC)
文系	A	1	0	0	3	△	○	◎	◎	○	×	×	×	×	△
	B	1	1	15	15	△	○	◎	△	△	×	×	×	×	×
	C	10	0	10	0	○	○	◎	○	○	×	×	△	×	×
	D	0.1	0.1	0	0.1	○	○	△	△	△	×	×	×	×	×
	E	0	0	1	1	○	○	◎	×	×	×	×	×	×	×
	F	1	1	1	1	○	○	◎	○	△	×	×	×	×	×
理系	G	12	16	0.1	0.2	○	○	◎	△	△	×	×	△	△	△
	H	1	4	0	0	○	◎	◎	△	△	×	×	×	×	×
	I	0	0.1	0	0	○	○	◎	△	△	×	×	×	×	×
	J	1	2	0	0	○	○	◎	△	○	×	×	△	△	△

表 6-5　授業内容・卒業研究・論述試験に関するストーリーライン（[　]内はコード化した概念）

高校卒業時：調査 2 のグループインタビュー	中高の授業・卒業研究・論述試験について

［中高一貫してグループワーク］による［知識を使って考えさせる授業］だった。［論文実習の授業もグループワーク］で［発表は先生や生徒による客観的評価の場］だった。［論文の個人指導は、授業外の予約制］だから、［主体性と計画性］が求められる。［オリジナルテキスト『論文事始め』］で［自学自習］して、［適切な引用］の仕方を学ぶ。［剽窃は自分の頭で考えることを放棄すること］で［絶対ダメ］だと、他の授業でも学んだ。［本を読む習慣］［速読の力］［多様な分野の読み］の力がついた。［テーマを決めるまでは調べて直す繰り返しのプロセス］を辿った。まずは［アナログの論文ノート］を自作して［資料を整理］［行き詰まったらノートに］［筋道立てて整理］［書き出して整理］した。論文では［オリジナリティが大切］だが、［オリジナルな解決案］［理論通りでない結果］［難解な考察］［データ分析での信頼性の担保］をするのは大変だった。［執筆と見直しの時間区分］をし、［頭の使い方］を［書き出して整理］したり、［立ち止まって俯瞰］したりすることで［新たな気づき］もあった。［メタ的な視点は重要］だが、［ずれをメタ的に修正する難しさ］や［納得できない結論］もあった。うまくまとまらず、［体裁と文字数だけ書いて出した］という生徒もいた。

　一方、理系クラスでは［論文実習］の授業はないが、［論理は大切］と指導され、［曖昧でない論理の解釈］をして［どこまで理解しているかメタ的に分析］した。特に［論述試験では制限時間内に頭をフル回転］し、［資料を読み解き説明すること］や［膨大な情報を凝縮させ組み立てて思考を整理］することが求められた。［批評文や評論では意見をクリティカルに展開］すること、［論理的に書かれた文献を読んで論理の組立て方を勉強］することなど、［試行錯誤］しながら取り組んだ

大学 1 年修了時：調査 3,4 の記述式回答	大学の授業・論述試験・レポート課題について

［テンポのよい高校の授業］に対し、大学は［1 コマ 90 分冗長で長過ぎる］［対話のない］［一方通行の授業］が多い。［自分の考えを問う試験］は少なく、［自分の考えや立場を述べず中立でいる教授］も多い。［高校ではレールに沿った指導］だったが、［大学では学生任せ］で指導はない。［主体的に問題を見つけ解決する必要］があり、［自由に隠された自己責任］を痛感している

　一方、［少人数セミナー］、［実験実習］、［英文エッセイ］など、［主体性がなければ学べない授業］もある。［情報量が多く、スピードの速い授業］では［内容を理解して自分の意見を述べること］が求められる。そうした参加型の授業を履修した学生は、その成果が［自信］となっている。［教師と学生、同期同士の学びあい］などを通して、［対話的で深い学び］に［高校の延長に大学がある］と感じており、高校での探究学習の経験が大学の演習型の授業に活きていることがわかる

表6-6　授業・卒業研究・論述課題に関する発話と記述

高校卒業時：調査2のグループインタビューでの発話	大学1年修了時：調査3での記述回答
中高の授業・学習について	大学の授業・学習について
Iの発話：自分で考え、学ぶことが大切。中高全体を通して。公式はこうやって解くんだよって、先生から教えてもらんじゃなく、グループワークとか多くあって、教わるだけじゃなくて自分たちが学んだ知識を使って自分たちで考えてみようって	〈高校の授業や学習との違い〉 Cの記述：はるかに量が多く、スピードも速い。細かい数字や情報まで覚えるというより、内容をしっかり理解して自分の言葉にでき、さらに広範囲の中から必要なことだけを抽出してつなぎ合わせることが重視されていると感じた
Jの発話：論理的に話を進めることの大切さを指導されました。担任の先生が法律学が専門で、曖昧ではなく、何で法律で難しい言葉は使われているかっていうことから説明されて、それは法律に曖昧さをなくすためだと聞いて、まったくその通りだなと。伝えたいことを論文が思っているように伝えるときにもその論理の解釈に曖昧さが出ないように説明することが大事だなと思いました	Iの記述：高校はレールに沿った指導だったが、大学では主体的に動くこと、自ら問題を見つけて解決することが求められる 〈期待外れだったこと〉 Eの記述：経済学部の授業は語学であっても人数が多いため、自分の期待している双方向性の授業形態は少なかった。さらに、1年生では経済学に関わる授業が想像以上に少なかったため、求めていた専門的な教育も達成できていない
高校の卒業研究について	Bの記述：授業点がつかない授業。基本的に授業を切るはこともしなかったので、授業の回数を重ねるごとに減っていく受講者数を見て、ここにいない人と成績はあまり変わらないのだと思うと残念に感じた
Aの発話：理論で言われていることと違った結果が出たときに観点を変えて見るということをしました	
Dの発話：既存のデータを分析して書いた（自分の仮説が実証されたと思った？）はい（納得のいく結論だった？）論文のオリジナリティっていうのを人手不足を解決する手段として、他の人が論じていないような解決策をデータをもとに見出して名前を付けたんですけど、その策は実際に行われたわけではないんで、うまくいくかどうかっていうのは確実ではないんですけど、それをどういうふうに証拠づけるかっていうのはデータを使って、それは正しいって思わせる、それを正当化するみたいなことでした	〈期待以上であったこと〉 Hの記述：少人数の学部で、同期同士で勉強を教え合う機会が多かった。また、教授との距離も近く、高校の延長に大学があるように感じたこともあった。専門的な分野の勉強が多くなり、先生がわからないことも多くなった印象がある。そのため、学生と先生が一緒になって勉強していくこともあった。さらに化学実験の授業では必要な器具や試薬のみ与えられ、学生自ら実験手順を考え、実験を行ったため、主体的に動くことができ面白かった
Eの発話：文献を読むほど、自分の論文はたいしたことはないってわかって無理ってなって、体裁と文字数だけ書いて出した	
※（　）内はインタビュアーである筆者の発話	
高校の論述試験について	大学の論述試験とレポート課題について
Gの発話：論述式の問題で苦労したのは現代文で自分の考えをしっかりまとめてから書かないと点数につながらないという試験形式のがあって、自分の思考、頭にあるものをしっかり整理して論理立てて書くというのを制限時間内に行うのは自分的には大変でした	Dの記述：大学の試験は論述形式が多くなった。高校は道筋が示され、こういうステップで解くという導きだった。しかし、大学は個人に任され、自分のやっている内容が本当に求められているものと合っているのか不安に思うことが多々あった
Hの発話：生命科学も論述形式で、自分は仕組みをわかっているけど、でもたとえば何かの器官のしくみについて論述せよといわれると、まとめて重要なものをしっかり入れながら説明するというのが結構難しくてまだ改善が必要だなと思いました	Gの記述：英語が得意ではないから、英語による講義・授業を受講して、自分一人でレポートをまとめて、それを評価してもらったことが自信になった。論文を書くという経験も高校では理系クラスでほぼなかったので、論文のまとめ方を一から学んで、英語の論文を読んで、大事なところはどこかを探してという経験は、日本語で論文を書く時にも生かせると感じた
Jの発話：世界史は出題された資料を活用して何が起こったかを説明する。地理は資料を読み解いていく試験だった	

表 6-7　大学での学習計画・将来の夢に関するストーリーライン（[　] 内はコード化した概念）

高校卒業時：調査 2 のグループインタビュー	大学生活や学業への期待と不安・将来の夢
大学生活に向けて［早期から将来の留学を想定］して［留学内容を検討］したり、［専攻科目を優先］したり、［専攻科目と選択科目］を［バランスよく履修］することを計画している。また［中途半端に提出した卒研］の経験をばねに大学では［納得のいく学び］をしたい、［就職とは切り離した学問の楽しみ方］をしたいなど、［大学での勉学への期待］が確認できる 一方、［学びたいこと］を［模索中］の［モラトリアム状態］にある生徒、［将来のキャリアへの不安］を感じている生徒もいえる。不安を抱きつつも、[不安] を［自己コントロール］していくことは［大人への一歩］と捉え、［専門職としての勉強への意気込み］につなげている生徒もいる。さらに［社会の先導者としてのリーダーの自覚］や［研究者・臨床医としての意識の芽生え］が確認された	

大学 1 年修了時：調査 3, 4 の記述式回答	大学生活や学業への期待と期待はずれ・不安・将来の夢
大学では、［高校より主体性が求められる］ことに気づき、［専門科目の履修］、［研究室活動］、［大学院進学］、［留学］、［インターンシップ］など、自主的に行動しようと、高校卒業時より実現可能性の高い計画を立てている。［卒研テーマを探究して留学］、［強みを活かした仕事］、［社会貢献］、［国家資格の取得］など、高校での卒業研究や高校からの関心や目標を発展させ、将来の展望をより具体化している	

表 6-8　大学での学習計画・将来の夢に関する発話と記述

高校卒業時：調査2のグループインタビューでの発話	大学 1 年修了時：調査 3 での記述回答
Dの発話：大学でこれを学びたいって思うものがあまりなくて、先輩から聞くと慶應はいろんな学部の授業が取れるから、いろんなとこの授業を受けたり、いろんなものを見て、自分が一生懸命にやれるものを早く探したいな F の発話：その研究で食っていけるようになるの？　って言われないようにすることです。勉強のために大学に行くのであって就職のために大学に行くのではないので Cの発話：自分でカリキュラムを作って自分のやりたいことだけではなく、将来を見据えて、たとえば英語をやりたい、留学したいと思ったら、1年生の頃から、自分で取捨選択してやりたいと思います	Aの記述：関心は高校の頃から犯罪学であり、長期留学に応募して 9 月から犯罪学で有名な University of California, Irvine に留学することになっています（コロナでどうなるかわかりませんが）予定通り行くことができれば、1 年間、慶應ではできない学びを最大限吸収して来たいです Gの記述：私は災害医療について興味があるので、本でも読んだりして学んでいる。知識を得るのはいいが、誰にお話を聞けば未来に近づくことができるのかまだわからないので、そこが不安である Iの記述：プログラミングに興味があるけれども、踏みこんだ授業はとれなかったため、研究室に入って勉強しようと思う

ベースの認知度や利用頻度は低く、Google などネット検索で情報収集している様子がうかがえる。恵まれた情報環境を十分に活用しているとはいえないが、中高の図書室を積極的に活用している生徒もいる。

　調査 2（高校卒業時）と調査 3, 4（大学 1 年修了時）の結果については，SCAT 分析し、構成概念を紡ぎ合わせたストーリーラインを**表 6-5、6-7** に示した。さらに、構成概念の鍵となる高校卒業時と大学 1 年次修了時の具体的な発話と記述内容を**表 6-6、6-8** に示した。

表 6-9　大学 1 年次の論述試験とレポート課題に関するタキソノミー分析結果

論述試験 2 題 × 9 名，レポート 2 題 × 9 名，N=9

	形式指定	分解抽出	具体例	学習プロセス	before-after	応用	解釈評価	情報収集	コメント	探究	出題なし	合計
論述試験	7	5	1	0	0	1	1	0	1	0	2	18
レポート	0	1	2	1	0	0	2	1	1	9	1	18

出典：井下・柴原（2021）表 2 を引用した

表 6-10　大学 1 年次の論述試験の事例と振り返り

科目名	論題分類	課題内容	書式の指定	制限時間
❶ 政治学基礎 学生 B	形式指定	事項や用語を簡潔に説明せよ 7 問出題	順不同でよいが、問題番号を明記せよ	50 分間
難しかったこと	試験時間が短かく、かつ「簡潔に述べよ」という指示だったので、自分の頭の中をよく整理しておく必要があった			
成功したこと	繰り返し授業で扱われていた内容は出題されると確信していたので、よく準備をして、自信を持って試験に臨むことができた			
❷ 地域文化論 （東アジア・中国） 学生 C	形式指定	授業内容 4 ～ 6 つのトピックから 1 つ選択し、過不足なく論述せよ	900 字ほど（だいたいなので、字数が多くても OK）	50 分間
難しかったこと	トピックがわかっていて、試験でこのトピックが出たらこの解答を、と考えることができるので解答を 1,000 字ほどで準備し、覚えるのが大変だった			
成功したこと	しっかりと授業を聞いて、解答を準備し、覚えることができれば、A か S は取ることができる。良い成績が目標であれば、やることが明確なので、覚えることで知識が染みつきやすい。対策が簡単			
❸ 文学 学生 D	分解抽出	授業内容の論点一覧の中から 3 つを選択し、それを基本軸として時系列に沿って述べよ	冒頭に選んだ 3 つの論点を明記せよとの指示あり 授業資料持込可	90 分間
難しかったこと	授業内容が広範にわたって展開されていたので、必要な情報のみを抽出するのに苦労した			
成功したこと	手書きの書き込み有の授業資料の持込が許可されていたので、実際の試験時に良い補助となった			

出典：井下・柴原（2021）表 3 を修正した

表6-11　大学1年次のレポート課題の事例と振り返り

科目名	論題分類	課題内容	書式の指定	字数制限
❹ 生命の科学 （英語での授業） 学生 G	解釈評価	統計などのデータを用いて根拠に基づいて論述せよ	英語で論述せよ	制限なし
題名と概要	\"Global health and well-being\" SDGs の項目の中から、Global health について選び子供の死亡率、妊婦の死亡率を下げるための方法を、教育、医療関係者数（医師、看護師、薬剤師数）、医療費などの観点から論じた。世界の医療と日本の医療を比較して、世界の医療がどうなっていくべきか、また、先進国と発展途上国の比較も行って論じた。			
難しかったこと	英語でレポートを長文書くという経験がなかったため、文字数を気にしながら書くのに苦労した。文法は合っている自信がないまま書いた。文献も世界のデータが欲しかったので、WHO やユニセフなどの信頼できる資料を英語で読むのに苦労した			
成功したこと	世界のデータでも統計のない項目や地域があったので、本でも文献を探し、細かいデータが手に入った。英語でうまく書ける自信がない分、内容を濃いものにしようと、下書きを多くしたり、データ数を多くするなど工夫をした			
❺ 英語 学生 A	探究	テーマ自由	Times New Roman. 10.5pt, single space	2,000 words ± 10%
題名と概要	\"The Effects of Racial Bias and Socioeconomic Inequity in the American Justice System – Ceasing the \"Cycle\" of Disparity and Crime \" 現在のアメリカの司法制度における、人種差別及び社会経済的格差の影響について論じた。被告のプロフィールによる二重基準の存在、格差と犯罪のサイクル、犯罪の根本的原因／発生過程、社会的性質、再犯率など、データを用いて裏付けた。　最後に、この問題を解決する一案として、Bail Project や条件付き刑罰の緩和措置など、司法改革の例を紹介して終えた			
難しかったこと	情報量が多いテーマを選び、さらに掘り下げたため、文字数を抑えるのが大変だった。情報や説明を抜いても伝わるようにしっかり心がけなくてはならなかった			
成功したこと	昔から興味があったテーマで、過去に関連したエッセーや論文を書いていたため、知識もある程度あった。そのため内容は深く掘り下げることができ、さらに文献も信用あるものだけを使用できたと思う。先行研究などを批判的に見て、様々なデータ・知識・文献を複合的に考慮できた			
❻ 化学 学生 H	探究	実験内容に基づきレポートを作成せよ	B5 用紙に、序論、方法、結果、考察、結論、引用文献の項目に分けて作成せよ	制限なし
題名と概要	「高分子化合物の合成」 まず高分子化合物が私たちの生活の中でどのように使われるかを序論で述べ、実験の手順を簡潔に示し、結果と考察では溶液重合によるポリアクリル酸シートの合成、…の合成方法についてまとめ、それらのメカニズムを考察した。また、実験の問題点や学生実験の限界、より正確な実験を行う方法についてまとめた。結論では実験を通してわかったことをまとめ、社会での応用例を挙げた			
難しかったこと	書式は評価の最重要ポイントであり、正しい書き方ができているか何度も確認した。たとえば過去形で示し、結果と考察では起こったすべての事象についてまとめ簡潔に考察する、など項目別に決まりそれらに従うことが難しかった。教授の意図をしっかりと理解する必要があった。教授が設定したルールに基づくレポートの作成は融通が効かず、困難な面があった			

科目名	論題分類	課題内容	書式の指定	字数制限
成功したこと	教授の求めていた書式通りにレポートを作成することができた。外部生はレポート作成の訓練を高校時代にあまり受けていなかったため再レポートになる者が多かった。しかし、慶應義塾の一貫校出身の内部生は高校時代にレポートの作成をし、実験レポートの作成に慣れ親しんだ者が多かったため再レポートになった者は少なかった			
❼ 金融リテラシー 学生 E	探究	5 つのテーマから任意に選択して論述せよ	A4 裏表 1 枚 書式指定はない	字数制限はないが分量や選ぶテーマ数は多いほど良いとされた
題名と概要	「金融リテラシー」 ・テーマ A は自分の将来のライフプランニング表、キャッシュフロー表に書き込んで添付した。さらに自らローンを考慮に入れて工夫した ・テーマ E は任意の会社のエントリーシートに記入してみるというものだったので、ANA のパイロットのエントリーシートに記入した。			
難しかったこと	自分ではきちんと文献を読んで書いたつもりだったが、相対評価であまり良い成績が得られなかった			
成功したこと	なし			
❽ 経済原論 学生 D	学習プロセス	授業で扱ったところを教科書を見ながらまとめる	A4 用紙	2 ページ
題名と概要	「経済原論レポート」 古典派、ケインズ、IS-LM 曲線についてまとめた			
難しかったこと	必修 2 コマ連続（実質 3 時間）で教科書があれば大丈夫と聞き、初回だけ出て面白くなかったので授業に行かなかった。教科書のみの内容でまとめるのは大変だった			
成功したこと	ある程度はこなせたが、授業の面白さも重要だと感じる…			
❾ 地学 学生 F	情報収集	上野科学博物館に行き生命の誕生、大量絶滅等がなぜ進化を助けたかを調べてまとめる	同じ内容を授業で扱ったので、そちらのノートを見ながら進める	A4・1 枚、少なくとも表面を埋める
題名と概要	「生命の誕生と進化」 生命の誕生には海の存在と、有機物が必要不可欠であった。その後、生命は進化を重ね、植物となり光合成を行ってオゾン層を形成した。その後もさらに生命は進化を重ねていき、その都度海中が過密になり酸素がなくなって絶滅しかけたり、大規模な気候・地殻変動や隕石の衝突で絶滅した			
難しかったこと	・なし ・強いて言うなら実際に上野に行かなければならなかった点			
成功したこと	・とくになし ・レポート課題は落第点回避の意味合いが強いように思える			

出典：井下・柴原（2021）表 3 を修正した

表6-9に、調査4の論述試験とレポートの論題をタキソノミー分析（成瀬2016）で分類し、結果を示した。論述試験では、形式指定と分解抽出の出題が多く、レポート課題では探究課題が最も多い。

　表6-10には、大学1年次の論述試験の3例と振り返り（難しかったこと、成功したこと）を、表6-11には、大学1年次のレポート課題6例を挙げて、論題と、題名と概要、振り返り（難しかったこと、成功したこと）をまとめた。

　調査5は、質問紙調査であった。レポート・試験・学習に関する高校および大学でのレポートや課題作文に対する対象者の認識を測るための22問（表6-12）、大学でのレポートに取り組んだ効果に関する11問（表6-13）の、合計33問からなる。それぞれについて5件法（5：とてもそう思う〜1：全くそう思わない）で回答を求めた。まず、高校および大学でのレポートや作文課題に対する認識についてであるが、表6-12・13のすべての設問に対して1標本のt検定を実施した。この検定は、回答傾向から「そう思う」と判断できるかどうかを調べるためのものである。その結果、高校・大学に共通することとして、「レポートや論述課題においては根拠を示すことが求められている」と認識していた。さらに高校では、「書き方の指導がなされた」「自分の考えが深まった」「知識を問う試験が多い」「高校での勉強は大学での学習に役立つ」と捉えていた。また、大学では、「自分でテーマを設定することが求められている」と捉えており、レポート課題に「熱心に資料を調べ」ながら取り組むことで、「テーマについての理解が深ま」り、「論理的思考を組み立てる経験ができ」、「今後のレポート課題にも応用可能」だと捉えていた。一方、高校と大学での違いについては、表6-12の設問について対応のあるt検定を実施した。その結果、「レポートや作文課題での書き方の指導」において、有意差がみられ（$t(8) = 3.90, p<.01$）、具体的な指導は、高校に比して大学ではさほどなされていないことが認められた。さらに、「知識を問う試験が多い」についても有意差がみられ（$t(8) = 2.83, p<.05$）、高校のほうが高かった。

4．結果のまとめと考察

　中学・高校・大学における授業や論述課題を、生徒・学生がどう捉えているのか、調査結果をまとめたうえで、中高での探究学習の経験が、大学にお

表6-12 高校および大学でのレポートや作文課題についての認識等についての設問（有意差のあったもののみ t 値および有意水準を記載）

設 問 内 容	平均値	標準偏差	t 値 (df=8)
大学のレポートや作文課題で書き方を指導されることがある	2.89	1.364	
高校のレポートや作文課題で書き方を指導されることがあった	4.78	.441	12.10***
大学のレポートや作文課題で、自分の考えが深まった	3.56	.726	
高校のレポートや作文課題で、自分の考えが深まった	4.11	1.054	3.16*
大学のレポートや作文課題で、熱心に資料を調べた	4.00	.866	3.46**
高校のレポートや作文課題で、熱心に資料を調べた	4.11	1.269	
大学のレポートや作文課題は、感想や学んだことをまとめるものが多い	3.22	1.202	
高校のレポートや作文課題は、感想や学んだことをまとめるものが多い	3.67	1.000	
大学のレポートや作文課題では根拠を示して主張を述べることが求められる	4.22	.972	3.77**
高校のレポートや作文課題では根拠を示して主張を述べることが求められる	4.33	.707	5.66***
大学のレポートや作文課題では、自分でテーマを設定することが求められる	4.44	.726	5.97***
高校のレポートや作文課題では、自分でテーマを設定することが求められる	3.78	1.202	
大学では、知識を問う試験が多い	3.56	.882	
高校では、知識を問う試験が多い	4.22	.833	4.40**
大学の課題で、日本語で書かれた資料を熱心に読んだ	3.22	1.394	
高校の課題で、日本語で書かれた資料を熱心に読んだ	4.00	1.118	
大学の課題で、外国語で書かれた資料を熱心に読んだ	2.78	1.716	
高校の課題で、外国語で書かれた資料を熱心に読んだ	3.22	1.302	
普段から読書をする習慣がある（大学入学後）	2.33	1.658	
普段から読書をする習慣がある（高校生のとき）	2.11	1.269	
大学での学習は職場でも役立つ	3.22	1.093	
高校での勉強は大学での学習に役立つ	4.22	.972	3.77**

注：* : p<.05, ** : p<.01, *** : p<.001

表6-13　大学でのレポートに取り組んだ効果について（有意差のあったもののみt値および有意水準を記載）

設　問　内　容	平均値	標準偏差	t値 (df=8)
知識の習得だけでなく、自分の問題意識を発展させることができた	3.44	1.014	
授業内容を現実の事象に照らして、深く考えることができた	3.67	1.323	
授業を聞くだけでなく、文献を調べ、論証する経験ができた	3.67	1.118	
レポート課題に取り組むことで、論理的思考を組み立てる経験ができた	4.11	.333	10.00***
レポート執筆経験は、今後のレポート課題にも応用可能だと理解できた	4.67	.500	10.00***
論文を読むことで、先行研究を批判的に検討することが理解できた	3.33	1.323	
論文を読むことで、論文の書き方のよいモデルを見出すことができた	3.22	1.481	
書籍・論文・資料を調べ、テーマについての理解が深まった	4.22	.667	5.50**
引用することで、自分の主張を説得的に示せることが理解できた	3.89	1.054	
用途に応じたデータベースの使い方が理解できるようになった	3.67	1.225	
自分の考えを、自分の言葉で表現することができるようになった	3.89	1.167	

注：**：p<.01、***：p<.001

けるレポート課題や論述試験に活かされているか、うまく接続されていないことがあれば、何が問題かを、大学の授業のあり方も含めて考察する。

4.1　授業形態と指導体制について

①中高の授業と指導について

　中学高校を通して、主体的に考えて学ぶことを重視し、知識をそのまま教えるのではなく、知識を使って考え、話し合わせる対話的な授業、たとえば「公式はこうやって解くんだよって先生から教えてもらんじゃなく、（中略）自分たちが学んだ知識を使って自分たちで考えてみようって」というように、グループワークが多用され、論理立てて深く考えさせ表現させる指導がすべての教科で貫かれている（**表6-5、6-6**）。

②大学の授業と指導について

　「高校まではレールに沿った指導だったが、大学では（中略）自ら問題を見つけて解決することが求められる」と、自由に隠された自己責任を痛感している。また、1コマ90分の大学の授業は、冗長で、一方通行、対話もない、授業回数を重ねるごとに受講者数が少なくなり、真面目さを揶揄する風潮も

あるという。

　授業は、学部や履修者数、学生の感じ方によって相違がある。経済学部の授業は、語学でも人数が多く、双方向の授業は少ないうえに、1年次に履修できる専門科目も少ない。一方、法学部の学生は、高校の授業より、はるかに量が多く、スピードも速く、覚えるというより、内容をしっかり理解して自分の言葉にでき、広範囲から必要なことを抽出してつなぎ合わせることが重視されると感じている。少人数の医学部では、同期同士や教師との距離が近く、学生自ら実験手順を考え、教師もわからない専門的な内容は学生とともに考えるなど、主体的対話的な授業に「高校の延長に大学がある」と学問を探究することの面白さを感じている。また、履修者が20人程度の少人数セミナーや第三外国語などの授業では、高校以上に積極的な参加を求められ、勉強に真剣に向き合うことで達成感を得ている学生もいる（**表6-5、6-6**）。

4.2　論述課題について

①高校の卒業研究について

　卒業研究は、高校3年4月始めに研究案を提出してテーマを決定する。独自教材『論文事始め』を読んで各自執筆し、論文実習という授業で発表し、相互に評価し合う。5月に論文指導の先生が決まる。個人指導は授業外の予約制で、主体性と計画性が求められる。剽窃は自分の頭で考えることを放棄することだと教えられ、適切な引用の仕方については他の授業においても徹底して指導されている。生徒らは「本を読む習慣と多様な分野の読む力がついた」「調べて直す繰り返し」「論文の執筆と情報の整理は頭の使い方が違うから潔く分けた」「理論通りでない結果」「難解な考察」「データ分析での信頼性の担保」「オリジナルな解決案の導出」に試行錯誤し、悩み工夫して、粘り強く論文と対峙している。一方、「文献を読むほど、自分の論文はたいしたことないってわかって無理ってなって体裁と文字数だけ書いて出した」と時間切れでやり遂げられなかった自省の念を述べている生徒もいる（**表6-5、6-6**）。それぞれの生徒が自らの学びを洞察し、最終的に論文全体と作成プロセスを俯瞰して、成果と課題を省察するメタ認知的気づきを得ている。

②高校と大学の論述試験について

　高校の論述試験：現代文では、自分の考えを整理して論理立てて書く。批評文、評論の試験もある。生命科学では、膨大な情報を組み合わせて凝縮さ

せる能力を、世界史では、出題された資料を活用して何が起こったかを説明する力が問われている。地理は、授業で習ったことをまとめて書く、資料を読み解いていく試験であった（**表6-6**）。すなわち、知識や情報をどう判断し、組み立て説明するか、背景の因果関係をどう推論するか、膨大な資料の関連付けや、論理立てて表現させる論題が課されている。すなわち「生徒がこれからの社会を生き抜くために、本当に必要なものが何か」を考え作問している教員の意図と教科教育における専門性（見方・考え方）、すなわち「各教科の学問原理［ディシプリン］に基づいたエピステミックなアプローチ"discipline-based epistemological approach"」（白井2020）の深さが読み取れる。

　大学の論述試験：授業の論点を出題形式に沿って準備すれば、暗記で対応できる。持ち込み可の試験もあり、対策は簡単だという（**表6-10：❶❷❸**）。一方で、「高校ではレールに沿った指導だったが、大学は学生に任され、指導もない」「自分のやっている内容が本当に求められているものと合っているのか不安に思うことも多々あった」など、不満や不安を述べている（**表6-5、6-6**）。

③大学のレポート課題について

　試験では知識やその理解が問われるのに対し、レポートでは探究型の論題が多い。自分が関心あるテーマを選択した学生（**表6-11：❹❺**）は、先行研究を批判的に検討しデータを多面的に考察することや、英文での執筆に挑戦することで論文の型を学び、達成感を得ている。実験レポートでは、内部生は受験で入学した学生に比べ、高校時代に実験レポート作成に慣れ親しんでおり、レポートの再提出になった者は少なかったという（**❻**）。

　すなわち、高校で批判的思考や論理的表現について学習した経験が、大学での探究型のレポート作成において活かされており、高次の転移（序章：**図0-4**）が促されたのではないかと考えられる。

　一方で、達成感に結びついていない学生も少なからずいる。自分ではきちんと文献を読んで書いたつもりでもあまり良い成績が得られない（**❼**）、教科書があれば大丈夫と聞き、面白くない授業だったので出席しなかったら大変だった（**❽**）、博物館に行き、まとめるだけのレポート（**❾**）など、深く学べていない様子がうかがえ、レポートの評価基準の提示や論題のあり方など教員側の対応が、学生の学びに影響していることがわかる。

4.3 中高での主体的対話的な授業は、大学での学習や 論述課題にどう生かされたか

SFC中高では開校当初より、授業やクラブ・委員会活動など学校生活全体を通じて互いに学び合い、学ぶ立場にある者が教える立場にもなるという慶應義塾の半学半教の精神が貫かれているという（SFC中高HP）。そうした校風と指導方針のもと、自由闊達で主体的な対話による、教わるのではなく、自分たちで学んでいく授業が、中高の6年間の教育に埋め込まれている。大学の少人数演習で学生が「高校の延長に大学がある」と感じた背景には中高で経験した主体的で対話的な授業があるのではないか。たとえば、論文実習の授業では、他者の発表やコメントを聞くことで、異なる見方考え方に刺激を受け、発見や気づきを得ている。このような文章生成プロセスについて、山内（2020）は書くことは個人作業だが、互いの意見を発露し議論がなされる共同体での他者からの示唆は、推敲の精度を上げ、書く力やアイディアの価値を高めると述べている。すなわち、対話が埋め込まれた社会的文脈で思考は鍛えられるとも解釈できる。

一方、大学入学後、十分な説明も指導もないレポート課題や、知識の記述だけを求める試験、一方通行の講義に対して、大学は自分の考えを問われる場と期待していただけに失望しつつも、大学は自ら選択する自由もあると、主体性を発揮し、少人数セミナーで積極的に発言したり、英文エッセイに挑戦したりと、自信をつけている学生もみられる。中高での対話的な授業や、卒業研究、論理を問う試験で鍛えた「議論する力」「考えて書く力」が、大学の授業においても貫かれている逞しさが読み取れる。

質問紙調査においても、レポート作成について、大学では高校ほど直接的な指導はないが、自らテーマを設定し、資料を調べ、レポート課題に取り組むことで、思考が深まったと認識していることが明らかになった。考えて書く課題を通して「高校での勉強が大学での学習に役立つ」という認識につながっていることがわかる。

さらに、大学では高校より主体性が求められると自覚することで、卒研テーマを探究して留学、大学院進学、社会貢献、国家資格取得など、高校からの関心や目標を発展させ、高校卒業時に比べ、具体的で実現可能な計画を立てている（**表6-7、6-8**）。

本調査の対象者は中高一貫の相対的に高い学力レベルの生徒・学生であり、一般化できるとは言い難いが、高大接続の議論が入試改革に向けられるなかで、大学入試に左右されない環境において、主体的・対話的な授業を経験した生徒が、大学の授業をいかに受けとめ、論述課題にどう向き合ったかを知り得る資料ともいえよう。

　2023 年度の高校 2 年生が使う教科書検定の結果が発表され、新学習指導要領では「主体的・対話的で深い学び」や「思考力や表現力の育成」など探究学習が重視されている（毎日新聞 2022）。新教科「論理国語」は論理的思考力に加え、批判的思考力の育成も目標とし、「学術的な学習の基礎」となるとして、大学のライティング教育に接続する内容を含むと期待されている（島田 2021）。一方、論理的・実用的な文章を扱う「論理国語」と、生き方を考える「文学国語」を区別せず、一体に学習すべきという意見もある（読売新聞 2022）。また、探究学習には教師の指導力向上が必須となること、暗記型入試では探究学習の本格的展開は難しいこと、主体的な学びが先行して基礎力が不十分になる可能性もあることから、知識の伝達と探究学習のバランスが重要だとする指摘もある（日本経済新聞 2022）。

　今後、高校でこうした探究学習が幅広く推進されるのであれば、大学は授業形態や履修者数、論題や指導のあり方、双方向に学び合えるカリキュラムや教授法について、高大接続のあり方を総合的に、かつ生き方を学ぶ学問の府として検討する必要がある。

引用文献

荒井惠里子（2017）「高大接続を視野に入れた総合学習『卒業研究』の実践」『化学と教育』65(7), 330–333.

中央教育審議会（2014）「新しい時代にふさわしい高大接続の実現に向けた高等学校教育、大学教育、大学入学者選抜の一体的改革について〜すべての若者が夢や目標を芽吹かせ、未来に花開かせるために〜（答申）」.

廣瀬辰平（2020）「生徒の学びと大学入試について—生徒の学びの本質を考える—」宮本友弘編『東北大学大学入試研究シリーズ　変革期の大学入試』金子書房.

飯澤巧（2020）「探究する力を育成する—『探究基礎Ⅱ』における個人研究—」西澤加名恵編著『高等学校 教科と探究の新しい学習評価』学事出版.

井下千以子・柴原宜幸（2021）「論述課題と指導内容に関する高大接続の観点からの検討—中高一貫校の事例をもとに—」『大学教育学会誌』43(1), 23–27.

慶應義塾湘南藤沢中等部・高等部ホームページ（https://www.sfc-js.keio.ac.jp/）（2022 年 3 月

31 日）

毎日新聞（2022）「高校教科書検定：23 年度使用教科書『深い学び』徹底 『論理国語に小説』合格」3 月 30 日，1.

成瀬尚志（2016）『学生を思考にいざなうレポート課題』ひつじ書房.

日本経済新聞（2019）「共通テスト記述式見送り思考力底上げ重い課題」12 月 18 日，38.

日本経済新聞（2022）「高校教科書主体的に学び深く暗記より討論重視」3 月 31 日，47.

大谷尚（2019）『質的研究の考え方—研究方法論から SCAT 分析まで—』名古屋大学出版会.

大塚雄作（2020）「どう変わる高校教育・どう変える大学教育—高大接続改革における大学教育のあり方を問う—」『大学教育学会誌』41(2), 6–9.

白井俊（2020）『OECD Education2030 プロジェクトが描く教育の未来—エージェンシー、資質・能力とカリキュラム—』ミネルヴァ書房.

島田康行（2021）「知っておきたい高校の『国語』改革—新しい学習指導要領を読む—」春日美穂・近藤裕子・坂尻彰宏・根来麻子・堀一成・由井恭子・渡辺哲司『あらためて、ライティングの高大接続—多様化する新入生、応じる大学教師—』ひつじ書房.

田中孝平（2020）「高校の探究学習は大学での学びに発揮されるか—学生のインタビュデータの SCAT 分析を通して—」『大学教育学会第 42 回大会発表要旨集録』228–229.

山内祐平（2020）「デジタル時代×書く力」『Recruit Works Institute：書く力』163, 12–14.（https://www.works-i.com/works/item/w163_toku_1.pdf）（2022 年 3 月 31 日）

読売新聞（2022）「高校教科書検定　国語の科目再編は無理がある」3 月 30 日，3.

吉本真代・和嶋雄一郎・坂尻彰宏・堀一成（2020）「大学入学者の高校での『書く』経験は変化しているのか—大阪大学入学時アンケートより探究学習に着目して—」『大阪大学高等教育研究』8, 13–19.

第7章 探究学習へと誘う大学でのライティング教育
―批判的思考力・論理的表現力の育成と
　教養の涵養―

井下千以子・柴原宜幸・小山　治

1. はじめに

　生徒が大学生となり、自己の在り方生き方と照らし合わせ、いかにして学問と向き合い、学びを深めていくことができるか。高校での探究学習を、大学での初年次教育につなげ、学術的基盤を形成し、専門教育へと導いていくためには、学問の思考様式を学ぶことに加えて、科学としての学問の根底にある哲学、すなわち、どう生きるべきかという、教養を涵養する教育が必要となるだろう。それによって、知識や技術の習得にとどまらない、一生涯の財産となる知性や感性を練磨していくことができる。

　本章では、実社会や実生活における自らの生き方に照らして、広い視野から問題関心を探究するライティング教育について検討する。具体的には、初年次科目と専門科目での事例を取り上げ、批判的思考力と論理的表現力を育成するライティング指導の効果を検証する。そのことによって、いかに接続を図り、探究学習を通して教養を涵養していくことができるか考察する。

2. 探究学習におけるライティング教育

2.1　ライティング教育と高大接続

　冒頭に述べた「自己の在り方生き方と一体的で不可分な課題を発見し、解決していく」試みは、高校の「総合的な探究の時間」において確認すること

ができる。高等学校学習指導要領（平成 30 年告示）解説 総合的な探究の時間編（文部科学省 2019）によれば、探究とは「物事の本質を自己との関わりで探り見極めようとする一連の知的営みのこと」であるという。探究課題の解決のための資質・能力として「思考力，判断力，表現力等」を掲げ、①課題の設定、②情報の収集、③整理・分析、④まとめ・表現、の四つの探究プロセスを繰り返すことで、学びは深まるとしている。具体的には「実社会や実生活と自己との関りから問いを見いだし、自分で課題を立て，情報を集め，整理・分析して、まとめ・表現することができるようにする」ことだという。

大学における探究学習は、あらゆる学問の思考様式を包括するものであり、仮説論証型や仮説検証型のレポートや論文作成の核となる。したがって、高校時代の探究学習の経験の有無や習熟度が、大学での学習に影響する可能性もある。たとえば、中高一貫校でのアクティブ・ラーニングによる授業において、深く考えさせるグループワークや試験、卒業論文を書いた経験が，大学での論述試験やレポート課題に役立ったという事例（本書 第 6 章：井下・柴原 2021）や、大学教員が高校探究学習科目でアカデミック・ライティング指導をする事例（堀ほか 2020）、高大接続と専門科目・社会接続に向けた初年次ライティング教育の報告もある（近藤 2022）。すなわち、大学の授業で探究学習をどう扱っていくかは、初年次でのレポートの書き方指導にとどまる問題ではない。高校の探究学習の現状を踏まえ、自己の在り方生き方を、教養教育や専門教育と関連づけ、「大学 4 年間を通じたライティング教育」として検討する必要があるのではないか。

2.2　大学におけるライティング教育の区分と接続の関係

そこで、**図 7-1** に大学 4 年間のライティング教育をマップとして示し、全体像を俯瞰する。指導内容を二つの直行軸で区分し、それぞれの特質を表している。横軸に知識の広がりとして〈専門性〉と〈一般性〉を、縦軸に知識の質として〈発展的・探究的〉と〈基礎的・定型的〉を表している。初年次教育は基礎的・定型的で一般性や汎用性が高い教育として第Ⅲ象限に位置し、その対極にある第Ⅰ象限に専門教育がある。専門教育における基礎を効率的に学び、定型的な訓練がなされる教育として第Ⅳ象限に専門基礎教育がある。第Ⅱ象限の教養教育には幅広い観点から学びを探究する高度教養教育（enriched major）[1] を位置づけている。

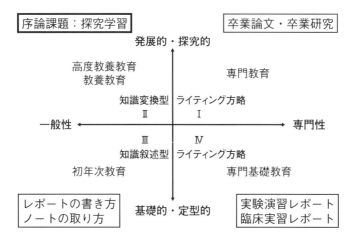

図 7-1 心理学教育におけるライティング指導

出典：井下（2022：40）

　このマップを用い、初年次教育と専門教育の接続について、心理学でのライティングを例に考えてみよう。まず、初年次教育ではレポートの基本的な書き方を学ぶ。2、3 年次になると実験演習レポートの作成法を習得する。教養教育・高度教養教育や専門教育では、心理学というディシプリンを通して幅広い視野から学んだ知識を自分の言葉で学びを組み立て直すレポートや、専門分野の理解を深めるためのレポートが課される。本章 4 節の生涯発達心理学の「序論課題」は、探究学習へと誘う高度教養教育を企図したレポート課題である。4 年次の卒業論文作成では、自らテーマを設定し、先行研究を批判的に検討して仮説を立てて実証し考察することが求められる。

　したがって、マップの下半分（第Ⅲ象限と第Ⅳ象限）では基本となる定型的な書き方の指導（知識叙述型方略による指導：knowledge-telling strategy）が、上半分（第Ⅱ象限と第Ⅰ象限）では学んだ知識や調べた資料を批判的に検討し、それらの知識を再構造化して自分の主張や結論を述べるよう、考え抜いて書くことを支える探究学習を目指した指導（知識変換型方略による指導：knowledge-transforming strategy）が行われる（井下 2013；本書序章 図 0-4）。

3. 大学での学びとは何かを探究する
初年次ライティング指導

　まず、**図7-1**の第Ⅲ象限に位置する初年次教育を取り上げる。筆者は
2006年から初年次セミナー「大学での学びと経験」を担当してきた。『思考
を鍛える大学の学び入門―論理的な考え方・書き方からキャリアデザインま
で［第2版］』（井下2020）を用いて、大学での学びを探究させることを目指
している。テキストの開発には心理学における学習論と発達論が活かされて
おり、14回の授業において、3本のライティング課題を課している（**表7-1**）。
半期の授業を通して、学生は何をどう学んでいるかを見ていくこととしよう。
①論証型レポート：授業では「大学とは何か」という問いかけから始まる。
「学問の扉」を開き、知の創造の体験をする。自ら問いを立て、データベー
スを使い、信憑性のある情報を検索し、主体的に考え抜く訓練を徹底して行
う。実社会での身近な話題（小学生にスマホを持たせるか否か、高校生の制服
自由化など）を題材に、生徒の頃の体験から、自分の頭で考え、かつデータ
ベースで調べた情報を整理し、論点を見出す。さらに他者と議論し、異なる
意見を批判的に検討して、根拠に基づく意見を自分の言葉で表現し、論理展
開するワークを繰り返して、論証型レポートの思考法と表現法の基本を定着
させる。
②アカデミック・プランニング・エッセイ：大学生活から卒業までを具体的
にイメージさせ、ゴールを見据えてアカデミック・プランニング・エッセイ
を書く。大学HPの履修ガイドを用いて学問分野の特徴や授業の魅力につい
て調べ、何をいつ、どう学ぶのか、自らの学びを探究させる。
③ライフ・キャリアをアイデンティティ・ステイタス[2]で自己分析して、自
分の将来を計画的に考え、自己省察し、かつ、半期の授業全体を振り返って、
学びレポートを書く。
　授業では、「考える・書く・読む・対話する」ディープ・アクティブラー
ニングを取り入れ、ピアレビューを課している。高校生だった自分から、大
学を卒業して社会人となる自分までを見通して、大学では何をなすべきかを
考え、自らの課題を発見するワークとして疑似体験できるように設計されて
いる（**表7-1**）。最終回の学びレポートでは、初年次セミナーを通して学生が
大学4年間の学びをどう捉えようとしたかがわかる（**表7-2**）。「人として成

表7-1　初年次セミナーの概要とライティング課題

学習項目：全14回（　）は回数	学習のねらい
自己紹介・他己紹介（1）	自己理解、他者理解、信頼関係の構築
学問の扉：学問の世界へようこそ（1）	2008年ブリッジ・カレッジ（入学前教育）に始まった**「学問の扉」**。大学とは、学問とは何か、問題関心を問いに発展させることを学ぶ
論証型レポートの基本を学ぶ（6）	データベースによる情報の検索と判断、文献の読み方、批判的検討、問いを立てる、構造化、主張の表現、発表
アカデミック・プランニング・エッセイ（2）	大学HPの履修ガイドを調べ、学群の特徴や4年間のカリキュラムを理解し、自分が何を学びたいかを探究し、プランニングする
ライフキャリア・デザイン（3）	過去から未来までの自分をアイデンティティ・ステイタスで4分類することで、自分の夢を描き、今後の大学生活での課題を発見する
学びレポート（1）	半期の授業を省察する

出典：井下（2022：39）

表7-2　最終回の振り返り「学びレポート」から一部を抜粋

情報を詳しく調べる大切さ，情報の真偽を見抜く力を学んだ
試行錯誤しながら考えて，問いを立て，批判的な視点も取り入れることで，より内容を理解することができることがわかった
自分の意見を納得してもらえた時の嬉しさ，自分とは異なる他の人の意見を聞いた時の視野の広がりなど，多面的に考えることを学べた
学びのデザインを学んだ．就職のためだけでなく，人として成長できるカリキュラムを組んでいくことが重要だとわかった
大学4年間の学びをプランニングするだけではなく，将来の自分まで考えなければならないことは難しかったが，それと同時にやりがいや楽しさを感じる事ができた

出典：井下（2022：39）

長できるカリキュラム」を組んでいくことの重要性や、大学での学びと将来をつなげて考えることに難しさを感じつつも、やりがいや楽しさを見出している。論証型レポートで調べる力や批判的思考力・論理的表現力をつけ、アカデミック・プランニング・エッセイ、学びレポートと段階的に自己省察す

ることでメタ認知を高め（序章 **図 0-4**）、大学での学びを探究しており、一連の初年次ライティング指導の相乗効果が確認された。

また、本テキスト（井下 2020）は、2020 年 5 月 20 日付日本経済新聞に、「コロナ禍の大学—人生のヒントになる書籍」として紹介された。「新型コロナウィルス問題への対策として、大学でオンライン講義が始まっている。学生は自習する機会が増えており、進路や人生を考える手がかりもつかむことができれば問題意識を深められるだろう。学びのヒントとなる書籍を紹介する。学びをより詳しく知りたい場合は『思考を鍛える大学の学び入門　第 2 版』がヒントになるだろう。論文の構成や書き方について具体的なフォーマットを示したページも参考になる」「粘り強く考える体験を」「大学での学びの大切さは自らテーマを見つけ、考え抜いていく点にある」とある。本書は、高校生の探究学習にも活用できるよう設計されており、「学び入門」のねらいが、記事で的確に捉えられたことがわかる。

4. 探究学習へと誘う専門科目でのライティング指導

4.1　生涯発達心理学の授業デザインとライティング課題

さて、初年次教育でレポートの書き方を学習していれば、その後のレポート課題においてある程度の質・量のものを執筆できるだろうか。初年次において必修の文章表現科目を履修していても、4 年次までレポートの書き方をわかっていなかったと回答する学生は少なからずいる（井下 2022）。ここでは、初年次教育の内容を、その後の専門教育にどう接続していけばよいか、筆者が担当する生涯発達心理学でのライティング課題を事例として検討することとする。

第一著者（井下）が担当する生涯発達心理学では、**図 7-1** のマップの第Ⅱ象限の高度教養教育を目指し、知識変換型方略によるライティング指導を行っている。生涯発達心理学では、胎児期から老年期まで、人はどのように変容していくのか、何が人の発達において重要な要因なのかを、学問的に確立された知識を体系的に提示する。さらに日常の場面（実生活）や社会問題（実社会）に照らして解説することで、学生が自分の関心を掘り起こし、自分にとって意味のある知識として組み立て直すことができるように設計して

いる。

　課題では、科学的学術論文における定型的文章構成に基づく「序論」のみを執筆させる。序論に限定する理由は2点ある。第一は、授業での時間配分である。1コマ100分間の専門科目であるから、指導は15〜20分程度に収める必要がある。課題を序論に絞り込むことで、時間を短縮し、専門科目に連動した指導ができる。それは、第二の理由と関連する。序論は、論文の全体像を俯瞰する役割を果たす。学生それぞれが自らの問題関心をどう深めていくのか、テーマの設定において試行錯誤し、収集した情報の信憑性を判断する探究のプロセスと、論理展開の型を学ばせることを凝縮して指導することができるからである。

　では、その授業デザインと序論課題について見ていこう[3]。分析対象としたのは、2020年秋開講「生涯発達心理学」で、週1コマ100分間、全14回オンラインで実施された。履修者数は70名（1年27名、2年28名、3年9名、4年6名）であった。課題は「生涯発達心理学の授業内容を現代社会の問題に照らし、自らテーマを設定し、資料を調べ、序論の6つの要素（表7-5）とフォーマット（図7-2）を用い、論文、新聞、省庁HPから3点以上を引用し、文献リストも含め1,500〜2,000字程度で作成しなさい」で、授業外学習とした。なお、コロナ禍で図書の貸出が困難であったことから書籍は必須の引用文献としていない。教材一覧（表7-3）、講義内容・授業外学習・指導内容（表7-7）を示した。授業の前半は講義で、後半は課題の説明、学生同士のピアレビューはZoomのブレイクアウトセッションで行い、教師によるフィードバックは、生涯発達心理学の観点から、提出物数例を提示し、優れている点と修正すべき点を批判的に解説した。

4.2　探究学習のためのライティング・ルーブリックによる序論課題の評価

　表7-7の10回と12回にあるように、序論課題は2回課されている。序論1回目の提出後、ピアレビューや教員からのフィードバックをもとに2回目が提出された。ここでは、1回目と2回目における評価の変化について考える。

　序論の六つの要素と、四つの探究プロセス［①課題の設定、②情報の収集、③整理・分析、④まとめ・表現］を融合し、探究学習のためのライティング・ルーブリック（表7-8）を開発した。これは、探究学習［テーマの提示］

表7-3 教材一覧

テキスト『思考を鍛えるレポート・論文作成法[第3版]』（井下 2019）
データベースを使って情報検索するワークシート（**表7-4**）
序論の6つの要素（**表7-5**）、序論のフォーマット（**図7-2**）
自己点検評価シート（**表7-6**）；執筆前と後に自分でチェックする項目

表7-4　データベースの検索課題の事例

テーマ：（女性のライフコース観の変化と少子化問題）

データベースの名称	検索キーワード（2〜3個）	調べた情報の**著者名、題名、雑誌名、巻、ページ、出版年**・**内容の要点**を簡潔に記録しよう（記入にあたり、井下［2019］p.137, 109, 110 を参照）
新聞 聞蔵Ⅱ	仕事 少子化	朝日新聞（2020）11月7日付朝刊「（耕論）「産めよ増やせよ」の圧　赤川学さん、杉田菜穂さん、柳沢伯夫さん」 夫婦が持つ子どもの数の平均はそれほど下がっていない。 少子化の主な原因は非婚の人が増えたからだと考えられる。
論文 Google Scholar	少子化 女性 ライフコース	柏木恵子・永久ひさ子（1999）「女性における子どもの価値─今, なぜ子を産むか─」『教育心理学研究』47(2), pp.170–179（https://www.jstage.jst.go.jp/article/jjep1953/47/2/47_170/_pdf/-char/ja）（2020年11月6日閲覧） 職業志向的なキャリアプランを持つ女性は、結婚相手から仕事への理解や協力が得られることを重視する。
		中井美樹（2000）「若者の性役割観の構造とライフコース観および結婚観」『立命館産業社会論集』36(3), pp.117–127（http://www.ritsumei.ac.jp/ss/sansharonshu/assets/file/2000/36-3_nakai.pdf）（2020年11月6日閲覧） 子どもがもたらす価値はどの世代においても高く、精神的価値あるものとされている。職のある若い世代は自身の成長や経験上の価値に子育ての重きを置き、マイナス要因を低減する条件を検討して産むか決定する傾向が強い。夫の子育てへの態度で子どもへの否定的な感情が低下する。
省庁HP 厚生労働省	ライフコース 少子化	厚生労働省（1999）「Ⅱ 女性のライフコースと再就職」『平成10年度版　働く女性の実情』（https://www.mhlw.go.jp/www2/info/hakusyo/josei/990126/990126_04_j_gaiyou2.html）（2020年11月6日閲覧） 日本の女性は出産後も仕事と子育てを「両立」するライフコースを理想とするものが増加しているが、実際は「再就職」するライフコースを選ぶものが多い。現状は再就職希望の女性に応えられておらず、少子化の要因になっている。

注：データベース検索のワークシートのフォーマットは、井下（2020：125, 127）を参照

表 7-5　序論の 6 つの要素

①	テーマの提示
②	先行研究の紹介
③	先行研究の批判的検討 （問題を指摘する）
④	仮説の提示 （問いを立てる）
⑤	目的
⑥	研究方法 （研究の予告）

```
            仮の題名＿＿＿＿＿＿＿＿＿＿＿＿＿＿＿＿＿＿＿＿＿

    キーワード：＿＿＿＿＿＿＿＿＿＿＿＿＿＿＿＿＿＿＿＿＿


    1．はじめに
    ①（近年，）＿＿＿＿＿＿について＿＿＿＿＿＿＿＿＿が問題になっている。
    ②＿＿＿＿＿＿については様々な立場から多様な意見がある。著者名（出版年）によれば，
      ＿＿＿＿＿＿が明らかとなった。著者名（出版年）は，＿＿＿＿＿＿と指摘している。
    ③しかし，＿＿＿＿＿＿＿＿＿＿＿＿＿については明らかにされていない。
    ④＿＿＿＿＿＿＿＿＿＿＿＿について検討する必要があるのではないか。
    ⑤そこで，このレポートでは，＿＿＿について＿＿＿を明らかにすることを目的とする。
    ⑥まず，＿＿＿＿次に，＿＿＿＿さらに，＿＿＿＿について検討する。
    引用文献
```

出典：井下（2019：86-87）

図 7-2　序論のフォーマット

表 7-6　自己点検評価シート

	評価項目／評価基準	レベル 3		評価項目／評価基準	レベル 3
は じ め に ／ 序 論	**研究テーマの提示** 独創的なテーマを、問題背景を示し説得的に説明している	独創的なテーマを、問題背景を説明して説得的に述べている	形 式 ／ 表 現	**題名** 主題、目的、方法などのキーワードで構成された要約とする	レポート内容の的確な要約となっており、表現も説得力がある
	先行研究の紹介 先行研究を十分に調べ、多様な見解を紹介し、研究の到達点を示している	信頼できる資料を網羅的に調べ、多様な見解を示している		**見出し** 内容が的確で、章や節立ては論理の階層構造がわかる	論理の流れが読める明確な内容かつ階層的な見出しとなっている
	先行研究の批判的検討　資料を調べ批判的に検討し問題点を指摘している	批判的に検討し、これまでに解決されていないことを指摘している		**パラグラフ** 冒頭で 1 文字空ける。接続表現を用いて連結を図る	適切な接続表現を用いて、パラグラフ内もパラグラフ間も連結している
	仮説の提示 資料を批判的に検討し、仮説を導き出している	論証可能な具体的な仮説を立てている		**引用の仕方** 執筆者名字と出版年または肩番号を明確に示している	引用の形式を踏み文脈の中で適切な解釈を述べている
	目的 目的を明示している	先行研究の批判して目的を示している		引用文献リスト	正しいルールで、統一されている
	方法、研究の予告 方法を明示し、研究の予告をしている	方法を示し、研究の予告をして、全体像を述べている		正しい文法の文 わかりやすい文章	正しい文法の文で明確な文章である

注：レベル 2、1、0 と、改善点などを記入する欄を省略した

出典：井下（2019：158-159）

表 7-7　講義内容・授業外学習・指導内容

回	授業内容　全 14 回	教員による説明・フィードバック（FB）学生間のピアレビュー
		授業外学習（①〜⑦）全 7 回
1	授業のねらいと方針、生涯発達心理学とは	なぜ心理学の授業で序論執筆（課題）を課すのか、意義を説明する
2	発達の生物学的基礎	①〜③　テキストを読み、ワークに回答する・大学で書くことの意味、批判的検討、引用、剽窃
3	ライフコース研究と現代社会が抱える問題	・読む力を鍛える（概略的読み／構造的読み／批判的読み）
4	胎児期：母性の発達，出生前診断	・情報検索：論文・新聞のデータベース、文科省／厚労省 HP
5	乳児期：愛着の発達	①〜③について毎回 FB ／データベースの使い方の説明
6	幼児期：知的能力の発達	④テーマ設定し、データベースで調べて読み込み、要点を記入（**表 7-4**）
7	児童期：学校生活での発達	④のピアレビューと FB、序論の事例を批判的に解説
8	青年期：アイデンティティの発達	⑤テーマ設定し、データベースで調べ、読み込み、要点を記入（**表 7-4**）
9	青年期：現実自己と理想自己	⑤のピアレビューと FB、序論の事例を批判的に解説
10	中年期：人生の正午と危機	⑥フォーマットを使い、資料を引用し、自己点検評価シートで要点を確認し、序論の見本例を参照して、**序論 1** を書く（**表 7-5、図 7-2、表 7-6**）
11	老年期：生理的老化と自我の統合	⑥のピアレビュー、良い点と改善点を心理学の観点から FB、自己点検評価シートに記入（**表 7-6**）
12	ターミナル期：死の受容とライフレビュー	⑦ FB を基に⑥を推敲、資料を吟味し、**序論 2** を書く
13	試験に向けた総復習	⑦のピアレビューと FB、自己点検評価シートに改善点を記入（**表 7-6**）
14	選択肢試験	授業での学びと序論課題についての自由記述による振り返り

［情報の収集・整理・分析］、批判的思考［異なる意見の批判］［仮説（問い）を立てる］、論理的表現［論理的整合性］［文章表現・形式］の三つの評価項目とそれぞれ二つずつの六つの観点、そして 0 〜 3 点の 4 段階の評価レベルで構成される。この探究学習のためのライティング・ルーブリックを用いて、学生が提出した序論課題を本章の第一著者と第二著者の 2 者で評定したところ、評定の一致率は 75.0 〜 85.9 ％であった。両者の評価のズレについては、両者で評価の判断基準を検討したうえで最終的な評価とした。その結果、すべての項目において、序論 1 回目から序論 2 回目にかけて評価に有意な上昇がみられた（**表 7-9**）。すなわち、ピアレビューと教員からのフィードバックの二つの要因の影響を切り離せてはいないものの、序論課題の改善に効果があったと言える。

　ここで重要なのは、「書くこと」そのものに加えて、書かれたものに検討を加えもう一度書くプロセス、すなわち 2 回目の提出を課していることである。大学のレポートでは学期末に数千字あるいは字数制限なし（本書第 6 章 **表 6-11**）などの課題が課されている。もちろん、レポートを書くための思考プロセスは重要ではあるが、最終的な成績評価からは、どこに問題があったのか、学習者自身には具体的に見えない場合もある。この「検討を加え書き直す」というプロセスが欠如していることが、3 年生や 4 年生になっても、問題を客観的かつ複眼的に整理し、論理的整合性のある文章の作成に難を来す学生が多々見受けられる一因ではないかと考えられる。一方、本調査では「異なる意見の批判」「仮説（問い）を立てる」においては改善がみられたものの、序論 2 の評価得点であっても、平均値はそれぞれ 1.61、1.39 であり、中央値が 1.5 であることから、「批判的思考」については、一授業科目内の指導のみでは難しい側面がある（柴原・井下・小山 2021）。

　そもそもこの評価項目は、序論 1 の段階で低いレベルにあった。高校までの教科学習では、教科書に書かれていることはすべて正しいことであり、そこに疑問を持つ余地がないように扱われている。以下の議論については、改めて検討する必要があるが、大学教育の現場にいる者としては、学生の中にある「二元論的思考」の強さを感じている。「これは正解か不正解か」「A なのか B なのか」といった思考である。「これはどのような場合に言えることなのか」「そのように主張するためには何が欠けているのか」といった、グレーゾーンの中で思考する態度が身についていないのではないかと思われる。

表 7-8　探究学習のためのライティング・ルーブリック

評価項目	評価の観点	レベル3	レベル2	レベル1	0
探究学習	**テーマの提示** 課題に基づき、創造的・独創的なテーマを探究し、問題背景に位置づけ説明しているか	課題に基づき、創造的・独創的なテーマを探究し、問題背景に位置づけ、説得的に述べている	課題に沿った、適切なテーマを見出し、問題背景をある程度説明している	テーマらしきものを示しているが、課題の理解は不十分	示していない
	情報の収集・整理・分析 多様な情報を収集・整理・分析する探究のプロセスを経ることで、テーマを導き出し、明瞭に示しているか	多くの情報を収集・整理・分析する探究のプロセスを経て、テーマを導出し、明瞭に述べている	ある程度の情報を収集・整理し、テーマについて述べているが分析力、説得力、具体性に欠ける	情報が整理されておらず、目的と方法らしきものを示しているが説明不十分	示していない
批判的思考	**異なる意見の批判** 目的を想定し、それとは異なる意見を提示し、批判的に分析しているか	目的を想定し、それとは異なる意見を批判的に検討し、問題点を明確に指摘している	目的を想定し、それとは異なる意見を批判しようとしているが、問題の指摘が弱い	目的とは異なる意見とはいえないものを羅列している	示していない
	仮説（問い）を立てる 異なる意見の問題点を指摘した上で、仮説（問い）を立て、目的につなげているか	問題点を批判的に検討し、論証可能で具体的な仮説（問い）を立て、目的につなげている	仮説（問い）を立てているが、批判的な分析との関連性が不十分で唐突である	仮説（問い）仮説らしきものを立てているがあいまいで論証は難しい	示していない
論理的表現	**論理的整合性** 題名、テーマ、仮説、目的、方法が、文章全体において首尾一貫し、論理的整合性が取れているか	題名と文章全体が首尾一貫し、論理的整合性が取れ、説得力があり、目的が明瞭である	題名と文章全体において、やや論理的整合性に欠け、より明確化する必要がある	題名や文章全体に一貫性がなく、論理的に説明されていない	示していない
	文章表現・形式 パラグラフライティング、接続・文末表現、文法や引用などのルールが正しい。かつ課題に則った形式で書かれているか	パラグラフライティング、接続・文末表現、文法や引用などのルールは正しく、課題の形式に沿って書かれている	パラグラフライティング、接続・文末表現、文法や引用などのルール、課題の形式に一部修正すべき点がある	パラグラフライティング、接続・文末表現、文法や引用などのルール、課題の形式で修正すべき点がかなり多い	示していない

注：序論は、探究学習（6点）、批判的思考（6点）、論理的表現（6点）、合計18点満点で採点する。項目［テーマの提示］［情報の収集・整理・分析］［異なる意見の批判］［仮説（問い）を立てる］［論理的整合性］［文章表現・形式］は各3点である

出典：井下・柴原・小山（2021：41）を一部改変

表7-9　ルーブリックによる序論の評価の変化

N=59	序論1		序論2		t-value
	mean	SD	mean	SD	
テーマの提示	1.95	.541	2.14	.571	2.88**
情報収集	1.88	.458	1.98	.541	2.19**
批判	1.39	.588	1.61	.670	4.05***
仮説	1.29	.527	1.39	.616	2.19*
論理	1.54	.536	1.80	.610	4.45**
文章表現	1.88	.646	2.02	.707	2.40*

注：* : p<.05,　** : p<.01,　*** : p<.001
出典：柴原・井下・小山（2021）の表3を修正した

4.3　ウェブ調査による学習意識・行動を踏まえた相関分析

　序論1と序論2の提出後、どの程度難しかったかをウェブ調査で5件法で問うたところ、履修者70名中56名から有効な回答を得た。ほとんどの項目で有意差がみられ、難しさの程度が低下していた（**表7-10**）。このことは、テキストによる学習の効果に加え、学生同士のピアレビューや教員によるフィードバックが有効であったと考えられる。一方で、序論2において「引用明示」を除いては、中央値である3を超えており、難しいとする認識はある程度は緩和されたものの、それでも総じて「容易でない」と捉えていることは、すなわち、序論課題は学生にとって「学ぶ意味」があったとも解釈できる。

　この調査では、A：テキストを用いた指導の有効性（14問）、B：序論の執筆と授業理解（12問）について各5件法で質問している。Aは「序論（はじめに）の執筆課題において、テキストを用いた指導は役に立ったと思いますか、あてはまる回答を1つ選んでください」という質問文であり、Bは「序論を執筆する課題と指導により、生涯発達心理学の授業内容を深く理解する（探究する）ことができたと思うか。あてはまる回答を1つ選んでください」という質問文である。AとBについてそれぞれ探索的に因子分析（主因子法、プロマックス回転）を行った結果、Aについては三つの因子が、Bについては二つの因子が抽出された（**表7-11、表7-12**）。Aの各因子は、（テキスト指導有効性）論文基礎作法、（テキスト指導有効性）序論練習、（テキスト指導有

表 7-10　序論提出後における主観的な難易度の変化

N=59	序論 1		序論 2		t-value
	mean	SD	mean	SD	
テーマの提示	3.79	.967	3.48	1.112	3.08**
先行研究検索	3.77	1.112	3.52	1.144	2.43*
先行研究批判	4.09	.996	3.77	1.144	3.25**
問いを立てる	4.04	1.026	3.75	1.083	3.60**
研究目的明示	3.80	.980	3.66	1.133	2.06*
研究方法明示	4.02	.904	3.88	.974	1.93
引用明示	3.20	1.151	2.98	1.228	2.36*
適切な題名	3.86	1.034	3.63	1.088	3.45**
自分の言葉	3.77	1.112	3.57	1.110	2.39*
論理的説明	4.04	.903	3.95	.999	1.23

注：* : p<.05, ** : p<.01

表 7-11　テキスト指導の有効性に関する因子分析

質問項目	論文基礎作法 Cronbach's α =0.894 因子負荷量	序論練習 Cronbach's α =0.877 因子負荷量	自己点検 Cronbach's α =0.892 因子負荷量
Q1_9.　用途に応じたデータベースの使い方の説明と検索課題は役立った	.993	− .127	− .072
Q1_11.　引用は、自分の主張を説得的に示すために必須だとする説明は役立った	.950	− .062	− .001
Q1_10.　なぜ、引用する必要があるかを学んだことは役立った	.767	− .066	.044
Q1_2.　序論の構成要素を学んだことは、文献を読んで内容を理解するのに役立った	.546	.375	− .001
Q1_12.　引用の仕方、引用文献リストの示し方を学んだことは役立った	.531	.122	.150
Q1_5.　序論を書く練習は、論理的に思考を組み立てるのに役立った	− .215	1.009	− .089
Q1_7.　序論の事例を数例提示し、解説したことは執筆に役に立った	− .038	.808	− .008
Q1_4.　序論のフォーマットは、何をどう書くか、形式と表現の理解に役立った	.292	.674	− .134
Q1_3.　序論の構成要素を学んだことは、先行研究を批判的に検討することに役立った	.056	.522	.148
Q1_1.　序論を6つの構成要素に分類して解説したことは、執筆に役立った	.082	.502	.354
Q1_8.　序論の書き方は、他のレポート課題にも応用可能で役に立つ	.093	.433	.204
Q1_15.　自己点検評価シートは、他のレポート課題に応用可能で役立つ	− .041	− .132	1.091
Q1_14.　自己点検評価シートは、執筆項目・執筆内容・評価基準を具体的に理解することに役に立った	.033	− .086	.913
Q1_6.　序論の書き方は、レポートの全体像を把握するのに役立った	.004	.223	.553
Q1_13.　よい題名の付け方について、例を提示して説明したことは役立った	− .015	.351	.520
因子相関行列			
論文基礎作法	1.000	.648	.555
序論練習	.648	1.000	.685
自己点検	.555	.685	1.000

注 1：主因子法、プロマックス回転による
注 2：N=56
出典：小山・井下・柴原（2021）の表 1 を引用した

表7-12　序論の執筆と授業理解の因子分析

質問項目	論理性習得 Cronbach's α=0.904 因子負荷量	メタ認知的学習 Cronbach's α=0.880 因子負荷量
Q2_11.　自分の考えを、論理的に表現できるようになった	1.115	−.217
Q2_10.　自分の考えを、自分の言葉で表現できるようになった	.984	−.147
Q2_12.　専門的なデータベースによる検索法を学び、理解が深まった	.618	.159
Q2_2.　授業内容を現実の事象に照らして、深く考えることができた	.536	.344
Q2_3.　授業を聞くだけでなく、文献を調べ、論証する経験ができた	.513	.275
Q2_7.　検索の宿題に、生涯発達心理学の観点からフィードバックしたことは、何をどう調べ、内容を深めればよいか理解することに役立った	−.135	.851
Q2_6.　授業でのフィードバックで、他の学生の関心と執筆ポイントが理解できた	−.162	.746
Q2_4.　授業内容のキーワード一覧によって、テーマ設定の際に、多面的に考えることができた	−.048	.700
Q2_8.　ブレイクアウトセッションでのピアレビューで自分を客観的に評価できた	.208	.669
Q2_1.　知識の習得だけでなく、自分の問題意識を発展させることができた	.303	.580
Q2_9.　ピアレビューやフィードバック後に、序論の2回目を提出することで学びが深まった	.243	.547
Q2_5.　学生が書いた序論の事例を見て、自分も書けると動機づけになった	.244	.500
因子相関行列		
論理性習得	1.000	.669
メタ認知的学習	.669	1.000

注1：主因子法、プロマックス回転による

注2：N=56

出典：小山・井下・柴原（2021）の表2を修正した

表7-13　提出物の評価点（差分）とウェブ調査における変数の相関係数

	（序論2—序論1） 評価点（総合）
（テキスト指導有効性）論文基礎作法	.219
N	54
（テキスト指導有効性）序論練習	.278 *
N	54
（テキスト指導有効性）自己点検	.253 +
N	54
（序論執筆・授業理解）論理性習得	.063
N	54
（序論執筆・授業理解）メタ認知的学習	.240 +
N	54

注：＋：p<.10、*：p<.05

出典：小山・井下・柴原（2021）の表4を引用した

効性）自己点検と呼称した。Bの各因子は、（序論執筆・授業理解）論理性習得、（序論執筆・授業理解）メタ認知的学習と呼称した。

　表7-13 は、序論 2 回目から序論 1 回目の評価点（総合）の差分と各因子（因子得点）との相関係数をまとめたものである。それによれば、（序論 2 ― 序論 1）評価点（総合）と（テキスト指導有効性）序論練習との間には有意な正の関連があることがわかる。すなわち、序論の 2 回の執筆間におけるライティング能力の向上に対して、テキストである井下（2019）に基づいた指導が貢献した可能性が示唆された。

4.4　批判的に思考し、問いを立て、論理を展開するには

　探究学習のためのライティング・ルーブリック（表7-8）によって、序論 1 回目と序論 2 回目について直接評価を行ったところ、探究学習［テーマの提示］［情報の収集・整理・分析］と論理的表現［論理的整合性］［文章表現・形式］においては有意な上昇がみられたが、批判的思考［異なる意見の批判］［仮説（問い）を立てる］についてはわずかな上昇にとどまった。そこで、学生 3 名の序論（2 回目に提出したもの）を掲載し、学生はいかに［異なる意見を批判］し、［問い］を立て、論理を展開していたかをルーブリックの評定を参照しつつ検討する。

【学生A】　　　　　　　出生前診断の必要性とこれからの社会

キーワード：命、多様性、向き合い方

1. はじめに
①近年、妊娠中に実施される胎児の発育や異常の有無などを調べる出生前診断について妊婦の「ニーズ」や「自己決定の尊重」を全面に押し出すことで倫理的・社会的問題を不問に付そうとする流れがある。出生前診断については様々な立場から多様な意見がある。
②小川（2019）によると、「一部の人にとって、出生前診断はより大きな不都合を避けるために意義があり、必要とされるものと言えるだろう。しかし、それとて大きな葛藤を避けることはできない。不用意な出生前診断の利用は、思いがけない苦悩をもたらす恐れすらあるのである」という。……また、厚生労働省のホームページによると、「出生前検査で救われる命があるということは、出生前検査がないこと

で失われているということ。中絶の良し悪しの議論を続けるだけでなく、どのようにしたら思いやりのある出生前検査・胎児医療ができるのかを考えることが大切なのではないか」という。<u>様々な人の立場のことを考えた上で、出生前診断を行うべき</u>だということである。

③<u>一方で、稲垣（1990）によると、「胎児の悲惨な生の予防するために中絶するという考えを認めることはできない。その理由として苦悩というものも客観的な評価ができないし、胎児に対して同意が得られないまま一方的に命奪うのは、道徳的に妥当ではないからである。……社会全体の利益のため、遺伝性疾患を予防し撲滅しようという公衆衛生の理念は理解できるが、それによって、一部のものは生産性を持たず、社会にとっての価値のない、あるいはマイナスとなる者だとされ、排除れることは認められない。</u>社会の質を高めるためには、最大限の人々の人権を護り、責任をとってゆく、福祉の基本的な姿勢を貫くべきであり、もちろん障害を持った胎児をはじめ、遺伝病者や保因者も例外でない」としており、<u>そもそも出生前診断を行うことの意味を問うている。</u>

④<u>果たして出生前診断は誰のためであるのか。</u>⑤そこで、本研究では、<u>出生前診断の必要性について検証することを目的とし、</u>⑥<u>出生前診断の問題点に注目し、またどのような社会になっていくべきか</u>を検討する。

引用文献
稲垣貴彦.（1990）. 出生前診断の倫理的課題，保健医療社会学論集，1, 38-49.
厚生労働省「みんなで話そう 新型出生前診断は誰のため？」緊急シンポジウムの記録　東京集会実行委員会編集，19. http://www.mhlw.go.jp/content/11908000/0006524 43.pdf（閲覧日：2020/11/30）
小川昌宣.（2019）. 最近の出生前診断の変化と多様化する倫理的課題. 小児耳鼻咽喉科，40(3), 177-182.

（全 1,428 文字の原稿の一部を省略、下線は筆者によるもので要点を示した）

学生 A は、出生前診断の倫理的社会的問題を取り上げ、検査によって救われる命がある一方で、遺伝的疾患を排除し、胎児の命を奪うことは道徳的に妥当ではないとして「出生前診断は誰のためのものか」と問いを立てている。問題背景をある程度説明し、異なる意見を批判的に検討しているが、直接引用の羅列で、漠然とした問いであり、目的と方法は具体性に欠けることから、ルーブリックの評定は、6 項目すべてレベル 2 であった。

【学生 B】　出生前診断の是非と障がい者の社会的受容について

キーワード：出生前診断、障がい児家庭、意識調査、社会福祉

1.　はじめに
　①近年、胎児の染色体異常などを調べる出生前診断の国内実施件数が増加している。
毎日新聞 2018 年 12 月 18 日付けによると、国立生育医療センターなどの調査により、
2006 年から 2016 年の間で出生前診断の国内実施件数が 2.4 倍に急増している……35
歳以上の高年妊婦に限れば 4 分の 1 が受けている。なぜこのような傾向にあるので
あろうか。
　②江尻ら（2013）は、障がい児家庭における経済状況についての調査を行った。
……さらに、飯島ら（2005）は、在宅重症心身障がい児のいる家族は…不安が大き
いことや専門医療機関が少ないといった問題を……また、内閣府（2017）が実施し
た「障がい者に関する世論調査」では……こうした調査結果を見ると、障がい児家
庭における経済状況は健常者家庭に比べて悪いことや、介護面において様々な問題
を抱えていること、多くの人が障害者に対する差別や偏見があると捉えていること
がわかる。
　③しかし、障がい児を迎えることに否定的な人ばかりではない。若松ら（2017）
の教育学部生を中心とした大学生の出生前診断に対する意識調査によると、陽性の
診断結果が出た場合「産む」と答えた教育系学科生は 64.2% と以前の他の学科を対
象とした研究に比べると高い割合であった。また、この研究の対象となった教育学
部生の 96.2% が障がいのある人と関わったことがあり、75.0% が障がい者支援ボラ
ンティアに参加した経験を持っていた。……健常者が障がいのある人と関わりを持
つことが重要であることがわかる。
　④以上のことから、より多くの人が障がいを持って生まれてきた人たちと接点を
持つようになれば、出生前診断に対する捉え方が変わるのではないのであろうか。
また、障がい者が生きやすいような社会を形成すれば、誰もが安心して子供を育て
ることができるようになり、出生前診断の必要性そのものがなくなるのではないの
だろうか。
　⑤そこで、本レポートでは、どのように日本における障がい者に対する支援策を
充実させれば良いのか、また、健常者の障がい者に対する理解を深めるにはどうす
れば良いのかを明らかにすることを目的とし、⑥北欧などの障がい者に対する支援
策が充実している国の施策と日本の施策を比較しながら、障がい者の人々が生きや
すい社会を形成する方法について検討する。

引用文献
毎日新聞社（2018）12 月 18 日付け朝刊「出生前診断、10 年で 2.4 倍　35 歳以上で 25%
　　16 年 7 万件」（https://mainichi.jp/articles/20181227/k00/00m/040/275000c）（2020/11/

　30 閲覧）

江尻桂子・松澤明美（2013）「障害児を育てる家族における母親の就労の制約と経済
　　的困難―障害児の母親を対象とした質問調査」『茨城キリスト教大学紀要』47,
　　153-167.

飯島久美子他（2005）「在宅重症心身障害児のいる家族が地域生活において抱える問
　　題」『小児保健研究』第 64 巻第 2 号 pp.336-344

若松昭彦・下竹亜里沙（2017）「教育学部生を中心とした大学生の出生前診断に対す
　　る意識調査」広島大学大学院教育学研究科紀要』66, 79-85.

内閣府（2017）「障害者に関する世論調査」(https://survey.gov-online.go.jp/h29/h29-shougai/
　　index.html)（2020/12/15 閲覧）

　　　　　（全 1,790 文字の原稿の一部を省略、下線は筆者によるもので要点を示した）

　学生 B は、出生前診断の実施件数の増加を示しているが、診断そのもの
の説明はなく、肯定する意見と否定する意見を取り上げて論じることがない
まま「障がい者が生きやすい社会を形成すれば、出生前診断の必要性はなく
なるのではないか」と問いを立てている。出生前診断の意識調査など情報を
収集しているものの、論点が障がい者の社会的受容に一気に飛躍し、目的と
方法に障がい者支援策を挙げていることから、出生前診断との論理的整合性
は十分とは言えず、ルーブリックの評定 6 項目はすべてレベル 2 であった。

【学生 C】　　ライフコースと結婚観の変化による少子化問題
　　　　　　　　　―結婚支援事業の観点から―

キーワード：ライフコース、結婚観、変化、少子化、結婚支援事業

1.　はじめに

　①現在、少子化による将来的な労働力の減少が問題となっている。日経速報ニュ
ースアーカイブ（2020）によると、……合計特殊出生率は 1.36 となり……朝日新聞
2020 年 6 月 6 日付けによると、……統計がある 1899 年以降で最少となっている。
　　②少子化には、女性のライフコースの変化が要因にあると考えられる。厚生労働
省（1999）は出生率低下の主な要因として晩婚化の進行……結婚に関する意識の変
化と、仕事と子育ての両立の負担感が増大……中井（2000）は……職業志向的なキ
ャリアプランを持つ女性は、結婚相手から仕事への理解や協力が得られることを重
視する……仕事への理解や協力を相手に求める理想と現実にギャップがある限り晩
婚化は解消しないと指摘している。また、結婚意欲について国立社会保障・人口問

題研究所（2010）が……結婚しようと考えている未婚者の割合は9割弱で推移しており、決して低いわけではない……経済的に自立したいと考えるライフコース観を持った人が多く……晩婚・未婚が増えたことが、少子化が進む要因と考えられる。以上の先行研究から、若者に対し出会いの場の提供や金銭的な援助といった結婚支援を行い、未婚率を減らすことが少子化問題を改善する1つの有効な策だと考えられる。

③しかし、現在行政などで行われている結婚支援の活動はあまり普及していない。財務省（2018）によると、地域少子化対策強化事業の効果について事業を実施していた市町村に調査したところ、……ほとんどが「事業を知らない」と回答しており、結婚への後押し効果は薄いと言わざるを得ないと述べている。

④支援活動が若者にとって身近ではなく、あまり利用されていないのではないだろうか。また、知っていても利用できない、しにくいという意識があるのではないだろうか。

⑤そこで本レポートでは、結婚支援事業の普及を目指し、事業を活用してもらうための方策を検討することを目的とする。⑥方法として、男女問わずいずれ結婚したいと考える未婚者を対象に、結婚支援事業の利用についてアンケートを実施し、よりニーズに合った支援制度や方法を検討する。

引用文献

朝日新聞（2020）6月6日付朝刊「昨年出生率1.36、大幅下落　出生数は最少86.5万人　人口動態統計」

国立社会保障・人口問題研究所（2010）「第14回出生動向基本調査　結婚と出産に関する全国調査　独身者調査の結果」（https://www.mhlw.go.jp/stf/shingi/2r9852000001wmnj-att/2r9852000001wmt0.pdf）（2020年11月28日閲覧）

厚生労働省（1999）「少子化対策推進基本方針について　少子化対策推進基本方針（要　旨）」（https://www.mhlw.go.jp/www1/topics/syousika/tp0816-2_18.html）（2020年11月25日閲覧）

中野美樹（2000）「若者の性役割観の構造とライフコース観および結婚観」『立命館産業社会論集』36(3), pp.117-127

日経速報ニュースアーカイブ（2020）「19年の出生率1.36、12年ぶり低水準　少子化加速」（https://www.nikkei.com/article/DGXMZO60014450V00C20A6MM8000/）（2020年12月8日閲覧）.

財務省（2018）「予算執行調査資料　総括調査票　地域少子化対策強化事業」（https://www.mof.go.jp/budget/topics/budget_execution_audit/fy2018/sy3007/03.pdf）（2020年12月11日閲覧）

（全1,823文字の原稿の一部を省略、下線は筆者によるもので要点を示した）

しかし、学生AとBの評定が他の学生に比べて低いわけでない。批判的思考がレベル3の学生は、探究学習と論理的表現でもレベル3で、序論2回目提出59名中4名であった。学生Cはレベル3である。Cは、「ライフコースの多様化による少子化問題」を取り上げ、論文、厚生労働省、財務省、人口問題研究所などの情報を広く収集し、結婚や出産が容易でない現状を批判的に検討して問いを立て、地域社会での結婚支援事業の普及に向けた独創的な施策を提案している。論点を明示する題名をつけ、全体を通して論理的整合性が取れ、説得力がある。すなわち、的を射た論点を示し、的確な情報に基づく批判がなされれば、自ずと問いは明瞭となり、目的と方法を論理的に表現できる。探究学習・批判的思考力・論理的表現力を連関させた段階的な指導が、情報を統合し論理を展開して書く力につながっている。

4.5　序論課題の振り返りにみる探究学習での学生の学び

　授業の振り返りを自由記述で回答させた。「出生前診断」「ライフコースの多様化」「高齢期の心理臨床的援助」に関するテーマが多く、その中から代表例を**表7-14**にまとめた。学生AとCは前節で取り上げた学生である。ウェブ調査で抽出された因子と照らし合わせて回答を読み解いていく。

　テキストを用いた指導の有効性から抽出された因子**論文基礎作法**では［レポート作成が苦手だったが、資料の収集やレポート作成の手順を知ることができた］［参考にする資料が違えば、論文の方向性も変わってくることを学んだ］、因子**序論練習**では［先にデータベース課題があったから序論が書けた］、［序論の書き方の型を順番に学んでいくことにより、何をすれば良いか知れた］、因子**自己点検**では［自己評価することで問題点や課題がわかった］［毎回課題を出され、問題点を見つけていく必要があった］があった。序論の執筆と授業理解から抽出された因子**論理性習得**では［物事を段階的に考えることを意識する機会は少なく、それを何度もやることはなおさら少ない。段階的に学ぶ、段階的に考える大切さを学んだ］［批判的検討の際に自身の意見に気をとられないために、客観的な資料を集めることで論理的視点を獲得した］があった。また、因子**メタ認知的学習**では［重要なのは自分で問題点を探し、書きたいテーマに真摯に向き合う］［自由な選択ができるからこそ、自分の生き方と向き合うことが困難になっている］［どんな選択が自分にとって最善なのか］［人の命の重さ、社会の在り方など様々なことを考え

表 7-14　序論課題の振り返り

抽出の根拠：テーマ設定の多かった「出生前診断」「ライフコースの多様化」「高齢期の心理臨床的援助」から代表例を選択した

設問	問1：生涯発達心理学の授業で、6つの要素に基づく序論を書いた経験は、自分にとってどのような意味がありましたか。 問2：データベースに関する説明と課題で、生涯発達心理学の授業として必要だと思ったことは何ですか。なぜ必要なのかの根拠も述べてください。 問3：生涯発達心理学の授業を通して、深く学んだと思うことを、具体例をあげて述べてください。

【学生A】序論の題名：出生前診断の必要性とこれからの社会	
問1	私はレポート作成が苦手でした。レポートの書き方や資料の探し方等が分からなかったからです。今回の序論作成では資料の収集や序論の書き方の型までを順番に学んでいくことにより、レポート作成の手順を知ることができたこと、自分の書いた序論を自己評価することで問題点や課題が分かり、何を改善すれば良いがわかりました。
問2	宿題で何度も出しましたが、参考にする資料が違えば、論文の方向性も変わってくることを学びました。この授業を受けるまでデータベースを使いこなせていませんでした。様々なデータを読み込んで信頼性はあるのかを見極めることが大切だと思います。
問3	出生前診断には、様々な人のいろいろな角度からの意見がありました。「この人はこういう考えをするのか」と多様な意見に触れたことが、自分の力になりました。人の命の重さ、社会の在り方など様々なことを考え、深く考える経験をしました。

【学生C】序論の題名：女性のライフコース観の変化と少子化問題―結婚支援事業の観点から―	
問1	物事を段階的に考えることを意識する機会は少なく、それを何度もやることはなおさら少ない。先にデータベースの課題があったから書けたが、いきなり序論を書くのはおそらく無理だった。段階的に学ぶ、段階的に考える大切さを学んだ。
問2	資料を集めることを通して、自ら問題点を見い出すことが必要だとわかった。データベースの課題は何度か提出の機会があり、毎回問題点を見つけていく必要があった。異なる面から考えたり、掘り下げたり、工夫をしながら進めなければ取り組めない課題だった。客観的な資料を集めることで論理的視点を獲得し、序論に活かすことができた。
問3	自由な選択ができるからこそ、自分の生き方と向き合うことが困難になっていると思う。結婚しない、子どもを産まないという考えが出生率低下、少子化の要因の1つになっている。どんな選択が自分にとって最善なのか、生き方を支援する取り組みについて考えた。

【学生D】題名：高齢者の介護問題と介護者（家族）の負担―理想モデルの構築	
問1	「論文を書け」と言われても、何から書き始めたら良いか分からず、悩んでいました。この授業を受講する前は論文の書き方の基礎自体を知りませんでした。はじめは書き方にとらわれていましたが、回数を重ねるごとに重要なのは自分で問題点を探し、書きたいテーマに関して真摯に向き合うことなのだということを知りました。

問2	生涯発達心理学は結婚、終末期、ライフコースなど現代社会の問題にマッチするトピックが多いと感じました。論文や新聞のデータベース、厚生労働省のホームページなど、様々な情報を用いることで、自分の主張に深みを持たせることができると実感しました。
問3	避けられない生理的老化を受け入れ、死の受容に関わる心理臨床的援助に関心を持ちました。様々な危機に対峙した際に、青年期までに形成された自己をもとに、それらの危機に立ち向かえるようなレジリエンスを身につけられるように意識していきたいと思います。

た］［避けられない生理的老化を受け入れ、死の受容に関わる心理臨床的援助に関心を持った］［危機に立ち向かえるようなレジリエンスを身につけられるように意識していきたい］などがあった。

　生涯発達心理学での序論課題において、自分と向き合うことで、論理的に思考すること、そのための書き方があること、徹底して調べる方法とその大切さを知ったことなど、書くことを通して自分の在り方生き方を省察していることが振り返りから確認できた。その他の振り返りには「レポートの正しい書き方をわかっていなかった。1年生からこの授業を受けていれば、留年しなかったのではないかとまで思った」というものもあり、序論課題を課すことで、初年次では定着しなかった基礎力習得につながったこともわかった。

5. 探究学習でのライティング指導と教養の涵養

　こうして、探究学習・思考力・表現力育成の観点から、「大学の学びを探究させる初年次ライティング」と「生涯発達心理学における序論課題」を捉えると、学生らは書き方の型を、思考を可視化する教材で学び、自分と向き合い、自分にとって意味があるように知識を再構造化していたことがわかる。幅広い知識を学び、情報を収集して判断する中でメタ認知的気づきを得て、自らの在り方生き方を問う深い"思考"へと鍛えられたのではないか。

　たとえば、渡邊（2020）は、「いかに書かせるか」は社会と教育のあるべき姿を描く市民教育に結びつくとし、論文の枠組みが論理を決め、思考の型へと導き、重要な情報とそうでないものを批判的に判別できるようになると述べている。さらに、「何のために」「何を根拠に」考えて書くかが明確にされてはじめて「書く教育」のグランド・デザインが描けるとし、21世紀に求められる教育は、自律した市民を作るための「自律的な思考の訓練」と

「人間とは何か」を問うていく教養の形成（渡邊 2022）にあると指摘している。

　本章では、初年次科目と専門科目での探究学習を企図した論述課題において、批判的思考力と論理的表現力を育成する段階的なライティング指導（足場づくり：序章**図 0-4**）が、学生の自己省察を促すことを示した。こうした事例が多様な科目と接続することで、教養を涵養する教育へとつながることを期待したい。

注

1 ）　金子（2007）はボイヤーの「拡張専門科目」（Enriched Major）を引きながら専門教育を通じた教養教育の必要性を説いている。カリキュラムに教養科目をいかに配置するかというより、専門科目全体を通じて、「教養」の形成の機能を持たせることが重要だという。そのためには、個々の授業のねらいや進め方、学生の学習の仕方を含めた総合的なデザインが必要になるとしている。本章では、専門科目に「教養」の形成の機能を持たせた教育を高度教養教育として教養教育に位置づけている。

2 ）　エリクソンのアイデンティティ発達理論を継承するマーシャは、アイデンティティの発達過程を危機と関与の二つの軸により、四つに分類した。アイデンティティ拡散、早期完了、モラトリアム、アイデンティティ達成である。詳しくは、井下（2019a：89-91）を参照されたい。

3 ）　生涯発達心理学の授業における序論課題は、序章**図 0-4** で示した「現代的な諸課題に対応する横断的・総合的な課題」（文部科学省 2019：87-90）に相当する。複雑な問題を抱える現代社会において、人生全体を見渡し、発達段階で生ずる心の葛藤や苦悩、その支援について取り上げる。少子高齢化、出生前診断、ライフコースの多様化と選択、家族のケア、終末期など、解が一つではない問題を扱う。

引用文献

堀一成・柿澤寿信・金泓槿・坂尻彰宏・進藤修一・吉本真代・和嶋雄一郎（2020）「高校探究学習科目におけるアカデミック・ライティング指導の高大接続の取組」『大学教育学会第 42 回大会発表要旨集録』198-199.

井下千以子（2013）「思考し表現する力を育む学士課程カリキュラムの構築—Writing Across the Curriculum を目指して—」関西地区 FD 連絡協議会・京都大学高等教育研究開発推進センター編『思考し表現する学生を育てる—ライティング指導のヒント』ミネルヴァ書房，10-30.

井下千以子（2019）『思考を鍛えるレポート・論文作成法【第 3 版】』慶應義塾大学出版会.

井下千以子（2020）『思考を鍛える大学の学び入門—論理的な考え方・書き方からキャリアデザインまで—【第 2 版】』慶應義塾大学出版会.

井下千以子（2022）「教員の多様性を活かした初年次教育のあり方—思考を深めるアクティブラーニングに向けて—」『初年次教育学会誌』14(1), 37-44.

井下千以子・柴原宜幸（2021）「論述課題と指導内容に関する高大接続の観点からの検討―中高一貫校の事例をもとに―」『大学教育学会誌』43(1), 23-27.

井下千以子・柴原宜幸・小山治（2021）「探究学習を企図した専門科目でのレポート指導が批判的思考力・論理的表現力に及ぼす効果―問題と目的―」『大学教育学会誌』43(1), 28-32.

金子元久（2007）『大学の教育力―何を教え、何を学ぶか―』ちくま新書.

近藤裕子（2022）「高大接続と専門科目・社会接続に向けたライティング教育」『大学・高等学校における文章表現教育の調査分析をもとにしたカリキュラム研究』30-33.

小山治・井下千以子・柴原宜幸（2021）「探究学習を企図した専門科目でのレポート指導が批判的思考力・論理的表現力に及ぼす効果―ウェブ調査による学習意識・行動を踏まえた相関分析―」「大学教育学会第43回大会発表資料」.

文部科学省（2019）『高等学校学習指導要領（平成30年告示）解説 総合的な探究の時間編』.

日本経済新聞（2020）「コロナ禍の大学―人生のヒントになる書籍」2020年5月20日付.

柴原宜幸・井下千以子・小山治（2021）「探究学習を企図した専門科目でのレポート指導が批判的思考力・論理的表現力に及ぼす効果―ライティング・ルーブリックに基づく評価とその変化―」「大学教育学会第43回大会発表資料」.

渡邊雅子（2020）「思考と表現を練磨するフランス語の『書く』教育―ディセルタシオン（フランス式小論文）に向けた段階的教育法―」細尾萌子・夏目達也・大場淳『フランスバカロレアにみる論述型大学入試に向けた思考力・表現力の育成』ミネルヴァ書房.

渡邊雅子（2022）「高大接続研究が見落としてきたもの―バカロレア試験にみる教育と社会のグランド・デザイン―」名古屋大学大学院教育発達研究科附属高大接続センター主催オンラインシンポジウム「高大接続研究の対象と方法」配布資料.

第8章　レポート課題を分類する

成瀬尚志

1.　はじめに

　大学で出されるレポート課題には様々なものがある。まず、大きく分けると、講義や演習などで出されるものと、初年次教育などで、レポートの書き方自体を学ぶための授業で出されるものとに分類できる。この二つの違いは、前者が何らかのコンテンツとしての授業内容があり、そのコンテンツに対する理解度を確認するために出されるのに対し、後者はとくにそうしたコンテンツがないという点である。また、講義科目でのレポート課題に関しても、具体的な論題（「〜について説明せよ」などの教員からの指示文）は教員ごとに大きく異なる。

　こうした多様なレポート課題[1]が同じく「レポート」と呼ばれることで、教員のねらいがうまく学生に伝わらないという問題があることはすでに指摘されている（渡辺 2017；大島 2019）。こうした問題を解消することに加え、実際のレポート課題を適切に分類することができれば[2]、教員が自身のレポート課題をその分類の中で相対化することができるようになり、授業目的や受講生の特性に合わせて論題を選択できるようになるだろう。

　そこで筆者は大学教員に対して聞き取り調査[3]を実施し、どのような論題をどのようなねらいで出しているかを調査した。この調査から、大学でのレポート課題は四つのタイプに分類できることがわかった。

　以下ではまず、アカデミック・ライティングを指導する科目（AW科目）で出されるレポート課題について検討し、そこでは「論証」が求められるこ

とを確認したうえで、いわゆる「論証型レポート」とは何かについて検討する。そして、その「論証型レポート」というカテゴリーが講義科目で出されるレポート課題を分類する際に機能するかどうかを検討しながら、実際に講義科目で出されたレポートを分類していく。

2. アカデミック・ライティング指導科目（AW科目）でのレポート課題

　初年次教育の中でレポートの書き方を指導するAW科目は多くの大学で定着してきた。具体的な授業手法に関してはグループワークやプレゼンテーションやピアレビューなどをどのように取り入れるかについて各大学で工夫がなされている。では、そうした科目で最終的な成果物として、どのようなレポート課題が求められているのだろうか。**表8-1**は、五つの大学のAW科目[4]で求められているレポート課題を「テーマ設定」「情報収集」「構成についての指示」「論証に関する具体的な指示」という四つの観点で分類したものである（以下では五つの事例だけを検討しているが、AW科目で出されるレポート課題はおおむねこの4観点のバリエーションで表現可能ではないだろうか）。

　まず、「テーマ設定」については、学生が自由に設定できる場合と、教員が設定する場合とに分かれた。教員が設定するケースでは賛否や是非を問う「是非型」だけであったが、そうではないケース（特定の社会問題だけがテーマとして設定されるが特に是非を問わないようなケース）も考えられるだろう。

　「情報収集」に関しては、教員が特定の資料を提示しているかと、学生自身に情報収集を求めているかで分類した。今回の五つの事例ではそのすべてで学生が情報収集することが求められていたが、教員が提示した資料の範囲の中でレポートを書かせるという授業設計も十分考えられる[5]。

　「構成についての指示」は「序論・本論・結論」といった大きな構成に加え、それぞれの中でさらに具体的にどのように書くかについての指示があるかどうかに関する項目である（たとえば「資料の要約」や「現状のまとめ」など）。この五つの事例に関してはすべてでそうした具体的な構成に関する指示があった。構成に自由度を持たせすぎると初年次の課題としては負荷が高すぎるのかもしれない。

　「論証に関する具体的な指示」は、レポートの論証に関してどのようなこ

表8-1　AW科目で求められるレポート課題の分類

	事例A	事例B	事例C	事例D	事例E
テーマ設定	自由	自由	教員が設定(是非型)	教員が設定(是非型)	教員が設定(是非型)
情報収集	学生／教員	学生／教員	学生／教員	学生	学生／教員
構成についての指示	具体的な指示あり	具体的な指示あり	具体的な指示あり	具体的な指示あり	具体的な指示あり
論証に関する具体的な指示	根拠の提示	複数の論証のモデルを提示	反論に対する反論の要求	反論に対する反論の要求	反論に対する反論の要求

とを求めているかに関する項目である。事例Aでは「論証」で「根拠の提示」が求められていた。また、事例Bではレポートを書き進めるにあたって、複数の論証のモデルが提示されていた。具体的には、問題の現状を説明した後に、その問題に対する対策を求めるタイプやその問題の要因を考察するタイプなどがあることが事前に説明されていた。その他の3事例では、テーマ設定の段階で是非型が選択されていることもあり、反論に対する反論が求められており、トゥールミンモデルが論証の型として指導されていた[6]。このように、「論証」ということで何を求めるかについては、「根拠の提示」というかなり弱い意味で用いられている場合から、「反論に対する反論」というかなり制限された意味で用いられている場合まで幅があることがわかった。

　ここで、レポートの内容の自由度について検討しよう。たとえば、テーマ設定を学生自身が行う場合は、学生ごとに内容が全く異なることとなる。一方、是非型の論題の場合、主張内容自体は、賛成、条件付き賛成、反対の三つ程度と自由度は大きくない。しかしながら、論証の中身まで見ると、当然ながらその内容は学生ごとに異なるだろう。

　たとえば、井下（2019）では子供にスマートフォンを持たせるべきかどうかについての事例を紹介している。そこでは持たせる理由として5個、持たせない理由として6個が挙げられている。どのようなテーマを設定したとしても、少なくともこの程度の理由は見いだせるだろうし、さらに調査したり検討したりすればもっと多くの理由が見つかるだろう。また、自分自身の立場も「賛成、条件付き賛成、反対」と三つの立場が考えられ、それぞれの立場からの「反論に対する反論」する理由もさらに複数のものがありうる。そ

うしたことを考えると、是非型論題で反論に対する反論を要求するタイプの
レポートでも、その論証の中身自体は当然ながら学生によって異なることと
なる[7]。同じクラス内で同一の論証がなされたレポートがあればそれは単な
る偶然の一致とは考えられないだろう。また、是非型のレポートが求められ
ていた3大学ではピアレビューが取り入れられていた。もし、論証部分の多
様性が認められなければ、ピアレビューは有効に機能しないだろう。論証部
分の内容が限定的であるなら、ピアレビューを取り入れることで、クラス内
で一定の内容に収斂してしまうからである。しかし、先の事例ではもちろん
そうしたことにはならない。それは、是非型論題であってもピアレビューが
成立するほど、学生の論証部分の中身に多様性があるからである。

3. 「論証型レポート」というカテゴリーの有効性

　前節では、AW 科目で求められるレポートの特徴を見てきた。四つの観点
に関して具体的にどのようなことが求められるかは多様であったものの、ど
のタイプでも何らかの形の「論証」が求められていた。こうしたことは、
AW 科目で求められるレポート課題が「論証型レポート」と呼ばれているこ
ととも合致する。そこで本節では、「論証型レポート」とは何かについて検
討し、それがレポート課題を分類する際に機能するのかについて分析する。
　現在「論証型レポート」というフレーズはライティング指導の現場ではよ
く耳にするようになった[8]。井下もレポートを「論証型」を含む**表8-2**の四
つに分類している。
　では、論証とは具体的に何をすることなのか[9]。戸田山（2002）では論証
型レポートの持つべき特徴を次のように説明している[10]（戸田山 2012：42）。

　　(1) 与えられた問い、あるいは自分で立てた問いに対して
　　(2) 一つの明確な主張をし、
　　(3) その主張を論理的に裏づけるための事実的・理論的な根拠を提示し
　　　　て主張を論証する。

ここでは、「根拠を提示する」という最も弱い形で定義づけられている。一
方、井下（2019）では、議論の説得力を高めるためには、一方的な意見では

表 8-2　レポートの 4 つの型

説明型	内容を理解したかどうか説明します。授業やテキストの内容を十分理解したかどうか、学習成果の説明を求めるための課題です。図書を紹介する「ブックレポート」や、ある事柄について調べる「調べ学習レポート」もあります。
報告型	実習での成果を報告します。看護や介護の臨床実習報告、保育や教育実習報告などがあり、様式は決まっています。その他、博物館実習報告、フィールドスタディや短期留学の成果報告もあります。
実証型	与えられたテーマについて、実験や調査を行い、その結果に基づき実証します。
論証型	与えられたテーマについて論証します。テーマを絞り込み、資料を調べ、根拠に基づき、自分の主張を論理的に組み立てます。

出典：井下（2019：40）

ダメであり、次の 2 点が必要であるとされている（井下 2019：20）。

- ・自分の主張の妥当性を、これまでの議論に位置づけて吟味し、信頼性のある根拠を裏づけとして論証・実証すること。
- ・自分の主張とは異なる意見について、どこがどう違うのかの基準を示して、自分の主張の妥当性を論証・実証すること。

それに従い、論証型レポートの構成要素として次の 4 点が挙げられている（井下 2019：61）。

① 論点を提示し、その問題の背景を説明する
② 根拠に基づき、自分の意見を述べる
③ 自分の意見とは異なる意見を根拠に基づき批判する
④ 結論として、自分の意見を明確に主張する

　ここで着目すべき点は、説得力を高めるために異なる意見を根拠に基づき批判することが求められている点である。先ほどの戸田山の定義では最も弱い意味での定義、つまり「根拠を伴った主張」をすることが論証型レポートで求められているのに対し、井下はそこからさらに進んで「異なる意見に対する批判」を求めていることがわかる。
　「論証型レポート」というフレーズは「大学のレポートは感想文とは異な

る」ことを説明するために用いられることがある（渡邊 2015）。しかし、「論証」という言葉で「根拠が求められる」のか「異なる意見を検討することが求められる」のかについては、講義科目のレポート課題を検討する際には重要になってくる。ここで、次の二つの講義科目で出されたレポート課題を検討しよう。

A：「人を助けるために嘘をつくことは許されるか」について、それに対する賛成論と反対論の両方を比較し、自分がいずれの立場に同意するか論じてください。

B：科学っぽいものを三つ探し、科学かどうか線引きしなさい。

この二つの論題では、どちらも問いが設定されており、それに対する根拠を伴った主張が求められていることから、弱い定義をとればどちらも論証型レポートと言える。しかしながら、両者の課題の意図には大きな違いがある。

Bの論題は、科学と疑似科学との違いが説明された授業での論題であるが、この論題で求められているのは授業内容の理解度の確認である。そのために、課題で求められているような科学かどうか判別がしにくいような事例を見つけ出すことができるかどうかがポイントとなる。明らかに科学と言えるものや、明らかに科学でないものは容易に見つけ出すことができる。しかし、「科学っぽいもの」はおそらく授業内で直接言及された事例以外にも豊富に存在するだろう。そうした事例を適切に見つけ出すことができるかどうかがこの論題では問われており、その点で理解度を確認することをねらいとしている。

Bの論題では、何を事例として提示するかに関しては自由度が高く、学生の実際のレポートでも事例は多様であったようだ。一方で、なぜそれが科学と言えないのかについての説明（根拠の提示あるいは論証）に関しては、授業での説明をそのまま持ってくるだけになるので自由度はほとんどない。また、

その論証部分において授業で説明された以外の論拠を見いだすことが求められているわけでもない。つまり、Bの課題における論証部分はどのレポートでもほぼ同一であると考えられる。こうしたことから、Bの課題ではピアレビューを取り入れることは困難だろう。

　一方、Aの場合、主張内容は「賛成、反対、条件付き賛成」の三つ程度しかない。その主張内容自体の自由度は低いものの、論証をいかに構築できるかが求められていることから、論証型レポートと呼ぶに相応しいだろう。また、この課題であればピアレビューは成立する。

　ここから言えることは次のことである。「論証型レポート」を弱い定義で理解するなら、AもBもどちらも論証型となる。しかしながら、Bのレポートでは実際のところ論証の工夫は重要視されていない。また、Bのレポートを「異なる意見の検討」という観点から書くことはできなくはないが、生産的な議論にはならず、それは出題した教員の狙いでもない[11]。こうしたことから、「論証型レポート」という区分は講義科目のレポートを分類する際にはうまく機能しないことがわかる。

4. 講義科目でのレポート課題を分類する

　では講義科目でのレポートはどのように分類すべきか。ここでは文系の講義科目でレポート課題を出題している大学教員に対する聞き取り調査の結果から、教員のねらいに応じてその論題を分類する。

4.1 説明型

　これは、授業で説明した内容について改めて説明を求める論題である。授業内容の理解度をストレートに確認するものであると言える。具体的には次のような論題である。

　以下に示す授業で扱った八つの主題のうち、あなたの教育についての理解をとくに深めたと言えるものをA群、B群、C群から二つ選んでください。そのうえで、その理解の深まりをいまのあなたが、高校生のときの自分自身に対して説明するというストーリーの対話篇として再構成

してください。

　この論題は対話形式という出力形式を求めているが、「自分の言葉で説明しなさい」という形の説明も考えられるだろう。また、授業内容の説明を求める場合は、授業資料などをそのまま用いないようにするために、「以下のキーワードから三つ以上を用いて説明しなさい」などキーワードを指定するケースや、「〇〇について、その現状と課題について説明しなさい」のように、説明すべき点が具体的に指示されているケースもあった[12]。また、調査ではこの説明型は後に見るように論題の一部として取り入れられているケースが多かった。

4.2　応用型

　これは、授業で学んだことを踏まえて活用や応用を求める論題である。授業で説明された内容についての説明が求められる説明型とは異なり、理論を適用したり、事例を抽出したりすることが求められる。具体的には次のような論題である（先ほど示したBの論題もここに含まれる）。

　この授業では、規範の成立についての慣習主義的理論を検討してきました。その具体例として、授業中には「マヨネーズにカツオの刺身をつけて食べるのは望ましい」、そして「デニムジャケットをレイヤードするのはかっこいい」という規範の成立を挙げました。これらの具体例とデヴィッド・ヒュームの哲学を手がかりに、何らかのアートの領域において新たな規範が成立するプロセスを、具体例を挙げつつ記述してください。その際、少なくとも一つの参考文献を用いること。

　授業内容を踏まえて、この後追求したい学習指導（授業づくり）に関する課題とその理由を挙げてください。そしてその課題について学年、教科や学習単元を挙げながら、どのような授業を計画し、実施したいと

考えるのかを説明しましょう。

この授業を受ける中で、これまでの経験（学校での経験、友達との経験、テレビマンガなどの視聴経験など）に対する解釈が変わることがあるはずです。自分の中で経験の解釈が変わったことを一つ取り上げて次の4点について論じなさい。(1) その経験の概要、(2) それまでどのようにその経験を解釈していたのか、(3) それが教育社会学の知識を経由することでどのように変化したのか、(4) 以上を踏まえて、教師になる上で教育社会学を学ぶ意義。

これらの論題では、説明型のように授業内容の説明が直接求められているわけではない。そうではなく、授業内容を踏まえたうえで「適切な事例が挙げられるか」「授業を考案できるか」「自身の変容を説明できるか」が求められている。授業で直接説明されていないような事例やアイデアや解釈の変化を取り出してくることができるかという点で学生の創意工夫が求められている。一方、その根拠の部分は授業で説明されたものを用いることが求められ、その意味で論証部分の自由度はない。この論題は授業で学んだことが生かされているかどうかを事例の抽出などで確認するため、理解度の確認は比較的容易であるだろう。事例抽出という学生の創意工夫の余地を残しつつ、根拠部分を固定することで理解度を評価しやすい論題だと言える。

4.3 意見型

これは授業で取り上げた内容についての意見や主張（場合によっては感想）などを求める論題である。具体的には次のような論題である。

○○の中から任意のテーマを一つ以上選び、
(1) 倫理的問題や倫理的に懸念される事項を明らかにしたうえで、
(2) 自身が専門家として、あるいは一般市民として、将来的にこうし

た問題に携わることになったとするならば、どのように対処する
か（したいと考えるか）について、「1. 背景と現状、2. 倫理的問題、
3. 自身の立場と見解、4. 結語」の構成に沿って論じなさい。

　この論題では、テーマに関する意見が求められている点でこれまでのタイ
プとは異なる。その意見の種類としては、是非や賛否あるいは問題に対する
解決案などが見られた。自由に意見を求めるような論題もあれば、上記の論
題のように論じ方をある程度指定しているものもあった。

4.4　探究型

　これは、AW 科目と同様の形でレポートを求める論題である。具体的には
次のような論題である。

授業内容について問いを立てて答えよ。

　この論題は、学生自身が問いを見出し、その問いに対する答えを探究する
ことを求めている点でこれまでのタイプとは異なる。「○○について自由に
論ぜよ」という論題もここに含まれる。

5.　図式的な整理と 4 タイプの特徴

　以上のように、聞き取り調査の範囲に限定すると、レポート論題は先の四
つに分類できることがわかった。この四つのタイプを整理すると次の**図 8-1**
のようになる。
　中心部分の「素材」とある部分が、基本的には授業内容である。説明型で
は素材についての説明が求められ、応用型では、授業内容を踏まえたうえで
何らかの応用が求められる。意見型は素材に対する意見が求められ、探究型
では、素材から出発し探究（問いを立てて答える）することが求められる（矢
印は素材に向いている①③では「素材に対する」で、素材から出ている②④は「素

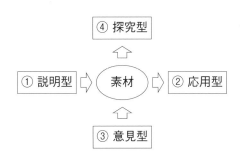

図 8-1　レポート課題の 4 分類

材からの」と読める)。
　また、その「素材」の部分には、授業内容以外のものが入るケースもある。

　資料となる映像を見たうえで、重要な論点だけを要約したうえで、関心を持った論点を論評する。論評は「好き嫌いに基づいた感想ではなく、賛否・真偽・是非・正誤などについて客観的に判断したうえで、論拠を挙げながら自らの主張を述べてください。(資料は省略)

　次の資料に書かれている「事例」は、現場の先生が実際に体験した生活指導の状況・場面などをもとに創作したケースである。またこの「ケース」に対して、それぞれの現場の実践家が、自分なりの指導の方針や、今後の展開について考察を行っている。
　この資料には「ゲンキ」という男の子が登場する。その子が「主人公」となって起こした(起きた)「お団子事件」に対して、二人の実践家が、その後の教師の対応(その先のてんまつも含めて)について、架空の「ストーリー」として書き起こした文章が続いている。
　これらの資料を読み、以下の二つの問いに則して文章を書いてほしい。
　(1) 二人の実践家が描いた「教師の対応」について、あなたはどのように感じましたか。

> （2）あなた自身が、こうした場面に直面したら、どのように対応すると思いますか。自分自身が教師として（あるいは教育フィールド生として）その場にいたら、と想像して、自分なりの「実践記録」を書いてみてください。（資料は省略）

　これらの論題では、授業内容とは別に、レポートに取り組む際に別の素材（資料）が提供されている。それゆえ、**図** 8-1 の「素材」の部分には、（授業内容に加えて）それらの追加された資料も加わることとなる。

　また、学生自身がそのレポートで書いたものがその素材部分に来るケースもある。

> 　以下の（ア）～（エ）のうちから一つを選び、テキストおよび講義内容を参考にして、（a）それがどういう問題なのか、（b）その問題についてどういう立場が存在するのか、さらに（c）その問題について自分は今のところどう思うかを書ける範囲で述べよ。（（ア）～（エ）は省略）

　たとえばこの論題での（a）と（b）では、授業内容の説明が求められている。そして（c）に関しては、（a）と（b）に対する学生の記述自体が素材となって、それに対する意見が求められていることがわかる。この論題のように（a）（b）という説明型と（c）という意見型が明確に区別されていれば、何をどのように書けばよいかについて教員と学生との齟齬は少なくなるだろう。

　実際の授業で出される論題は、この論題のように複数の指示文から構成されることが多い。図に示した①～④の区分は、それぞれの指示文レベルでの区分であり、実際の論題ではそれらが組み合わされて出題されている。

　では改めてそれぞれの論題の特徴について見てみよう。まず、横軸の説明型と応用型についてであるが、これらは縦軸で求められているような意見や探究が求められているわけではない。どちらかというと事実ベースの記述が求められていると言える。授業内容についての説明が求められる場合、その

説明の仕方には自由度があるものの、説明されるべき内容自体の自由度はない。また、応用型のように、授業で説明された理論が当てはまる事例を引っ張ってくることができるかについては、事例自体は多様であるものの、「なぜそれがその事例と言えるのか」という根拠の部分の自由度はほとんどないと言える。それゆえ、横軸の論題（説明型と応用型）を出題する教員の意図としては「できているかどうか」を確認するためであることがインタビューからわかった[13]。

　他方で、縦軸は素材に対して学生自身がどう考えるかを求めるものである。意見型は素材に対する意見や主張、探究型はさらに問いを立てさせ探究を求める論題である。これは横軸の事実ベースの論題と比較すると意見ベースであると言えるだろう。意見ベースであるということは内容が主観的になるということである。実際、「授業の感想を述べなさい」という論題の場合は、主観的な内容にならざるを得ない。何かについての是非や意見や主張も基本的には主観的なものである。それゆえ、レポートとしてその（気をつけなければ主観的にしかならない）意見をどのようにすれば客観的なものにできるかが重要になってくると言える。そこで、意見型の論題の場合は何らかの型（論じ方の制約）に沿って書くことが求められるケースが多かった。それゆえ縦軸の論題は AW 科目で求められるアカデミック・ライティングとも親和性が高いと言えるだろう。

　こうしたことから、四つの分類を「主張内容の自由度」と「論証の自由度」の二つの観点で整理するとおおむね**図 8-2** のように分類できるだろう。

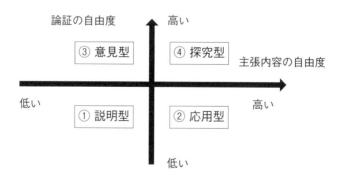

図 8-2　レポート課題の 4 分類の特徴

説明型については、主張内容は素材そのものとなるため、自由度は低く、表現の工夫が求められる程度である。また、論証の自由度も低い（あるいはそもそも求められていない）。応用型は、何を事例として取り上げてくるかという主張内容の自由度は高いものの、なぜそれがその事例となるかについての論証の自由度は低い。意見型はたとえば是非型論題であれば、主張内容自体のバリエーションは非常に少ない。意見型の主張内容のバリエーションに関しては論題によるところが大きいとはいえ、問いの設定から学生に求める探究型と比べると相対的に主張内容の自由度は低いだろう。また、意見型と探究型はともに主観的な内容であるからこそ、（その主観的な内容をどのようにすれば説得力を持たせて説明できるかという）論証の自由度は非常に高いと言える。

6.　まとめ：「学習レポート」と「アカデミックレポート」という区別の提案

　これまで AW 科目と講義科目でのレポート課題について検討してきた。具体的な論題は多様であるものの、AW 科目でのレポートは論証部分の中身が（ピアレビューが成立するほどに）多様であると特徴づけられることがわかった。また、講義科目でのレポート課題は、それぞれ教員のねらいに応じて、①説明型、②応用型、③意見型、④探究型の四つに分けられ、さらに、事実ベースの①説明型、②応用型と主張ベースの③意見型、④探究型に区分できることがわかった。これらすべて「レポート」と呼ばれているが、大きくねらいの異なるものを同一の名称で呼ぶことに問題はないのだろうか。

　渡辺（2010）では、論題（原文では「出題文」）が理解できないことに、学生がレポートに苦労する要因があるとしている。たとえば、「外来生物を 1 種選び、調べたことを書け」という論題に対して、学生の「苦労の内容」として「レポートは自分の意見や考えを書くものだと教えられたと思っていたので、生物について調べたこと以外のことも書かないといけないのか、調べた事実だけでいいのかわからず悩んだ」（渡辺 2010：80）と挙げられている。この事例はまさしく「レポート」の多様性が生んだ問題だと言える。学生は「レポート」でアカデミックライティングで「自分の意見や考え」を書くことを求められることから、この科目の「レポート」でも同様にそれらが求め

られると考えた。一方、教員は、説明型の論題として出題したと推測できる。説明型だとすれば主張や意見が求められていなかったのだろう。もちろん、課題のねらいを明確に学生に説明したり、事前に評価基準を提示したりすることで、こうした齟齬を防ぐことはできるかもしれない。しかし、そもそもレポート課題にはそのねらいに応じてある程度の区分があることを学生と教員が把握しておくことのほうがコミュニケーションを効率的に進めるためには有効ではないだろうか。

　こうしたケースは聞き取り調査の中でも見られた。「下記より一つずつテーマを選び、それぞれのテーマごとに詳細に説明し、それに対する自身の意見を述べなさい。（下記のテーマは省略）」という論題を出題した教員のねらいとしては、選択したテーマに対する説明を重視しており、それに対する学生自身の意見はそれほど重視していなかった（つまり説明型を求めていた）。しかし、自身の意見に紙幅を紙幅を割く学生が一定数いたことから、次年度から「説明部分を8割（1,000字程度）、意見部分を2割程度」と字数や割合を示したところ、ねらい通りになったとのことであった。

　また、逆のケースも考えられる。教員のねらいとして学生自身の主張を求めているにもかかわらず、学生が「説明型」だと勘違いして、授業内容の説明しか書かなければ評価は低くなるだろう。学生が意見型を求める教員のレポート課題に取り組んだことがあるならそうした誤解が生じることは十分考えられる。

　そこで、AW科目で求められるような、論証の中身に自由度があるようなレポート[14]を「アカデミックレポート」、授業内容の理解度を確認するためのレポートを「学習レポート」と区別することを提案する[15]。これまで「論証型レポート」と呼ばれていたものは、多くの場合このアカデミックレポートに該当するだろう。論証を最も広く取れば応用型も論証型レポートに分類できるが、応用型は論証部分の自由度が低いことから、（「アカデミックレポート」とは異なる）「学習レポート」であるとすることが混乱を避けるためにも有益ではないだろうか[16]。あとは、学習レポートの中で説明型と応用型があることだけが区別されれば、これまで見てきた混乱は防げるだろう。

謝辞
本研究はJSPS科研費 19K02865 および、日本私立学校振興・共済事業団 学術研究

振興資金（課題名「効果的なレポート論題に関する実証研究」、代表：成瀬尚志）の助成を受けたものです。調査にご協力頂いた皆さまに感謝いたします。

注

1) レポート課題が求める要素の幅が多様であることについては大場、大島（2016）を参照。

2) 大島（2019）でもこうした分類が試みられている。そこでは課題文章のジャンルを「自己分析」「実証」「知識の理解と解釈」「論証」に分類している。この分類はある程度機能するが、後で見るように出題する教員の「ねらい」を軸に分析することが学生と教員との理解の齟齬をなくすために重要であると考えられる。

3) 聞き取り調査は2022年2月〜3月にかけて35名に対して実施した。調査の対象者についてであるが、研究メンバーの学問分野（哲学、歴史学、教育社会学）を専門にする大学教員にレポート課題に関するweb調査の依頼をし、そのweb調査の中で聞き取り調査への依頼を行った。聞き取り調査の対象者の専門の大半は哲学と教育学であり偏りがあるものの、本稿の目的の一つは論証型レポートというカテゴリが機能しないケースがあることを示すことにあるため、一定の有効性があると考える。なお事例となる論題は表現を若干修正している。

4) 聞き取り調査で回答が得られた3大学と、井下他（2021）でカリキュラムに位置づけた横断的取組みとして紹介されている4大学の中から、課題内容が把握できる2大学である。

5) 山本（2014）で紹介されている授業は、教員からの資料の提示あり、かつ、学生に情報収集を求めないタイプである。また、野畑、新藤（2012）で紹介されている授業は、教員からの資料の提示がなく、かつ、学生に情報収集を求めないタイプである。

6) トゥールミンモデルをライティング指導に活用する際の問題点とその解決案については青木（2016）が参考になる。

7) 是非型論題を出題している教員はインタビューで次のように述べている。「（自分の立場を正当化するために）どんな理由を持ってくるかというところが、本人たちのオリジナリティの出しどころなんですよね。情報検索をいっぱいやらないと、面白いことは出てこないんですけど。必ず自分の主張に対する反論を探してこい。反論がもしなければ、想定される反論を自分で考えろという構造になっているので、ここでオリジナリティが出てくるはずです。」

8) レポートのタイプとして「論証型」というフレーズが日本で最初に用いられたのは戸田山（2012）の初版の2002年であると考えられる。「論証型レポート」というフレーズはCiNiiで検索すると2005年から複数の論文で用いられていることがわかるが、おそらく、大島他（2005）で用いられたことから広まったのではないかと推測する。

9) 「論証」で求められることが学問分野で大きく異なる点についてはWolfe（2011）を参照。

10) 戸田山はここでは、この三つの特徴を「論文の特徴」として提示しているが、論証型レポートはこの論文タイプを求めていると説明されていることから、論証型レポー

トの特徴と理解して問題ない。

11) 反論に対する反論を求めることはかなり高度な要求になるという点については成瀬（2016）を参照。

12) コピペを防ぐための論題の工夫については成瀬（2016）第3章を参照。

13) 授業の振り返りを求めるようなレポートはどのように分類できるだろうか。授業で学んだ特定の観点や分析手法を用いた振り返りであればそれは活用であると言えるだろう。実際に評価する際にもその活用ができているかどうかが評価のポイントとなり得るからである。一方、「今日の授業の感想を述べよ」という論題は単に意見を求めているだけであるので、意見型に分類できると言える。また、「課題解決案」を求めるような課題の場合、レポートから、授業内容を踏まえて応用ができているかどうかを評価基準とできるなら応用型に分類できる。一方、AW科目で社会課題に対してその解決案を求めるような場合は、具体的に活用の観点から評価ができないため意見型に分類される。

14) 「論証の中身に自由度がある」ということは一定の構成（「序論・本論・結論」など）を求めることともつながるだろう。

15) 木下（1994）は研究レポートと学習レポートに区別している。木下は学習レポートについて「講義で教えるべき内容を課題として、それについて自習させることを目的とするもの」としているが、これまで見てきた意見型や探究型も実際の講義科目でのレポートとして出題されていた。避けるべき混乱は、AW科目で求められていることがそのままそのレポート課題で求められるのか、あるいはそうでないのかである。そうしたことからアカデミック・ライティングで求められるようなタイプのレポートを「アカデミックレポート」と呼ぶのが適切ではないだろうか。

16) 聞き取り調査の中で、学習レポートに分類されるものの中にはそもそも引用を求めないものや、「序論・本論・結論」といった構成を求めないものも一定数見られた。

参考文献

青木滋之（2016）「拡張型のトゥールミンモデル—ライティングへの橋渡しの提案—」『会津大学文化研究センター研究年報』23, 5–24.

井下千以子（2019）『思考を鍛えるレポート・論文作成法［第3版］』慶應義塾大学出版会.

井下千以子・柴原宜幸・小山治（2021）「課題研究シンポジウム　探究学習を企図した専門科目でのレポート指導が批判的思考力・論理的表現力の育成に及ぼす効果—目的と方法—」『大学教育学会誌』43(1), 28–32.

大島弥生・大場理恵子・岩田夏穂・池田玲子（2005）『ピアで学ぶ大学生・留学生の日本語コミュニケーション（初版）』ひつじ書房.

大島弥生（2019）「課題研究シンポジウム　初年次必修文章表現科目の成果と課題」『大学教育学会誌』41(1), 53–56.

大場理恵子・大島弥生（2016）「大学教育における日本語ライティング指導の実践の動向—学術雑誌掲載実践報告のレビューを通じて—」『言語文化と日本語教育』51, 1–10.

木下是雄（1994）『レポートの組み立て方』筑摩書房.

戸田山和久（2012）『新版 論文の教室—レポートから卒論まで—』NHK 出版.

成瀬尚志（2016）『学生を思考にいざなうレポート課題』ひつじ書房.

野畑友恵・新藤照夫（2012）「初年次演習における論証型文章作成の取り組み（レポートに意見を書くことの意識づけ）」『リメディアル教育研究』7(2), 245–253.

渡邊淳子（2015）『大学生のための論文・レポートの論理的な書き方』研究社.

山本啓一（2014）「自大学のディプロマ・ポリシーに即して情報分析・課題発見の力を育てる—九州国際大学法学部の事例—」成田秀夫・大島弥生・中村博幸編『大学生の日本語リテラシーをいかに高めるか—大学の授業をデザインする—』ひつじ書房.

渡辺哲司（2010）『「書くのが苦手」をみきわめる—大学新入生の文章表現力向上をめざして—』学術出版会.

渡辺哲司（2017）「大学新入生にとってレポートとは—認識のズレと苦労のメカニズム—」渡辺哲司・島田康行『ライティングの高大接続—高校・大学で「書くこと」を教える人たちへ—』ひつじ書房.

Wolfe, C. R. (2011). Argumentation across the curriculum. *Written Communication*, 28(2), 193–219.

<table>
<tr><td>第 9 章</td><td># 高校・大学・仕事におけるレポートライティング経験の職場における経験学習に対する連鎖構造</td></tr>
</table>

第 **9** 章 | # 高校・大学・仕事におけるレポートライティング経験の職場における経験学習に対する連鎖構造

─社会科学分野と工学分野を比較した
　学び習慣仮説の精緻化─

小山　治

1. 問題設定

　本章の目的は、社会科学分野と工学分野の大卒就業者に対するインターネットモニター調査によって、高校・大学・仕事におけるレポートライティング経験は職場における経験学習に対してどのように連鎖しているのかという問いを明らかにすることである。

　本章でいうレポートライティング経験は、広義と狭義に分かれる。広義の意味としては、①レポート・文書の書き方の指導を受けた経験（レポート被指導経験）、②レポート類型別の課された回数、③レポート・文書を執筆する過程での学習経験（レポート学習経験）を指す[1]。狭義の意味としては、③のみを指す。③は、自身が一定量の文章群から構成される文書を書いた経験である。具体的には、高校時代の文章執筆経験、大学時代のレポート学習行動、仕事におけるビジネス文書執筆経験の三つである。本章では、狭義のレポートライティング経験が職場における経験学習に結びつく連鎖構造を詳しく分析する。

　一方、経験学習とは、「主に個人が、外部環境と直接相互作用することを通して自己に変化が起こるプロセス」を指す（中原 2010：269）。経験学習という概念の定義は多様であるものの、共通するのは、学習における経験・実践の重視と経験の内省（省察）である（中原 2013：5）。とくに、Kolb, D. A. の提唱した経験学習モデルは、「1990 年代以降、企業における学びにおいて最も注目されている」（中原 2010：267）。

狭義のレポートライティング経験と職場における経験学習との（正の）関連性を問題にするのは、両者の共通項として内省を挙げられるからである。レポート・文書を執筆する際は、問題設定の適切性の検討、根拠や結論の妥当性の検討等といったように、認知的な試行錯誤や批判的思考が促されると想定できる。一方、職場における経験学習でも、自身の仕事のやり方の振り返り、仕事に関する持論の妥当性の検討等といったように、認知的な試行錯誤や批判的思考が促されると想定できる。レポートライティング経験と職場における経験学習は相互に異なるものであるものの、内省という点では類似しており、両者の間には正の関連があると想定できるのである。

　こうした概念の定義・検討をしたうえで、前述した連鎖構造を実証的に明らかにする意義は、次の3点である。

　第一に、高校教育と大学教育の接続問題（高大接続問題）に資するという点である。大学の大衆化に伴う高大接続問題は、政策上だけではなく、教育実践上も喫緊の課題となっていると考えられる。「高校時代の探究学習の経験の有無や習熟度が、大学での学習に影響する可能性」（井下ほか 2021：29）は十分に考えられる。本章は、レポートライティング経験という具体的な文脈から高大接続問題の実態に迫ることにつながる。

　第二に、学び習慣仮説の精緻化に資するという点である。学び習慣仮説は、平易に表現すれば、大学時代によく学んでいた者は、仕事に就いてからもよく学び、結果として経済的な利益を得るという仮説であり、矢野（2009）、濱中（2012：2013a：2013b）によって提唱されてきた。この仮説には大学教育無用論に対する反駁として重要な価値があるものの、2節で詳述するように、大学時代の具体的な学習経験を十分に分析していないという論理的な問題点が残されている。本章では、この問題点を克服する。

　第三に、大学教育無用論への反駁になるという点である。中澤（2019：11）は、「学術的文章を書くためには、さまざまな知的能力が有機的に統合して働く必要がある」と指摘したうえで、ライティング教育は文部科学省による学士力が求めている複数の力を総合的に育成していくものであると主張している。また、村岡（2018：11）は「大学におけるライティング教育は、学生が、社会で有用な人材として能動的に活躍できることを支援するものと位置付けられる」と述べている。これらの指摘を踏まえれば、前述した連鎖構造を明らかにすることは、職業社会や学生による大学教育無用論への有力

な反駁となる。

　本章が社会科学分野と工学分野に着目する根拠は、次の 2 点である。

　第一に、これらの専門分野は日本の大学生の多数を占めているという点である。文部科学省の学校基本調査によれば、本章の分析対象とほぼ重なる 2007 〜 2018 年卒の大学卒業者のうち、社会科学分野は約 35%、工学分野は約 16% を占め、上位 1・2 位であり、二つの専門分野だけで大学卒業者の約半数に達する。

　第二に、レポートライティング教育の充実度が対照的であり、比較の必要性が高いという点である。読売新聞教育ネットワーク事務局（2016：11）によれば、全国の大学においてレポート等を書く力の教育が最も充実しているのは工学分野である一方で、当該教育が最も充実していないのは社会科学分野である。対照的な専門分野を比較することで、共通点・相違点がより明確になる。

　本章の構成は次の通りである。2 節では、本章と関連する先行研究の到達点を整理し、その問題点を実証面と理論面に分けて検討したうえで、本章の学術的な意義を論証する。3 節では、社会科学分野と工学分野の大卒就業者に対するインターネットモニター調査の概要について説明する。4 節では、分析で使用する変数の設定を行う。5 節では、職場における経験学習を従属変数とした重回帰分析を行った後、高校・大学・仕事におけるレポートライティング経験の職場における経験学習に対する連鎖構造をパス解析によって明らかにする。6 節では、本章の主な知見をまとめ、結論を示し、その含意について考察したうえで、今後の課題を指摘する。

2．先行研究の検討

　本章と関連する先行研究は、レポートライティング経験の職業的レリバンス（意義）に関する研究である[2]。

　まず、先行研究の到達点を実証面と理論面から整理する。

　実証面においては、レポートライティング経験を正面から問題に据えた先行研究は限られている。そのような中で重要なのは、小山（2017；2019；2021）による一連の研究である。小山（2017）は、社会科学分野の大卒就業者に対するインターネットモニター調査によって、大学時代のレポートに関

する学習経験（とくに問いを立てる等の学術的な作法に関する学習行動）が職場における経験学習と有意な正の関連があることを明らかにしている。小山（2019）は、同一のデータを分析したうえで、大学時代のレポートに関する学習経験は仕事における能力向上とも有意な正の関連がある一方で、当該学習経験は年収とは有意な関連がないことを明らかにしている。小山（2021）は、社会科学分野と工学分野の大卒就業者に対するインターネットモニター調査によって、二つの専門分野のいずれにおいても、大学時代のレポート学習行動（「レポート・論文の書き方に関する本を読んだ」等の質問項目の合成変数）が職場における経験学習と有意な正の関連があることを明らかにしている。以上から、大学時代のレポートライティング経験は少なくとも職場における経験学習と直接的な正の関連があるということになる。

　理論面においては、矢野（2009）と濱中（2012；2013a；2013b）において提唱された学び習慣仮説が重要である。この仮説は、大学時代の学習経験は、卒業後の所得に対して直接効果はないものの、現在の知識能力を高めることによって、間接的に所得を高めるという内容である。分析の手続きとしては、まず、所得を従属変数とした重回帰分析によって、大学時代の学習経験に正の直接効果がないことが確認され、次に、パス解析によって、大学時代の学習経験の所得に対する間接効果が推定されている。本章でも、従属変数は異なるものの、この2段階の手続きは継承する。

　次に、以上の先行研究の問題点を検討する。

　先行研究における実証面の問題点は、高校・大学・仕事におけるレポートライティング経験の相互の関係が十分に分析されていないという点である。前述したように、先行研究では、主に大学時代のレポートライティング経験（その中でもレポート学習行動）の直接効果の推定に重点が置かれている。その代償として、①高校時代のレポートライティング経験が大学時代や仕事における当該経験とどのように関連しているのかという点、②高校時代や大学時代のレポートライティング経験が仕事における当該経験とどのように関連しているのかという点が分析されていない。①は、レポートライティング経験の高大接続問題という実践的に重要な論点にもなる。②は、高校から大学までを通じたレポートライティング経験の職業的レリバンスを明らかにするうえで重要である。村岡（2018：10-11）は、ライティング活動の重要な留意事項に関しては、基本的に必要とされる考え方や技法は職場の実務と大学の

論文や報告書において同様であると述べたうえで、大学と社会をつなぐライティング教育の重要性を主張している。この主張を踏まえれば、大学時代のレポートライティング経験と仕事における当該経験との関連性も実証レベルで分析する必要がある。

　先行研究における理論面の問題点は、学び習慣仮説における論理的な飛躍である。この仮説を主張する際に分析に投入されている変数を注意深く確認すると、大学時代の変数は当時の知識能力の自己評価であり、仕事における変数は現在の知識能力の自己評価である。たしかに、矢野（2009）と濱中（2013b）では、字義通り「習慣」と解釈しうる変数（熱心度や読書経験）も分析されているが、学び習慣仮説の骨子に関する分析・議論では、大学時代と仕事における知識能力に力点が置かれている。

　なぜこれが問題なのかというと、学び習慣という学習経験と知識能力は概念的に別物であるからである。学び習慣仮説は、正確には、知識能力が大学時代から仕事にかけて正の連鎖をするという知見から導出されている。換言すれば、学び習慣仮説は、知識能力の連鎖を実証した結果の解釈に過ぎず、未だ十分に実証されていない。さらに言えば、知識能力の連鎖よりも、学習経験の連鎖に着目したほうが、教育実践上の意義が大きい。なぜなら、大学時代にどのような学習を行えば、将来においてどのような行動ができるようになるのかという点がわかるからである。これに対して、知識能力については、どれだけ身についたのか、本当に身についたのかという点自体が社会調査上も教育実践上も重大な論点となる。知識能力（の習得度）は、常に疑念にさらされる曖昧な概念である。また、知識能力の自己評価は、回顧的な回答によるバイアスを受けやすいと考えられる。一方、本章で扱う行動事実である学習経験は、そうしたバイアスを相対的に受けにくいと考えられる。

　以上の先行研究の問題点を克服するために、本章では、社会科学分野と工学分野の大卒就業者に対するインターネットモニター調査によって、高校・大学・仕事におけるレポートライティング経験の職場における経験学習に対する連鎖構造を実証的に分析する。

3. インターネットモニター調査の概要

　本章の分析で使用するのは、社会科学分野と工学分野の大卒就業者に対す

るインターネットモニター調査のデータである。調査名は、「大学時代のライティング経験と仕事との関連性に関する調査」である。調査時期は、2019年12月上旬である。利用調査機関は、(株) マクロミルである。

　調査対象者は、①高卒かつ4年制大学の学部卒（院卒は含まない）、②卒業した学部が社会科学分野（人文科学分野（社会学）を含む）または工学分野、③2020年3月末時点で24 〜 35歳、④2020年3月末時点で正規従業員としての仕事経験が通算で2年以上（中断・転職があっても通算2年以上であれば可）、⑤大学卒業後の初職と現職の雇用形態が民間企業の正規従業員（経営者・役員を含む）といった条件をすべて満たす者である。

　有効回収数は、社会科学分野で1033ケース、工学分野で739ケースである[3]。本調査では、原則として、無回答がないように制御されているが、ごく一部の質問では無回答を許容している。また、分岐式質問文の変数も使用している。以上から、本章の分析対象となるケース数は有効回収数よりもやや少なくなる。

　本調査では、性別と年齢の分布が想定する母集団である大卒就職者と近似するように割付を行った。性別については、社会科学分野で男性63.9%、女性36.1%、工学分野で男性81.3%、女性18.7%となっている。2020年3月末時点の年齢の平均値は、社会科学分野で29.7歳、工学分野で30.8歳である。

　本章では、標本が無作為抽出されたと仮定して統計的検定を行うが、分析結果の一般化には十分に慎重になる必要がある。また、本章のインターネットモニター調査では、就業者に高校・大学時代のことを回顧的に回答してもらっているため、回答に一定のバイアスが混入している可能性は否定できないという点にも留意が必要である。たしかに、理想としては高校生を長期間追跡するパネル調査を実施することが望ましいが、そうした社会調査には巨額の資金と膨大な労力がかかるため、現実的ではない。実際、こうした社会調査は、管見の限り、京都大学高等教育研究開発推進センター・河合塾による「学校と社会をつなぐ調査」（10年トランジション調査）を除いて、実施されていないように思われる。本章のようなインターネットモニター調査は、中原・溝上編（2014）等の大卒就業者に対する大規模な実証研究でも採用されており、一定程度の有効性があると考えられる。

4. 変数の設定

表 9-1 は、本章の分析で使用する変数の操作的定義をまとめたものである。変数名の前についている、高校、大学、仕事という文言は各時点の変数であることを指す。

従属変数である職場における経験学習は、内省を伴う仕事ぶりを学術的に測定するために開発された変数（尺度）であり、中原・溝上編（2014）、小山（2017；2019；2021）で使用されている。この変数は、「最近 1 年間のあなたの仕事に関する意識や行動」である「困難な仕事に挑戦した」、「一歩離れた立場から自分の考えや行動を客観的に見つめた」、「経験に基づいて、仕事のやり方についての自分なりの持論を導き出そうとした」等の 16 個の質問項目（各 5 件法）から構成されており、探究的で試行錯誤を伴う仕事に関する行動を測定する尺度である。つまり、狭義のレポートライティング経験と正の関連が予想される変数であるため、小山（2017；2019；2021）と同様に最終的な従属変数とする。具体的には、上述した 16 個の質問項目それぞれについて、「いつもしていた」＝ 5 ～「まったくしていなかった」＝ 1 として平均値を算出した。

独立変数として重要なのは、広義のレポートライティング経験と狭義のレポートライティング経験である。前者は、①レポート被指導経験、②レポート類型別の課された回数、③レポート学習経験である。①と③は高校時代、大学時代、仕事の 3 時点について質問している。狭義のレポートライティング経験は③であり、（高校）文章執筆経験、（大学）レポート学習行動、（仕事）ビジネス文書執筆経験の三つに分かれる。以下では、本章で詳細に分析するこれらの三つの変数について説明する。

（高校）文章執筆経験は、「あなたが高校生のときの文章を書くことと関連する学習経験」を指す。具体的には、「事実を調べてまとめるレポートを書いた」、「自分の主張を論じるレポートを書いた」、「小論文の勉強をした」、「読書感想文を書いた」という 4 個の質問項目（各 5 件法）それぞれについて、「とてもあてはまる」＝ 5 ～「まったくあてはまらない」＝ 1 として平均値を算出した。

（大学）レポート学習行動については、まず、1,000 字以上のレポートを課

表9-1 分析で使用する変数の操作的定義

変数名	操作的定義	Cronbach の α 係数
(仕事) 経験学習	最近1年間の仕事に関する意識や行動として、「困難な仕事に挑戦した」、「自分を成長させる機会に果敢に挑戦した」、「責任の重い仕事を引き受けた」、「どんな仕事であっても、失敗を恐れずに取り組んだ」、「一歩離れた立場から自分の考えや行動を客観的に見つめた」、「様々な知識や情報を集める中で、自分の仕事のやり方を振り返った」、「他者との対話の中で、自分の仕事のやり方を振り返った」、「自分の仕事のプロセスや結果を客観的に評価した」、「経験に基づいて、仕事のやり方についての自分なりの持論を導き出そうとした」、「仕事での様々な問題に共通する根本的な原因を見つけ出そうとした」、「仕事で経験したことを踏まえて、自分なりの仕事のコツを見つけ出そうとした」、「様々な知識や情報を整理して、仕事をうまく進めるための方法について考えた」、「仕事についての自分の持論が正しいかどうか、実際の仕事に当てはめて検討した」、「ある場面で成功したやり方が、それ以外の場面でも成功するかどうか試した」、「仕事についての自分の経験則が、世の中で一般的に通用するかどうか試した」、「自分なりに正しいと思うやり方が、いろいろな場面でうまくいくかどうか試した」という16個の質問項目（各5件法）それぞれについて、「いつもしていた」＝ 5 ～「まったくしていなかった」＝ 1 として平均値を算出した。中原・溝上編（2014：81）と同一の操作的定義の変数である。	社会科学分野 0.932、工学分野 0.939。
男性ダミー	男性＝ 1、女性＝ 0 とした。	
実家の蔵書数	小学生の頃の実家の蔵書数について、「ほとんどなかった」＝ 0、「20 冊くらい（本棚 1 段分くらい）」＝ 0.2、「50 冊くらい（本棚半分くらい）」＝ 0.5、「100 冊くらい（本棚 1 つ分くらい）」＝ 1、「200 冊くらい（本棚 2 つ分くらい）」＝ 2、「300 冊くらい（本棚3つ分くらい）」＝ 3、「400 冊以上（本棚 4 つ分以上）」＝ 4.5 とした。	
父親の最終学歴 (大卒・大学院卒ダミー)	大卒または大学院卒＝ 1、それ以外＝ 0 とした。	
母親の最終学歴 (大卒・大学院卒ダミー)	大卒または大学院卒＝ 1、それ以外＝ 0 とした。	
(高校) 普通科ダミー	普通科＝ 1、それ以外＝ 0 とした。	
(高校) 入試偏差値	8件法の選択肢について、「39以下」＝ 37、「40 ～ 44」＝ 42、「45 ～ 49」＝ 47、「50 ～ 54」＝ 52、「55 ～ 59」＝ 57、「60 ～ 64」＝ 62、「65 ～ 69」＝ 67、「70 以上」＝ 72 とした。	
(高校) 高校 2 年生のときの主要 5 教科校内成績	国社数理英の 5 教科（各 5 件法）について、「上」＝ 5 ～「下」＝ 1 として平均値を算出した。	社会科学分野 0.810、工学分野 0.784。
(高校) 文章被指導経験	「テーマの絞り方を教わった」、「情報（文献・データ等）の調べ方を教わった」、「自分の主張の書き方を教わった」、「引用の作法を教わった」という 4 個の質問項目（各 5 件法）それぞれについて、「とてもあてはまる」＝ 5 ～「まったくあてはまらない」＝ 1 として平均値を算出した。	社会科学分野 0.881、工学分野 0.912。

変数名	操作的定義	Cronbach の α 係数
（高校） 文章執筆経験	「事実を調べてまとめるレポートを書いた」、「自分の主張を論じるレポートを書いた」、「小論文の勉強をした」、「読書感想文を書いた」という 4 個の質問項目（各 5 件法）それぞれについて、「とてもあてはまる」= 5 ～「まったくあてはまらない」= 1 として平均値を算出した。	社会科学分野 0.786, 工学分野 0.805。
（大学） 国公立大学卒ダミー	卒業した大学の設置主体について、「国立大学」または「公立大学」= 1、「私立大学」または「株式会社立大学」= 0 とした。	
（大学） 卒業した学部の入試偏差値	8 件法の選択肢について、「39 以下」= 37、「40 ～ 44」= 42、「45 ～ 49」= 47、「50 ～ 54」= 52、「55 ～ 59」= 57、「60 ～ 64」= 62、「65 ～ 69」= 67、「70 以上」= 72 とした。	
（大学） （社会科学）商学・経済学ダミー／（工学）機械工学ダミー		
（大学） （社会科学）法学ダミー／（工学）電気通信工学ダミー	卒業した学部について、（社会科学分野／工学分野における）その他の学部を基準とするダミー変数とした。	
（大学） （社会科学）社会学ダミー／（工学）土木建築工学ダミー		
（大学） 一般入試ダミー	大学への入学方法が一般入試 = 1、それ以外 = 0 とした。	
（大学） A（優）以上の成績だった科目の割合	「0%（なかった）」= 0、「1 ～ 19% くらい」= 10、「20 ～ 39% くらい」= 30、「40 ～ 59% くらい」= 50、「60 ～ 79% くらい」= 70、「80 ～ 89% くらい」= 85、「90 ～ 100% くらい」= 95 とした。	
（大学） 大学 3・4 年次のゼミ・演習・研究会・研究室を履修したダミー	「大学 3・4 年次のゼミ・演習・研究会・研究室に相当する授業」を履修した = 1、履修しなかった = 0 とした。	
（大学） 大学の授業に出席している時間		
（大学） 大学の授業の予習・復習・課題をやる時間		
（大学） 大学の授業以外の自主的な勉強	1 週間の平均的な生活時間について、「0 時間」= 0、「1 時間未満」= 0.5、「1 ～ 2 時間くらい」= 1.5、「3 ～ 5 時間くらい」= 4、「6 ～ 10 時間くらい」= 8、「11 ～ 15 時間くらい」= 13、「16 ～ 20 時間くらい」= 18、「21 時間以上」= 23 とした。	
（大学） 読書（マンガ・雑誌を除く）		
（大学） 部・サークル活動（学生団体の活動を含む）		
（大学） アルバイト		
（大学） 友だちづきあい		

表 9-1　分析で使用する変数の操作的定義（続き）

変数名	操作的定義	Cronbach の α 係数
（大学） レポート被指導経験	「文章の基本的な書き方（主語と述語の対応等）を教わった」、「レポート・論文の全体構成の仕方（序論・本論・結論等）を教わった」、「テーマの絞り方を教わった」、「情報（文献・データ等）の調べ方を教わった」、「問いを立てることの重要性を教わった」、「問いの立て方を教わった」、「既存の研究の整理・検討方法を教わった」、「仮説の立て方を教わった」、「調査や実験・シミュレーションの方法を教わった」、「文献・データの分析方法を教わった」、「分析結果の書き方を教わった」、「主張・考察の書き方を教わった」、「根拠・データの示し方を教わった」、「引用の作法を教わった」、「自分の書いた文章を添削してもらった」という 15 個の質問項目（各 5 件法）それぞれについて、「とてもあてはまる」＝ 5 ～「まったくあてはまらない」＝ 1 として平均値を算出した。	社会科学分野 0.952、工学分野 0.941。
（大学） 書評型レポートを課された回数	「本の要約・批評をするレポート」（分量は 1,000 字以上。以降でも同様）を課された回数について、「0 回」＝ 0、「1 ～ 5 回」＝ 3、「6 ～ 10 回」＝ 8、「11 ～ 15 回」＝ 13、「16 ～ 20 回」＝ 18、「21 回以上」＝ 23 とした。	
（大学） 報告型レポートを課された回数	「特定のテーマについて事実をまとめるだけのレポート」を課された回数について、「0 回」＝ 0、「1 ～ 5 回」＝ 3、「6 ～ 10 回」＝ 8、「11 ～ 15 回」＝ 13、「16 ～ 20 回」＝ 18、「21 回以上」＝ 23 とした。	
（大学） 論証型レポートを課された回数	「特定のテーマについて自分の主張を論じるレポート」を課された回数について、「0 回」＝ 0、「1 ～ 5 回」＝ 3、「6 ～ 10 回」＝ 8、「11 ～ 15 回」＝ 13、「16 ～ 20 回」＝ 18、「21 回以上」＝ 23 とした。	
（大学） 定量分析型レポートを課された回数	「計量分析（質問紙調査を含む）や実験・シミュレーションを行うレポート」を課された回数について、「0 回」＝ 0、「1 ～ 5 回」＝ 3、「6 ～ 10 回」＝ 8、「11 ～ 15 回」＝ 13、「16 ～ 20 回」＝ 18、「21 回以上」＝ 23 とした。	
（大学） 定性分析型レポートを課された回数	「聞きとり調査やフィールドワークを行うレポート」を課された回数について、「0 回」＝ 0、「1 ～ 5 回」＝ 3、「6 ～ 10 回」＝ 8、「11 ～ 15 回」＝ 13、「16 ～ 20 回」＝ 18、「21 回以上」＝ 23 とした。	
（大学） 感想文型レポートを課された回数	「授業等の感想文を書くレポート」を課された回数について、「0 回」＝ 0、「1 ～ 5 回」＝ 3、「6 ～ 10 回」＝ 8、「11 ～ 15 回」＝ 13、「16 ～ 20 回」＝ 18、「21 回以上」＝ 23 とした。	
（大学） レポート学習行動	「レポート・論文の書き方に関する本を読んだ」、「本や論文を調べた」、「調べた情報をノートやパソコンに整理した」、「問いをはっきりと立てた」、「結論がわかるように書いた」、「自分の主張を書いた」、「根拠をはっきりと書いた」、「自分の主張が妥当なのか検討した」、「友だちとレポートの内容について話し合った」、「担当教員に質問・相談した」、「早めに仕上げて構成を考え直した」という 11 個の質問項目（各 5 件法）それぞれについて、「とてもあてはまる」＝ 5 ～「まったくあてはまらない」＝ 1 とし、「インターネットや本の内容を出典を示さずにそのまま写した」という質問項目（5 件法）について、「とてもあてはまる」＝ 1 ～「まったくあてはまらない」＝ 5 として、12 個の質問項目の平均値を算出した（いずれかの類型のレポートを課されたことがある者が回答対象）。	社会科学分野 0.826、工学分野 0.819。

変数名	操作的定義	Cronbach の α 係数
（大学） 卒業論文を書いたダミー	卒業論文を書いた＝ 1、「卒業論文を書かなかった」＝ 0 とした。	
（仕事） 仕事経験年数	大学卒業後から 2020 年 3 月末までの仕事経験期間について、「2 年以上 3 年未満」＝ 2.5、「3 年以上 4 年未満」＝ 3.5、「4 年以上 5 年未満」＝ 4.5、「5 年以上 6 年未満」＝ 5.5、「6 年以上 7 年未満」＝ 6.5、「7 年以上 8 年未満」＝ 7.5、「8 年以上 9 年未満」＝ 8.5、「9 年以上 10 年未満」＝ 9.5、「10 年以上 11 年未満」＝ 10.5、「11 年以上 12 年未満」＝ 11.5、「12 年以上 13 年未満」＝ 12.5、「13 年以上 14 年未満」＝ 13、「14 年以上」＝ 13（理論上の最大値）とした。	
（仕事：産業） 製造・金融・保険業ダミー	「製造業」または「金融業・保険業」＝ 1、それ以外の産業＝ 0 とした。	
（仕事：職種） 専門職ダミー		
（仕事：職種） 事務職ダミー	その他の職種（管理職を含む）を基準とするダミー変数	
（仕事：職種） 営業・販売職ダミー	とした。	
（仕事：職種） サービス職ダミー		
（仕事：企業規模） 正規従業員数	「29 人以下」＝ 15、「30 〜 99 人」＝ 65、「100 〜 499 人」＝ 300、「500 〜 999 人」＝ 750、「1,000 〜 4,999 人」＝ 3000、「5,000 人以上」＝ 10000 とした。	
（仕事）労働時間	1 週間あたりのふだんの労働時間（残業を含む）について、「20 時間未満」＝ 15、「20 〜 29 時間くらい」＝ 25、「30 〜 39 時間くらい」＝ 35、「40 〜 49 時間くらい」＝ 45、「50 〜 59 時間くらい」＝ 55、「60 〜 69 時間くらい」＝ 65、「70 時間以上」＝ 75 とした。	
（仕事） ビジネス文書被指導経験	「ビジネス文書全般の書き方に関する指導を受けた」という質問項目（5 件法）について、「とてもあてはまる」＝ 5 〜「まったくあてはまらない」＝ 1 とした。	
（仕事） ビジネス文書執筆経験	「定型的な文書（依頼書等）を書いた」、「会議の議事録を書いた」、「稟議書を書いた」、「仕事に関するマニュアル文書を書いた」、「社内向けの報告書を書いた」、「社外向けの報告書を書いた」、「契約書を書いた」、「仕様書を書いた」、「社内の人（上司等）に対して企画書・提案書を書いた」、「社外の人（顧客等）に対して企画書・提案書を書いた」という 10 個の質問項目（各 5 件法）それぞれについて、「とてもあてはまる」＝ 5 〜「まったくあてはまらない」＝ 1 として平均値を算出した。	社会科学分野 0.874、工学分野 0.861。

された回数を質問した（ここでいうレポートには、卒業論文・ゼミ論文は含まれない）。具体的には、「本の要約・批評をするレポート」（書評型）、「特定のテーマについて事実をまとめるだけのレポート」（報告型）、「特定のテーマについて自分の主張を論じるレポート」（論証型）、「計量分析（質問紙調査を含む）や実験・シミュレーションを行うレポート」（定量分析型）、「聞きとり調査やフィールドワークを行うレポート」（定性分析型）、「授業等の感想文を書くレポート」（感想文型）という六つの類型のレポートを課された回数をそれぞれ単行選択式で質問した。次に、この質問でいずれかの類型のレポートを1回以上課された者を対象として、「大学生のときのレポート（1,000字以上）に対するあなたの取り組み（学習行動）」を分岐式質問文で質問した。具体的には、「レポート・論文の書き方に関する本を読んだ」、「本や論文を調べた」、「調べた情報をノートやパソコンに整理した」等の12個の質問項目（各5件法）である。「インターネットや本の内容を出典を示さずにそのまま写した」という質問項目については、「とてもあてはまる」＝1～「まったくあてはまらない」＝5とし、これ以外の11個の質問項目については、「とてもあてはまる」＝5～「まったくあてはまらない」＝1として、12個の質問項目の平均値を算出した。

　（仕事）ビジネス文書執筆経験は、「最近1年間のあなたの仕事における文章を書く経験」を指す。具体的には、「定型的な文書（依頼書等）を書いた」、「会議の議事録を書いた」、「稟議書を書いた」等の10個の質問項目（各5件法）それぞれについて、「とてもあてはまる」＝5～「まったくあてはまらない」＝1として平均値を算出した。

　以上の三つのレポート学習経験の内的整合性を表すCronbachの α 係数は表中に記載してある通りである。社会科学分野と工学分野のいずれにおいても、内的整合性の高い変数となっている。

　レポートライティング経験以外の独立変数としては、①属性等の基本的な変数、②大学時代の学習状況（卒業した学部の入試偏差値、成績、生活時間等）、③職場に関する変数（産業、企業規模、職種等）を設定する。なぜなら、これらの変数は職場における経験学習と関連していることが予想されるため、その影響力を除去する必要があるからである。具体的な変数とその操作的定義については表中を参照されたい。

5. 分析

5.1 職場における経験学習の規定要因

　まず、レポートライティング経験の連鎖構造を明らかにする前提として、職場における経験学習の規定要因を分析する。なお、以降の分析では、IBM社の統計分析ソフトウェアであるSPSS 28（パス解析ではAmos 28）を使用した。

　表9-2は、分析で使用する変数の記述統計量をまとめたものであり、**表9-3**は、（仕事）経験学習を従属変数とした重回帰分析の結果をまとめたものである[4]。それによれば、次の4点がわかる。

　第一に、専門分野にかかわらず、（大学）レポート学習行動は（仕事）経験学習と有意な正の関連があるという点である。しかも、この標準化偏回帰係数の値は、（仕事）ビジネス文書執筆経験のそれに次ぐ大きさとなっている。

　第二に、専門分野にかかわらず、（大学）レポート被指導経験は（仕事）経験学習と有意な関連がないという点である。

　第三に、専門分野にかかわらず、（仕事）ビジネス文書執筆経験は（仕事）経験学習と有意な正の関連があるという点である。標準化偏回帰係数の値をみると、この独立変数の値が最も大きくなっている。

　第四に、工学分野では、（高校）文章執筆経験に有意な正の関連があるという点である。

5.2 考察（1）

　以上の分析結果について考察する。

　第一に、専門分野にかかわらず、（大学）レポート学習行動が（仕事）経験学習と有意な正の関連があったのは、大学時代に試行錯誤しながらレポートに取り組んだ経験が職場における内省を伴う仕事ぶりに一定程度転移したからであると解釈できる。高校時代や仕事におけるレポートライティング経験等の影響力を統制しても、上記の正の関連が残ったという点が重要である。

　第二に、専門分野にかかわらず、（大学）レポート被指導経験が（仕事）経験学習と有意な関連がなかったのは、レポートの書き方を受動的に教わっただけでは、仕事には活かされないからであると解釈できる（とくに社会科学

表 9-2　記述統計量

分析で使用する変数
（仕事）経験学習
男性ダミー
実家の蔵書数
父親の最終学歴（大卒・大学院卒ダミー）
母親の最終学歴（大卒・大学院卒ダミー）
（高校）普通科ダミー
（高校）入試偏差値
（高校）高校2年生のときの主要5教科校内成績
（高校）文章被指導経験
（高校）文章執筆経験
（大学）国公立大学卒ダミー
（大学）卒業した学部の入試偏差値
（大学）(社会科学)商学・経済学ダミー／（工学）機械工学ダミー
（大学）(社会科学)法学ダミー／（工学）電気通信工学ダミー
（大学）(社会科学)社会学ダミー／（工学）土木建築工学ダミー
（大学）(社会科学)その他の学部ダミー／（工学）その他の学部ダミー（基準）
（大学）一般入試ダミー
（大学）A（優）以上の成績だった科目の割合
（大学）大学3・4年次のゼミ・演習・研究会・研究室を履修したダミー
（大学）大学の授業に出席している時間
（大学）大学の授業の予習・復習・課題をやる時間
（大学）大学の授業以外の自主的な勉強
（大学）読書（マンガ・雑誌を除く）
（大学）部・サークル活動（学生団体の活動を含む）
（大学）アルバイト
（大学）友だちづきあい
（大学）レポート被指導経験
（大学）書評型レポートを課された回数
（大学）報告型レポートを課された回数
（大学）論証型レポートを課された回数
（大学）定量分析型レポートを課された回数
（大学）定性分析型レポートを課された回数
（大学）感想文型レポートを課された回数
（大学）レポート学習行動
（大学）卒業論文を書いたダミー
（仕事）仕事経験年数
（仕事：産業）製造・金融・保険業ダミー
（仕事：職種）専門職ダミー
（仕事：職種）事務職ダミー
（仕事：職種）営業・販売職ダミー
（仕事：職種）サービス職ダミー
（仕事：職種）その他の職種ダミー（基準）
（仕事：企業規模）正規従業員数
（仕事）転職経験ありダミー
（仕事）労働時間
（仕事）ビジネス文書被指導経験
（仕事）ビジネス文書執筆経験

社会科学分野				工学分野			
平均値	標準偏差	最小値	最大値	平均値	標準偏差	最小値	最大値
3.287	0.730	1.000	5.000	3.326	0.750	1.000	5.000
0.621	0.485	0	1	0.808	0.394	0	1
0.792	1.150	0	4.5	0.688	1.057	0	4.5
0.606	0.489	0	1	0.511	0.500	0	1
0.275	0.447	0	1	0.259	0.439	0	1
0.888	0.316	0	1	0.822	0.383	0	1
55.375	8.673	37	72	53.903	8.357	37	72
3.595	0.766	1.000	5.000	3.648	0.727	1.000	5.000
2.787	1.012	1.000	5.000	2.614	1.078	1.000	5.000
3.002	0.961	1.000	5.000	2.846	0.994	1.000	5.000
0.210	0.407	0	1	0.330	0.471	0	1
56.001	8.217	37	72	53.132	7.538	37	72
0.584	0.493	0	1	0.259	0.439	0	1
0.166	0.373	0	1	0.228	0.420	0	1
0.185	0.388	0	1	0.131	0.337	0	1
0.065	0.246	0	1	0.382	0.486	0	1
0.624	0.485	0	1	0.618	0.486	0	1
55.794	26.454	0	95	55.102	27.684	0	95
0.935	0.246	0	1	0.969	0.175	0	1
12.312	7.018	0.5	23	14.330	7.398	0	23
3.218	4.319	0	23	4.230	4.999	0	23
2.297	3.816	0	23	2.210	3.931	0	23
1.948	3.246	0	23	1.740	3.127	0	23
3.819	5.637	0	23	2.921	4.787	0	23
10.142	7.726	0	23	8.628	7.513	0	23
6.367	6.132	0	23	5.656	5.851	0	23
3.344	0.863	1.000	5.000	3.467	0.785	1.000	5.000
5.310	5.509	0	23	4.093	5.478	0	23
5.352	5.178	0	23	5.322	6.008	0	23
5.665	5.718	0	23	4.659	5.409	0	23
2.936	4.656	0	23	9.445	8.298	0	23
2.891	4.455	0	23	2.569	4.441	0	23
7.421	7.370	0	23	6.028	6.987	0	23
3.523	0.636	1.083	5.000	3.509	0.618	1.583	5.000
0.749	0.434	0	1	0.954	0.209	0	1
6.665	3.031	2.5	13	7.674	3.116	2.5	13
0.382	0.486	0	1	0.432	0.496	0	1
0.158	0.365	0	1	0.731	0.444	0	1
0.400	0.490	0	1	0.110	0.313	0	1
0.338	0.473	0	1	0.082	0.274	0	1
0.066	0.248	0	1	0.041	0.198	0	1
0.039	0.193	0	1	0.036	0.187	0	1
3011.593	3910.592	15	10000	2562.901	3630.805	15	10000
0.454	0.498	0	1	0.352	0.478	0	1
44.773	13.591	15	75	46.352	13.460	15	75
2.577	1.249	1	5	2.473	1.232	1	5
2.821	0.937	1.000	5.000	2.950	0.911	1.000	5.000

注：社会科学分野の各 N=926、工学分野の各 N=636 である

表 9-3　（仕事）経験学習の規定要因（重回帰分析）

独立変数	社会科学分野 標準化偏回帰係数		工学分野 標準化偏回帰係数	
男性ダミー	− 0.045		0.046	
実家の蔵書数	0.059	+	− 0.020	
父親の最終学歴（大卒・大学院卒ダミー）	− 0.065	*	0.030	
母親の最終学歴（大卒・大学院卒ダミー）	0.007		0.056	
（高校）普通科ダミー	0.015		0.050	
（高校）入試偏差値	0.039		0.000	
（高校）高校 2 年生のときの主要 5 教科校内成績	0.030		0.075	*
（高校）文章被指導経験	0.062		− 0.053	
（高校）文章執筆経験	0.072	+	0.149	**
（大学）国公立大学卒ダミー	− 0.056	+	0.012	
（大学）卒業した学部の入試偏差値	− 0.021		− 0.038	
（大学）（社会科学）商学・経済学ダミー／（工学）機械工学ダミー（基準：その他の学部）	0.019		− 0.011	
（大学）（社会科学）法学ダミー／（工学）電気通信工学ダミー（基準：その他の学部）	− 0.002		− 0.016	
（大学）（社会科学）社会学ダミー／（工学）土木建築工学ダミー（基準：その他の学部）	− 0.092	+	0.032	
（大学）一般入試ダミー	0.026		− 0.030	
（大学）A（優）以上の成績だった科目の割合	0.031		− 0.016	
（大学）大学 3・4 年次のゼミ・演習・研究会・研究室を履修したダミー	− 0.046		0.033	
（大学）大学の授業に出席している時間	− 0.056	+	− 0.006	
（大学）大学の授業の予習・復習・課題をやる時間	− 0.052		− 0.054	
（大学）大学の授業以外の自主的な勉強	0.046		0.008	
（大学）読書（マンガ・雑誌を除く）	− 0.003		0.033	
（大学）部・サークル活動（学生団体の活動を含む）	0.047		− 0.030	
（大学）アルバイト	0.015		0.031	
（大学）友だちづきあい	0.061		0.036	
（大学）レポート被指導経験	− 0.040		0.083	+
（大学）書評型レポートを課された回数	0.025		− 0.036	
（大学）報告型レポートを課された回数	− 0.011		0.008	
（大学）論証型レポートを課された回数	0.011		− 0.042	
（大学）定量分析型レポートを課された回数	0.042		0.067	+
（大学）定性分析型レポートを課された回数	0.006		0.005	
（大学）感想文型レポートを課された回数	0.012		0.079	*
（大学）レポート学習行動	0.256	***	0.233	***
（大学）卒業論文を書いたダミー	− 0.057	+	− 0.051	
（仕事）仕事経験年数	0.021		0.105	**
（仕事：産業）製造・金融・保険業ダミー	− 0.045		0.004	
（仕事：職種）専門職ダミー（基準：その他の職種）	− 0.039		− 0.086	
（仕事：職種）事務職ダミー（基準：その他の職種）	− 0.150	*	− 0.058	
（仕事：職種）営業・販売職ダミー（基準：その他の職種）	− 0.057		− 0.039	
（仕事：職種）サービス職ダミー（基準：その他の職種）	− 0.096	*	0.035	
（仕事：企業規模）正規従業員数	0.111	***	0.052	
（仕事）転職経験ありダミー	0.027		0.027	
（仕事）労働時間	0.100	***	− 0.001	
（仕事）ビジネス文書被指導経験	0.042		0.034	
（仕事）ビジネス文書執筆経験	0.319	***	0.326	***
自由度調整済み決定係数	0.337		0.332	
F 値	11.672	***	8.175	***
N	926		636	

注：+：$p<0.10$、*：$p<0.05$、**：$p<0.01$、***：$p<0.001$

分野）。

　第三に、専門分野にかかわらず、（仕事）ビジネス文書執筆経験が（仕事）経験学習と有意な正の関連があったのは、仕事の中で文章を書くことで自らの考えが言語化・可視化され、内省が促進されたからであると解釈できる。

　第四に、工学分野では、（高校）文章執筆経験が（仕事）経験学習と有意な正の関連があったのは、数学を基盤とした論理的・数理的な考え方は中長期的に転移しやすいからであると解釈できる。

　以上の分析結果で重要なのは、二つの専門分野のいずれにおいても、レポート・文書の書き方を教わった経験（レポート被指導経験）には有意な関連がなく、それらを自ら書いた経験（レポート学習経験）に有意な正の関連がみられたという点である。したがって、高校・大学・仕事におけるレポートライティング経験の連鎖構造を問題にする場合、レポート学習経験に着目したモデルを設定することが適切であると考えられる。

5.3　高校・大学・仕事におけるレポート学習経験に着目したパス解析

　次に、職場における経験学習の規定要因をパス解析によって分析する[5]。ここでは、前項の重回帰分析の結果を踏まえて、前述した三つのレポート学習経験に焦点を当てる。

　図 9-1 と **表 9-4** は、（仕事）経験学習を最終的な従属変数としたパス解析（飽和モデル）の結果をまとめたものである。パス解析の結果を専門分野ごとに整理する。

　まず、社会科学分野では、（仕事）ビジネス文書執筆経験の標準化総合効果が最も大きいものの、（高校）文章執筆経験と（大学）レポート学習行動の当該効果もそれに近い値となっている。高校・大学時代のレポート学習経験はほぼ同程度に職場における経験学習に対して正の連鎖をしている。

　次に、工学分野では、（大学）レポート学習行動の標準化総合効果が最も大きくなっている。ただし、当該変数と（高校）文章執筆経験、（仕事）ビジネス文書執筆経験の標準化総合効果はほぼ同程度の値である。工学分野では、社会科学分野以上に、高校・大学時代のレポート学習経験が職場における経験学習と正の関連がある。

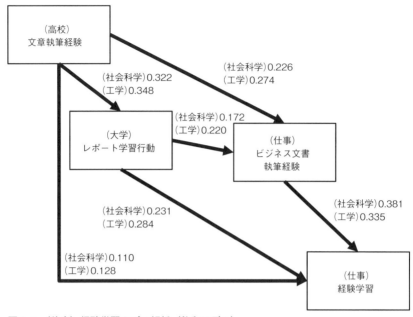

図 9-1　（仕事）経験学習のパス解析（飽和モデル）

注1：社会科学分野の N=981、工学分野の N=705 である

注2：図中の値は標準化係数の推定値で、すべて 0.1%水準有意である。誤差項は省略している

表 9-4　（仕事）経験学習に対する間接効果・直接効果・総合効果

専門分野	狭義のレポートライティング経験	標準化直接効果	標準化間接効果	標準化総合効果
社会科学分野	（高校）文章執筆経験	0.110	0.182	0.292
	（大学）レポート学習行動	0.231	0.066	0.297
	（仕事）ビジネス文書執筆経験	0.381	0.000	0.381
工学分野	（高校）文章執筆経験	0.128	0.216	0.345
	（大学）レポート学習行動	0.284	0.074	0.358
	（仕事）ビジネス文書執筆経験	0.335	0.000	0.335

注：小数点以下の桁数の丸めのため、標準化総合効果の数値に若干の相違が生じている箇所がある

5.4　考察（2）

　以上の分析結果について考察する。

　まず、社会科学分野と工学分野のいずれにおいても、狭義のレポートライティング経験（レポート学習経験）に正の連鎖がみられたのはなぜか。

　ここで参考になるのは、Dewey（1938＝2004）が提唱した「経験の連続性の原理」である。Dewey（1938＝2004：47）によれば、「経験の連続性の原理というものは、以前の過ぎ去った経験からなんらかのものを受け取り、その後にやってくる経験の質をなんらかの仕方で修正するという両方の経験すべてを意味するものである」。狭義のレポートライティング経験は、高校から仕事にかけて認知的な試行錯誤・批判的思考を行い、次の認知的な試行錯誤・批判的思考に活かすという「経験の連続性の原理」を具現化するものであると考えられる。そのため、上述したような正の連鎖がみられたと解釈できる。

　次に、社会科学分野よりも工学分野において、とくに大学時代のレポート学習経験の標準化総合効果が大きかったのはなぜか。

　おそらく工学分野のほうが、大学時代のレポートライティング経験と職場で求められる仕事ぶりの中身が類似しているからであろう。たとえば、実験レポートで求められる研究方法の記述の仕方、考察の書き方や仮説検証の考え方は、工学部卒業者に期待される職業能力と親和性が高いと推測される。また、読売新聞教育ネットワーク事務局（2016：11）が明らかにしているように、工学分野ではレポート等を書く力の育成が相対的に充実していることも前述した分析結果の背景要因の一つであるように思われる。

6.　結論

　本章では、社会科学分野と工学分野の大卒就業者に対するインターネットモニター調査によって、高校・大学・仕事におけるレポートライティング経験は職場における経験学習に対してどのように連鎖しているのかという問いを明らかにしてきた。本章の主な知見は、次の2点にまとめることができる。

　第一に、社会科学分野と工学分野のいずれにおいても、大学・仕事における狭義のレポートライティング経験（レポート学習経験）は職場における経験学習と有意な正の関連があったという点である。なお、工学分野において

は、高校におけるレポート学習経験も職場における経験学習と有意な正の関連があった。

　第二に、社会科学分野と工学分野のいずれにおいても、高校・大学・仕事でのレポート学習経験は職場における経験学習に対して相互に有意な正の連鎖をしていたという点である。工学分野では、社会科学分野以上に、この連鎖（とくに大学時代のレポート学習経験の連鎖）が強かった。

　以上から、本章の結論は、社会科学分野と工学分野のいずれにおいても、高校・大学・仕事における狭義のレポートライティング経験は職場における経験学習に対して相互に正の連鎖をしているということになる。

　それを踏まえて、本章の知見の含意について考察する。

　まず、学術的な含意である。本章の知見によれば、レポートライティング経験という具体的な文脈において、学び習慣仮説が実証面でも理論面でも精緻化された。社会科学分野と工学分野のいずれにおいても、狭義のレポートライティング経験は、高校・大学・仕事において相互に正の連鎖をしており、字義通り、学び習慣仮説が成り立つ可能性が示唆された。また、大学時代の狭義のレポートライティング経験には職場における経験学習に対する正の直接効果があったことを踏まえると、狭義のレポートライティング経験を伴う学術的な教育には、結果として、職業的レリバンスがあることが示唆される。このことは、「文章力程度は入社後に育成すれば十分である」という職業社会における矮小化された大学教育無用論を根本的に見直す契機となる。狭義のレポートライティング経験は、単なる文章力以上に重要な意義を職業社会に対してもたらしていると考えられる。

　次に、実践的な含意である。本章の知見は、高校・大学におけるレポートライティングに関する学習支援に対して貢献する。ここで重要なのは、レポート・文書の書き方の指導を強化するというよりも、生徒・学生が主体的にレポート・文書を執筆するような学習環境を充実させることが、結果的に職業的レリバンスを高めるという点である。この点を踏まえれば、ライティングセンター、ラーニング・コモンズ、大学図書館等と連携した多面的な学習支援が重要であろう。また、本章の知見は、大学の初年次教育や専門教育において省労力でレポートを書いて単位を取得しようとする学生に対して警鐘を鳴らし、彼ら・彼女らを学習に対して動機づける契機にもなると考えられる。

最後に、今後の課題として、次の3点を指摘する。

第一に、分析のモデルの妥当性を検討する必要があるという点である。本章のパス解析では、職場における経験学習を従属変数とした重回帰分析の結果に基づいて分析のモデルを設定したが、高校・大学・仕事におけるレポートライティング経験は他の変数の影響も受けていると予想される。この点で、本章のパス解析は、レポートライティング経験の連鎖構造を単純化した試論的なモデルにとどまっている。

第二に、レポートライティング経験が連鎖するメカニズムに切り込む必要があるという点である。なぜ本章が明らかにしたような正の連鎖がみられたのかという点について、定量的な研究に加えて、定性的な研究も必要である。

第三に、職業的レリバンスのあるレポートライティング経験を学習支援プログラムに落とし込む研究が必要であるという点である。本章の知見は、こうした教育実践研究を推進するための実証的な根拠の一つとなるだろう。

付記

インターネットモニター調査にご回答いただいた方々に厚くお礼申し上げる。

本章は、カシオ科学振興財団第36回（2018年度）研究助成を受けた研究テーマである「大学時代のレポートライティング経験は職業生活に役立つのか」（研究代表者：小山治）、2018〜2020年度大学教育学会課題研究に採択された研究テーマである「学生の思考を鍛えるライティング教育の課題と展望」（研究代表者：井下千以子）の研究成果の一部である。本章は、小山（2021）を加筆・修正したものである。

注

1）　卒業論文・卒業研究については詳しくは扱わない。なぜなら、卒業論文よりもレポートに関する学習経験のほうが職場における経験学習と関連しているからである（小山2017）。また、「理系でも4割、文系では8割」が卒業論文・卒業研究を課されていないか、それにあまり時間をかけていないのが実態であるからである（金子2013：44）。

2）　日本語教育学、教育工学、教育心理学等の領域においては、レポートライティング教育（指導）の効果に関する研究が複数ある。しかし、そこでの先行研究では、レポートライティング経験と卒業後の仕事との関連性は主要な問題関心となっていないため、今回は検討の対象外とする。

3）　インターネットモニター調査であるため、通常の質問紙調査のような回収率は算出できない。調査対象者の条件を満たす出現数を分母とすると26.0％、累計配信数を分

母とすると 67.4％ から回答が回収されたという点を指摘しておく。

4） 独立変数間に強い相関関係はない。VIF の最大値は、社会科学分野で 7.195 であり、工学分野で 6.309 である。

5） 使用するすべての変数に有効回答しているケースを選択して分析する。

引用文献

Dewey, J. (1938). *Experience and Education*, The Macmillan Company. デューイ，J.（市村尚久訳）（2004）『経験と教育』講談社学術文庫.

濱中淳子（2012）「『大学教育の効用』再考—文系領域における学び習慣仮説の検証—」『大学論集』43, 189–205.

濱中淳子（2013a）「出世する大卒・しない大卒—『学習経験』が学歴内の多様性をもたらす—」『検証・学歴の効用』勁草書房，58–83.

濱中淳子（2013b）「大卒人材と読書」『検証・学歴の効用』勁草書房，84–108.

井下千以子・柴原宜幸・小山治（2021）「探究学習を企図した専門科目でのレポート指導が批判的思考力・論理的表現力の育成に及ぼす効果—目的と方法—」『大学教育学会誌』43(1), 28–32.

金子元久（2013）『大学教育の再構築—学生を成長させる大学へ—』玉川大学出版部.

小山治（2017）「大学時代のレポートに関する学習経験は職場における経験学習を促進するのか—社会科学分野の大卒就業者に対するインターネットモニター調査—」『高等教育研究』20, 199–218.

小山治（2019）「レポートに関する学習経験の職業的レリバンス」『大学教育学会誌』41(1), 61–65.

小山治（2021）「大学時代のレポートライティング経験は仕事においてどの程度役立つか—社会科学分野と工学分野の比較—」『大学教育学会誌』43(1), 38–42.

村岡貴子（2018）「大学と社会をつなぐライティング教育の視点」村岡貴子・鎌田美千子・仁科喜久子編『大学と社会をつなぐライティング教育』くろしお出版，3–13.

中原淳（2010）「企業における学び」佐伯胖監・渡部信一編『「学び」の認知科学事典』大修館書店，264–275.

中原淳（2013）「経験学習の理論的系譜と研究動向」『日本労働研究雑誌』639, 4–14.

中原淳・溝上慎一編（2014）『活躍する組織人の探究—大学から企業へのトランジション—』東京大学出版会.

中澤務（2019）「書く力の育成とライティングセンター」関西大学ライティングラボ・津田塾大学ライティングセンター編『大学におけるライティング支援—どのように〈書く力〉を伸ばすか—』東信堂，3–26.

矢野眞和（2009）「教育と労働と社会—教育効果の視点から—」『日本労働研究雑誌』588, 5–15.

読売新聞教育ネットワーク事務局（2016）『大学の実力 2017』中央公論新社.

第Ⅲ部

正課と正課外教育をつなぐ
ライティングセンター

第10章 文章力向上を多面的に支える創価大学ライティングセンター

佐藤広子・高橋　薫

　創価大学ライティングセンターは、学生の文章力向上を多面的に支える活動を展開している。ここではセンターの成立経緯、特徴、サービス内容、正課との連関、成果、課題の順に述べる。

1.　成立経緯

　創価大学では、2000 年度に Center for Excellence in Teaching and Learning（略称 CETL）が開設され、学習相談の一環として、レポート作成相談・レポート講習会がスタートした。2002 年度からは学生のレポートの問題点を紙上でチェックするレポート診断サービスを開始、2003 年度からはチェックリストとしてレポート診断コード表を開発した。

　2010 年度創価大学グランドデザインが発表され、学長ビジョンとして文章力向上が掲げられた。この学長ビジョンに基づき、文章力向上プロジェクトが組織された。文章力向上プロジェクトとは、専門教育と共通教育を連動・連結させ、正課と正課外とを合わせた学士課程全体として文章力向上を促進し、実践的コミュニケーション能力の育成を目指すものである。文章力向上プロジェクトの一環として、共通教育の正課内では学術文章作法Ⅰを中心に、思考技術基礎、学術文章作法Ⅱ、Ⅲから構成される文章力向上プログラムが展開されることとなった。このプログラムと、専門教育の卒業論文、ジュニアペーパー、様々な科目のレポート課題に関する相談を受け付け、支援する正課外の組織として日本語ライティングセンターの設置が計画された。

2011 年度、大学図書館内に CETL ブースとして、大学院生による学習相談コーナーが開設され、その中でライティングの支援も行うこととなった。2013 年度 9 月中央教育棟が完成し、総合学習支援センター（Student Performance Acceleration Center、略称 SPACe）が開所してからは、日本語によるライティング支援を行う日本語ライティングセンター（略称 JWC）が SPACe の下部組織として設置された。それに伴い、それまで開設していた図書館内の学習相談コーナーは、JWC 出張ブースとして週 2 日稼働することとなった。なお、英語で書かれた文章については、World Language Center（略称 WLC）内に設置されているライティングセンターが取り扱うものとしている。

2. 特徴

　JWC の最大の特徴は、共通教育の文章力向上プログラムを担当する教員が運営の中心を担っていることである。2021 年度は准教授 2 名、助教 9 名となっている。それぞれが学術文章作法Ⅰ、Ⅱ、思考技術基礎の授業のいずれかを担当している。中でも、「学術文章作法Ⅰ」は全学必修の初年次教育科目であり、文章力向上プログラムのコア科目に位置づけられ、全員が担当している。「学術文章作法Ⅰ」の授業中においても JWC においても、教員は対話を重視し、書かれた成果物（product）のみならず、書くプロセス（process）を支援するプロセスアプローチ（process approach）を取っている。
　JWC では、教員以外のスタッフとして、職員である特別センター員 2 名、大学院生のチューター 10 名がライティングの支援を行っている。組織自体が教職学協働で、対話をベースとしながら学生の文章力向上を支援している。
　JWC が提供するサービス内容は、次の節で詳述するように口頭と紙面によるもの、個別相談形式と一斉のセミナー形式によるもの、書くことの支援を目的としたものと読むことの支援を目的としたものから構成されている。学生が主体的に文章力を向上させていくために有効と考えられる内容を多面的に捉えている。

3. サービス内容

　JWC では、書く力の向上を目的として、レポートチュータリング、レポ

ート診断、学習セミナーのサービスを提供している。いずれもポータルサイトから申し込む予約制をとっている。この他に読む力の向上を目的として、大学附属図書館と連携し、読書推進のためのイベントを実施している。こちらは図書館のホームページから申し込むことになっている。

3.1　レポートチュータリング

レポートチュータリングは一対一の対話によって学生が自身の文章の問題点に気づき、改善して書き換えられるように支援するサービスである。チュータリングはライティングのプロセスのどの段階でも受け付ける。つまり、課題に対してどうアプローチするかという段階から、一度完成した文章をよりよくするにはどうすればよいかという段階まで幅広く相談できるようにしている。レポートチューリングは、JWCのメインサービスと位置づけている。

チュータリングで対象とする文章は、アカデミックな目的で書かれた文章であり、具体的には、授業で出された課題レポート、卒業論文などを指す。就職活動を目的とした文章については対象外とし、就職関連の情報や伝え方を熟知しているキャリアセンターのスタッフに指導を委ねている。

チュータリングの1セッションは対面の場合は40分である。2020、2021年度については新型コロナウイルス感染防止対策として、対面から Zoom によるオンラインサービスに切り替えた。オンラインサービスは対面に比べて集中できる時間が短くなるため、1セッションを30分で行っている。対面、オンラインそれぞれの長所・短所については、成果の項で後述する。

チュータリングを行うに際し、スタッフは学生の利用履歴から過去のセッション記録を確認し、学生が予約時に入力した事前アンケートで問題の現状を把握してセッションに臨む。事前アンケートの項目は、「作成状況・課題が出題された授業・担当教員名・文字数・締切日・課題内容・今回のセッションで特にみてほしい項目・具体的な相談内容・現段階で取り組んだこと」となっている。

チュータリングのセッション冒頭では、アンケートの「セッションで特にみてほしい項目・具体的な相談内容」を現状と共に確認し、学生と話し合ってセッションの目標を設定する。スタッフはコーチングの技法を用いて質問で学生の気づきを促し、学生自身が目標達成に近づけるように支援する。最後にセッション後の具体的な行動計画まで確認して、セッションは終了する。

終了後、学生は事後アンケートに回答する。事後アンケートの項目は、「利用動機、利用のきっかけとなった授業、チューターが最初に課題内容を確認したか、状況を聞いたか、セッションの目標を一緒に立てたか、学生の話を良く聞いたか、セッションは有益だったか、どのように役に立ったか、要望等」となっている。事後アンケートの内容を受けて、担当スタッフは、セッションを振り返り、目標に対してどう対応したか、今後どのような支援がその学生にとって必要かを記述する。この情報が他のスタッフと共有され、学生への支援を JWC として継続的に行うことにつながっている。

学生の支援についてまとめた後、スタッフはチュータリングのチェックリストを使ってセッションの質を自己評価する。最後に、セッションの良かった点、今後気をつけたい点を簡単に記述し、他のスタッフに相談したいことがあればそれも記述して記録作業を終える。毎回のセッションがスタッフにとっての実地研修にもなっている。

3.2　レポート診断

レポート診断は、学生が自身の書いた文章を見直し、問題を発見して書き換えられるように紙上で支援するサービスである。受け付けるのは一旦完成した文章としている。つまり、ライティングのプロセスとしては、初稿以降の段階ということになる。レポート診断は、チュータリングの補完サービスとして位置づけている。

レポート診断で対象とする文章は、授業で出された課題レポートに限定している。学生はポータルサイトの申込欄に「授業名・曜日／コマ・教員名・課題名・テーマ・レポート提出締切日、指定文字数・書式・利用のきっかけとなった授業・重点的に見てほしい箇所・出題者が指定しているその他の課題内容」を書き込んだ上で、原稿データを添付して申し込む。

返却時にレポートにつけるレポート診断用紙（**図 10-1 参照**）は総評欄とコード表から構成される。コードは、構成、パラグラフ、文、語句、引用、体裁のグループに分け、レポート作成において必要なチェック項目を記載してある。1 年生向けには、詳しい説明を「学術文章作法Ⅰ」のテキストである『レポート作成の手引き』で参照できるよう、ページ数も示してある。

レポート診断では添削は行わない。紙上で学生自身が問題に気づけるように、文章中に下線を引き、コードをつけることにしている。コードだけでは

レポート診断書

学籍番号：1234567　　　氏名：　○○　○○

　○○さん、中間レポート作成お疲れ様でした。インターネットは便利ですが問題も多く、今回○○さんのレポート内容からその問題の現状を知ることができました。ただ、タイトルと問いに少しズレがあるようですので確認することをおススメします。また、レポートの一貫性をとるために文章構成を序論の予告の通り展開してみてはどうでしょうか。チェック項目について、『手引き』を再度ご確認ください。　　　　　　　　　　　診断者：○○○○

	✓	Code	チェック項目	再検討を要する点	『手引き』
構成	☑	K1	的確なタイトル	タイトルが、序論の予告、本論の内容、結論のまとめ等を的確に表現できているか。	――
	☑	K2	明確な問題提起	問題設定が妥当か。問題提起が適切に表現されているか。	pp. 10-11
	☑	K3	序論の内容	序論で、本論の背景、テーマ（問い）、予告等が具体的かつ明確に書けているか。	pp. 16-17
	☑	K4	本論の内容	本論（のSTS）の流れが適切で、展開に重複や脱線や飛躍がないか。	
	☑	K5	結論の内容	主張（答え）、本論のまとめ、今後の課題等が具体的かつ明確に書けているか。	
	☑	K6	一貫性の確認	序論のテーマ（問い）と結論の主張（答え）、序論の予告と結論のまとめは対応しているか。	
パラグラフ	☑	P1	話題は1つ	1つのパラグラフに1つのトピック（話題）のことだけが述べられているか。	p. 21
	☑	P2	適切なTS	そのパラグラフのトピック（話題）が、冒頭のTSで端的かつ十分に書けているか。	pp. 22-25
	☑	P3	適切なSS	データ、先行研究、説明等が、トピック（話題）を適切に裏付け・補足できているか。	
	☑	P4	SS全体の整合性	トピック（話題）と直接関係のあるSSのみで論理的に構成できているか。	
	☑	P5	適切なCS	TSとCSの内容が一致しているか。（CSは省略する場合もある）	
文	☑	B1	適切な日本語	主語と述語が対応しているか（ねじれていないか）、不自然ではないか。	pp. 30
	☑	B2	学術的な文	書き言葉、である体、客観的な表現か、体言止め、略語、あいまいな表現がないか。	pp. 26-28
	☑	B3	読みやすい文	一文一義か、各語句の配置が適切な順番か、平易な文章表現か、読点の打ち方が適切か。	pp. 30-33
	☑	B4	不足情報のない文	「誰(何)が」「誰(何)を」「誰(何)に」「誰(何)の」「どのような(に)」等が適切に明確な文か。	――
	☑	B5	明確な文関係	文のつながりが明確か、文の並びが適切か、接続詞が適切に用いられているか。	p. 28
語句		G1	正しい文字表記	漢字・数字はいなか、同じ言葉の漢字・仮名表記や送り仮名の統一はできているか。	
		G2	明確な指示語	指示語が具体的に指す内容を、読者が明確に特定できるか、指示語が多すぎないか。	
		G3	適切な記号表記	適切な記号表記を用いているか、記号表記の統一や使い分けができているか。	p. 32―33
		G4	適切な数字表記	英数字等の半角全角、漢数字と算用数字の使い分け、単位表記の統一等ができているか。	
		G5	適切な用語使用	より適切な用語はないか、用語の統一や使い分けができているか。	――
引用	☑	I1	引用部分の区別	引用部分(他者の考え)と自分の考えを明確に区別出来ているか。	pp. 34-38
		I2	適切な引用	引用や図表が効果的に用いられているか。	
体裁	☑	T1	適切な引用形式	一般的な形式（または指示された形式）で統一されているか。	pp. 36-38
	☑	T2	適切な文献リスト	一般的な形式（または指示された形式）通りに文献リストが作られているか。	pp. 39-43
	☑	T3	適切な体裁	表組、ページ設定、余白、字の大きさ、フォント、文字数等が指示通りか。	pp. 51-55
	☑	T4	1字下げ	パラグラフの書き出しが全角1字分空いているか。	――

※略記はそれぞれ、TS（トピックセンテンス）、SS（サポーティングセンテンス）、CS（コンクルーディングセンテンス）。
『手引き』は『レポート作成の手引き　2019年度版』を指す。

＜レポートに関するお問い合わせ＞
SPACe 日本語ライティングセンター
受付時間：14:30-18:30

総合学習支援センター
Student Performance Acceleration Center

図 10-1　レポート診断書記載例

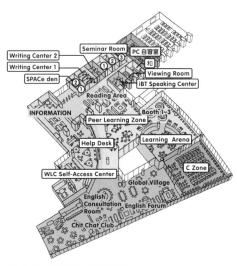

Writing Center 2
Writing Center 1
SPACe den
Seminar Room
PC 自習室
和
Viewing Room
iBT Speaking Center
Reading Area
INFORMATION
Booth 1-3
Peer Learning Zone
Help Desk
Learning Arena
WLC Self-Access Center
C Zone
Global Village
English Consultation Room
English Forum
Chit Chat Club

図 10-2　SPACe 見取り図

わかりにくい箇所やコードで指摘できない箇所にはコメントをつける。コメントは原則疑問形とし、チュータリングと同じように質問で気づきを与えられるように工夫している。

レポート診断に要する時間は、2019 年度までは 3,000 字につき 20 分程度を目安とし、スタッフは JWC 内で学生が送ってきたデータをプリントアウトし、手書きでコメントしていた。終了後は案内を学生にメールで送り、終了案内を受け取った学生は、SPACe カウンターで診断されたレポートを受け取る仕組みになっていた。2020 年度からは診断作業も終了後の学生の受け取りもオンラインとなった。診断から返却までの一連の作業を PC 上で行うには時間がかかるため、診断所要時間を 3,000 字につき 30 分に改めている。なお、3,000 字を超える文章については、フィードバックは時間内にできる分量にとどめ、残りはチュータリングを受けるよう勧めるコメントを総評欄に書くことにしている。

3.3　学習セミナー

　学習セミナーは、学生の文章力向上につながると考えられるテーマを設定し、内容に応じて 60 〜 90 分で開催している。2019 年度までは SPACe 内のセミナールームやオープンスペース「ラーニングアリーナ」（図 10-2 参照）で行っていた。2020、2021 年度はオンラインで実施している。学習セミナーの具体的な内容については、成果の項で後述する。

3.4　図書館連携イベント

　学生の文章力向上を支援するうえで、学生の読書量を増やすことも求めら

れる。JWC は大学附属図書館と連携して、全学読書運動 Soka Book Wave（略
称 SBW）を推進している。その一環として 2017 年度から図書館連携イベン
トを企画開催している。図書館連携イベントの具体的な内容については、成
果の項で後述する。

4. 正課との連関

4.1 「学術文章作法Ⅰ」との連関

　先述したように、JWC は「学術文章作法Ⅰ」を担当する教員（以下、担当
教員）が運営を担っている。「学術文章作法Ⅰ」は 1 年生全学必修の共通科
目であるため、初年次教育として、正課外のサービスをどのように有効活用
すればよいか、授業内で広報することが可能である。実際に毎回の授業スラ
イドに JWC のチュータリング、レポート診断の利用を促すポスターを挟み
込み、書くことに困ったら JWC を利用するように意識づけを行っている。
また、学習セミナー、図書館連携イベントについても、開催が決定次第、ど
のようなテーマで行うかその都度ポスターを掲示し、知らせるようにしてい
る。

　2019 年度以前の対面サービス時は「学術文章作法Ⅰ」の履修者のうち、
平均 43% の学生がチュータリングを利用していた。2020 年度以降のオンラ
インサービスでは、利用率は平均 26% となっている。代わりにレポート診
断の利用率は 2019 年度以前の平均 5% から 2020 年度以降は平均 17% に上
昇している。

　担当教員は、各種サービスの予約情報を予約サイトの閲覧により把握でき
る。授業内で利用を勧めた学生が実際に予約したか、こまめにチェックして
いる担当教員も多い。時には授業では消極的な学生が利用しているのを発見
することもある。とくに必要であれば、授業で気になっている点をあらかじ
め担当スタッフに伝え、連携をとることも可能である。

　セッション後に学生が入力した事後アンケートを参考にしながら、担当ス
タッフはチュータリングを振り返り、その学生の支援で留意すべきことを記
録に残す。セッション中のメモ等の記録もすべて画像として保存されるため、
担当教員は正課の授業中には知り得なかった学生の書くことに関する情報を

入手することができる。その情報をもとに授業内での働きかけを検討、準備に活用することも可能である。

　レポートチュータリングは、院生チューター、特別センター員が担当することが多いが、教員もシフトに入っている。授業で担当している学生のチュータリングは行わないルールとなっているので、別教員が相談に乗ることになる。共通シラバスで授業は行われているが、教員の個性によって教え方は違う。別教員の教え方を学生へのチュータリングから知ることで、授業バリエーションの獲得につなげられることもある。また、その学生のチュータリング後に内容を口頭で授業担当者に報告、意見交換することで、授業者間の横の連携強化につなげられることもある。

　チュータリング利用者全体の内訳をみると、2018、2019 年度の対面サービス時には利用者の 79% が、2020、2021 年度のオンラインサービス時には、84% が「学術文章作法Ⅰ」で利用している。2018、2019 年度の残り 21%、2020、2021 年度の 16% は 2 年生以上での利用が多くなっている。2 年生以上の利用状況を確認すると、1 年生の間に複数回利用した学生は、リピーターとして上級学年になっても利用し続ける傾向があることがわかる。初年次で正課のライティング科目と正課外のライティングセンターをつなげる取り組みが、一定程度機能していると考えられる。

　「学術文章作法Ⅰ」はレポート課題に取り組む際の基礎技能の養成を目標としており、各専門分野に共通する汎用性のある学術文章の作法を取り扱う。JWC には「学術文章作法Ⅰ」のテキストである『レポート作成の手引き』を常備し、スタッフが常に参照できるようにしている。2 年生以降の書くことの支援においても、「学術文章作法Ⅰ」に立ち返ることが有効な場合が多いからである。

　この『レポート作成の手引き』は、毎年、次年度に向けて改良を重ねている。学生たちの書くことの支援に役立つ内容となるよう、その年度のサービスを通して得られた知見も特別センター員やチューターたちから募集している。正課の授業で使用するテキスト編集においても、教職学協働が行われていることになる。特別センター員やチューターにとっては、チュータリングやレポート診断で直接学生の支援を行っていることと合わせて、教材編集でも正課の授業に貢献できるという意識づけとなり、モチベーションを上げることにつながっている。

4.2 授業の特質に応じたサービスの提供

創価大学には、Academic Skills Training Across Curriculum（略称 ASTAC）という授業課題を通じた学習スキル訓練のサポートがある。JWC では ASTAC の一環として、正課の授業担当教員の依頼を受けて、授業の特質に応じたライティング支援を行っている。たとえば、経営学部の「流通論」という授業では、授業担当者が重視する観点を反映した形式チェック用紙（**図 10-3**）を作成し、内容に踏み込まずに、読んでわかる文章になっているかをチェックしている。申し込みは、ポータルのレポート診断受付サイトから授業名に「流通論」、課題名に形式チェックと入力することで、一般のレポート診断とは区別できるようにしている。JWC のチェック後、レポートは履修学生にメール添付で返却、学生はそれを基に推敲し、「流通論」の授業に提出することになっている。

4.3 学部からの依頼に応じたサービスの提供

その他、学部を単位としてライティングに関しての依頼があれば、サービスを提供する用意がある。ここでは類似度評定ツール Feedback Studio を用いたサービスについて紹介する。

創価大学では、学生全員に Turnitin 社の Feedback Studio のアカウントが与えられている。Feedback Studio は、学生が書いたレポートと、元の文献との類似箇所や類似度を視覚的に示すツールである。学生はこの類似度評定をもとに、自分の意見と文献からの引用を適切に分けて書いているかどうかをチェックできる。学生自身が類似度を確認することで、盗用・剽窃の抑止になる。また、教員側は、学生が間接引用なのにほぼ原文をコピーしたような文章を書いている場合には、きちんと自分の言葉でパラフレーズさせたり、直接引用で書くように指導することもできる。

この類似度評定チェックを JWC でまとめて行い、学生一人一人の類似度レポートを作成、学部に提供することができる。実際に 2020 年度、2021 年度は教育学部のジュニアペーパー（アカデミック・スキルへの向上および書く力の養成、卒業論文への準備を行う目的で 3 年次修了時に課される学習成果をまとめた文章）を対象にサービス提供を行った。

「流通論」レポート形式チェック用紙

学籍番号：　　　　　　　氏名：

	✓	Code	課題	詳細
文章		B1	文の長さの調整	複文、重文等に気をつけて文の長さを調節しましょう。
		B2	文法の確認	文法の問題により違和感のある文になっています。文法を確認しましょう。
		B3	文の読みやすさの確認	読みやすい文になるように、語順や語句の重複等に気をつけて見直しましょう。
表現		H1	学術的表現への変更	レポートの表現としてふさわしくなるよう、学術的な表現に直しましょう。
		H2	適切な語句の選択	語句の選択・使い方が適切なものとなるよう、辞書等を用いて見直しましょう。
文字・表記		M1	読点の数・位置の検討	読みやすい文になるように、読点の数や打つ位置を検討しましょう。
		M2	誤字・脱字の修正	一度書いたものを読み直す等して、誤字・脱字を修正しましょう。
		M3	英数字の半角表記統一	英数字は全角表記ではなく、半角表記で統一しましょう。
		M4	表記の統一	漢字・仮名、漢数字・算用数字等、表記を統一させましょう。
		M5	正式名称の使用	初めて用いる語句や名称は正式名称で書きましょう。（2回目以降は略語の使用可）
引用		I1	引用形式の確認	引用の形式を守りましょう。
		I2	参考文献リストの確認	参考文献リストを作成し、見直しましょう。
		I3	参考文献の信憑性	参考文献は信憑性のあるものを使用しましょう。
		I4	Webの参考文献	Webで検索した参考文献には閲覧日を書きましょう。ハイパーリンクは削除しましょう。
図表		Z1	図表の作成	図表は自分で作成したものにしましょう。
		Z2	図表データの出典	図表に用いたデータの出典を明記しましょう。
		Z3	図表のタイトル	図は下部、表は上部に通し番号とタイトルをつけましょう。
体裁		T1	体裁の確認	レポートの体裁に追加・修正すべき箇所があります。（例:表紙、ページ数、本文のフォントの統一）
		T2	段落初めに1マス追加	段落の最初の文の書き出しは必ず全角1マス分あけましょう。

総合学習支援センター
Student Performance Acceleration Center

図 10-3　形式チェック用紙

5. 成果

2020 年度、新型コロナウィルスの感染拡大を受け、正課の授業は例年より遅れて 4 月 13 日から全面オンラインでの実施となった。とくに 1 年生は、入学式も中止となり、構内への立ち入りも禁止され、不安なまま授業に参加することとなった。JWC では学生たちの不安の受け皿となれるよう、できるだけ早期のサービス再開を目指し、レポートチュータリングとレポート診断は 5 月 11 日からオンラインサービスを開始した。少し遅れて、学習セミナーは 7 月から、図書館連携イベントは 11 月からオンラインでサービスを再開した。

表 10-1 からわかるように、2020 年度からレポートチュータリングの利用者は減ったもののレポート診断の利用者が増え、両サービスが補完し合って学生のニーズに応えられた結果となっている。学習セミナー、図書館連携イベントに関しては、オンライン開催としてからの方が参加者は増えている。

5.1 レポートチュータリング

レポートチュータリングは一対一の対話をベースとしたサービスであるため、2020 年度オンライン授業開始によって生じた学生の不安に対応する主力サービスになると考えた。JWC 教員はオンラインサービスの質を向上させるべく毎週ミーティングを行い、情報交換が密になるように努めた。結果として、先の見えない不安の中で孤立している学生たちに、オンライン上に相談する場があるという安心感を提供することができたと考えられる。

レポートチュータリング利用後アンケートの「セッション全体を通して、

表 10-1　JWC サービス利用者数一覧

	チュータリング	レポート診断	学習セミナー	図書館連携	計
2018 年度	890	179	321	72	1462
2019 年度	677	159	315	92	1243
2020 年度	417	225	400	238	1280
2021 年度	464	417	239	83	1203

有益なチュータリングでしたか？」という項目では、対面時平均98%の学生が「有益だった」と回答していたが、オンラインになってもこの数は変わらなかった。どういう点が有益と感じたかの記述回答では、「文章を書くことに不安があったが、話すことで自分の書くべきことが明確になり、不安が小さくなった」「聞いてもらうことで自分の中のアイディアが広がった」「自分の主張について深く考えるきっかけになった」「いろいろな切り口があることを発見した」「自信がつき、もっと頑張ろうと思えた」等の内容が多く見られた。

　対面よりもオンラインの方がサービス向上につながった面もあった。たとえば、セッション中のメモ等の共有である。対面では、学生がJWCにいる間にセッション中のメモ等をコピーして渡すため、補足情報を書く時間が限られていた。オンラインではセッション後にメール添付で送るので、それまでにメモ等を見直し、加筆修正した上で利用者にフィードバックすることができるようになった。

5.2　レポート診断

　レポート診断はチュータリングを補完する書き言葉での支援サービスとして、とくにオンライン授業になってからは、利用者数が増えている。利用者にとっては、昼夜問わずレポートがある程度完成した時点で提出できるので、利用しやすいのだと考えられる。また、引用の仕方や文章表現については、レポート診断のほうが細かいところまで指摘できるという利点がある。学生の中には、アイディア出しからアウトライン作成までのプロセスはチュータリングを利用し、初稿以降はレポート診断を利用するなど、計画的に使い分ける様子も見られるようになっている。

5.3　学習セミナー

　学習セミナーは、案内のポスターから受講後のアンケートまで正課の授業との関連性をより明確にした。セミナーによっては自学用ワークシートを配布し、学習内容を深めやすくなるように工夫も試みた。事後アンケートの回答者のうち90%の学生がセミナーが「すごくよかった」「よかった」と回答している。

　オンラインによる学習セミナーの多くは画像オフでの参加を認め、質問も

表 10-2　2020-2021 学習セミナー内容一覧

年度	セミナー名	内容	年度	セミナー名	内容
2020	レポートお助け隊（5 回実施）	公開チュータリング	2021	レポートお助け隊（4 回実施）	公開チュータリング
	Word の使い方	Windows 編・Mac 編それぞれ動画配信		Word の使い方	Windows 編・Mac 編それぞれ動画配信
	文献探索の森に分け入る（2 回実施）	レファレンス担当職員による文献探索方法のレクチャー		文献探索の森に分け入る（6 回実施）	レファレンス担当職員による文献検索方法のレクチャー
	リフレクション大会	学術文章作法 I の振り返り会		質問力向上セミナー	いい質問について考える
	自分の見たものを他者に正確に伝える	事実と意見の書き分けを意識する		レポートを書く際に必要な日本語表現	一文一義のコツを学ぶ
	「伝えたいこと」を伝えるために	文章の掘り下げ方を考える		マインドマップセミナー	マインドマップの書き方を学ぶ
	Refworks の講習会	Refworks による文献管理の方法		レポート構成をプレゼンに応用する	効果的なプレゼンの方法を学ぶ
	レポートを書く際に必要な日本語表現	一文一義のコツを学ぶ		対話型鑑賞	対話を通して多様な観点を得る

チャットで受け付けた。他者の目を気にせず気楽に参加できることから、対人関係に不安のある学生でも参加しやすかったと考えられる。2021 年度対面授業の再開後は、帰宅時の交通機関で携帯電話から Zoom に入りイヤホンで聞くなど、場所を選ばず参加する様子が見られた。

　学習セミナーの 2020、2021 年度の開催内容は**表 10-2** の通りである。「レポートお助け隊」と「文献探索の森に分け入る」は需要の多い内容であるため、複数回実施している。

　「レポートお助け隊」というのは、出入り自由な公開チュータリングで、中間レポート、期末レポートの作成時期に合わせて開催している。2019 年度以前は SPACe 中央にあるアリーナ（前出**図 10-2** 参照）にスタッフたちが分散してチュータリングテーブルを設け、飛び込み自由な公開チュータリングとして行っていた。ラーニングコモンズ利用者が作成中のレポートを持って気軽に立ち寄り、相談する光景も複数見られた。テーブルに立ち寄らなくと

も、自然にチュータリング場面がラーニングコモンズ利用者の目に入ることで、広報の効果も得られていたと考えられる。2020 年度以降は感染防止の観点からオンライン開催となったが、学生のニーズに応えるためにポータルで参加予約を受け付け、相談内容に応じて Zoom でブレイクアウトセッションを行っている。こうすることで、同様の問題を抱えている別の学生の相談を視聴し、自らの問題解決法を見出す学生もいる。事前予約人数の少ないときは、各ブレイクアウトルームにスタッフが待機し、メインルームに入ってきた学生から順に割り当て、一対一の個別チュータリングを行っている。「レポートお助け隊」の開催時間内であれば、学生は自由に Zoom に出入りできるようにして、対面時のような参加の自由度を上げる工夫をしている。

「文献探索の森に分け入る」は SPACe 内のレファレンスサービス「調べごと相談」を担当する職員と連携して実施している。基本的な文献検索ツールの使い方から始め、見つけにくい資料を検索する方法まで段階別に開催している。

2021 年度は対話で思考を深める取り組みとして、東京富士美術館と連携し、対話型鑑賞セミナーを開催した。対話型鑑賞は学生だけでなく、教員、職員の参加もあり、多様な対話が繰り広げられた。事後アンケートには、「アートを介して教職員とも一緒にフラットに対話をした体験に新鮮さを覚えた」「真剣に対話し合ったからこそ新しい物の見方を得られた」等の記述が多く見られた。

5.4　図書館連携イベント

図書館連携イベントは、イベントに合わせて関連本コーナーを附属図書館内に設置し、読書へ誘う仕組みづくりを行ってきた。2020 年度は学生の入館が制限されていたため、ブックリストを申込者にオンライン配布した。2021 年度は入館制限解除に伴い、関連本コーナーも復活している。2020、2021 年度の開催内容は**表 10-3** の通りである。

ABD とは Active Book Dialog の略称で、一冊の本を分担して読み、対話をしながら理解を深めていく参加型読書会である。2021 年度は学生ファシリテーターを養成し、学生主導でオンラインで 2 回、対面で 1 回行った。参加者の感想からは、本をめぐる対話の楽しさ、様々な視点を得て内容理解が深まったことへの満足感がうかがわれた。

表 10-3　2020-2021 図書館連携イベント内容一覧

年度	イベント名	内容
2020	特別文化講演	「人間ゲーテを語る」を学ぶ
	ブックトークを楽しもう	学生が司会進行役となり、お互いのお薦め本についてブックトークを行う
	『池田文庫特別展』イベント	アドラー＆ドーレン『本を読む本』による読書レベルの紹介
	『万葉集』を散歩する	『万葉集』の歌と写真とで古代の奈良を散歩する
	朗読ワークショップ　プロによる朗読実演と解説	声の出し方から作品理解まで、朗読を通して読むことを体験する。プロの朗読から作品の世界を味わう
	『鬼滅の刃』の魅力を探る	ポピュラーカルチャーの視点から魅力の根源を探る
2021	朗読ワークショップ　プロによる朗読実演と解説	声の出し方から作品理解まで、朗読を通して読むことを体験する。学校では学んでいない宮沢賢治の世界
	ABDで本を読む（3回実施）	一冊の本を分担して読み、要約しプレゼン、本のテーマを対話で深める
	『万葉集』を散歩する	『万葉集』の歌と写真とで古代の武蔵野を散歩する
	ブックトークを楽しもう	学生が司会進行役となり、お互いのお薦め本についてブックトークを行う

6.　課題

　現状での喫緊の課題は、今後のサービスをオンラインのまま継続するか、対面も組み合わせていくかということである。

　2019 年度以前の対面サービスでは、レポートチュータリングのセッション時に学生のノンバーバルな反応も見ながら支援を行うことができていた。オンラインサービスは Zoom で行うこととしたが、ビデオ画面からでは対面時のようには学生の反応を読み取ることは難しい。集中し続けるには、セッション時間を短くせざるを得ないという制約もある。

　また、チュータリング、学習セミナー、図書館連携イベント共にオンラインでは利用者の事後アンケート回答率が対面時に比べて低いというのも課題である。対面時はその場でアンケートを書いてもらって提出を促すことができたが、オンラインでは終了後に利用者に web アンケートの提出をゆだねることが多く、どうしても回答率が低くなりがちである。今後、確実に利用

者アンケートに回答してもらうための工夫が必要である。

　「学術文章作法Ⅰ」におけるレポートチュータリングやレポート診断については、利用が学生の主体性に任されている。そのため、教員から見て利用してほしい学生が利用するようにはなっていないという課題がある。利用を義務づけたときもあったが、強制的に利用させることが効果的とは必ずしも認められなかった。

　「学術文章作法Ⅰ」以外の授業については、継続して利用者がいる授業をリストアップすることはできている。それらの授業担当者との連携も考えられるが、もしASTACのサービス利用が増加した場合、JWCの処理能力を超えてしまう。適切な規模で必要な学生に利用してもらうにはどうすれば良いか、引き続き検討を重ねたい。

第**11**章	継続的な利用が 自ら書く力を育てる 青山学院大学 ライティングセンター

小林至道・中竹真依子・嶼田大海

1. はじめに

　本章は、ライティングセンター（WRC）を継続的に利用する学生が書くレポート・論文の質的な変容過程について、青山学院大学アカデミックライティングセンター（AWC）の事例に基づき、実証的に明らかにすることを目的とする。まずは青山学院大学 AWC の概要を紹介した後、先行研究の検討、本章の目的、方法、分析、考察と論を進めていく。

2. 青山学院大学 AWC の概要

　正課内外の教育を通して「学生の書く力を高めていくこと」を目的に、本学に AWC が創設されたのは 2017 年のことである。先行する国内外の WRC に倣い、「自立的な書き手」「国際的に通用する文章の書き手」「普遍的な書く力を有する学生」を AWC の利用を通して育成する学生像として掲げ、2017 年 11 月から青山キャンパス、翌年 4 月から相模原キャンパスで、大学図書館に属する正課外機関として文章作成の支援を展開してきている。

　支援の対象者＝利用者は本学所属の学生（学部生・大学院生）で、教職員は対象外である。日本語または英語で書く必要があるレポート、論文、発表資料（レジュメ・PPT）など、アカデミックな文章作成の全過程（構想・執筆・推敲）で利用できる。大学の時間割と対応した 8 つの相談枠（1 回 45 分）で、学生は無料で何度でも利用が可能である。授業実施期間中の平日、2017

年度から 2019 年度までは対面のみ、2020 年度はオンラインのみ、2021 年度以降は社会情勢と本学の方針に鑑み対面とオンラインの両面で、相談枠を提供している。

　学生からの相談に応じる支援者＝チューターは、本学所属の大学院生が担う。チューターは、書類と面接審査の後、ライティング教育・支援を専門とする AWC 専任教員によって行われる 20 時間程度の研修プログラムを受講し、AWC の理念と方針に基づく支援方法を身につけたことが確認された後、学生の相談に対応する。利用状況に応じてチューター数を徐々に増員し、2022年現在、両キャンパスで各 20 名前後の支援体制となっている。なお、著者らは支援現場の運営を管理する立場[1]で、学生の支援に直接的には関わっていない。

　本学では、利用者である学生にできる限り相談に関する事前情報の提供を依頼している。具体的には、AWC 専用のシステムを介して学生が相談予約をする際、課題が出された授業名と担当者名、課題内容、字数・締切日などの条件、課題の進捗状況、相談目的などの情報入力を求めている。また、見て欲しい文章がある場合は、相談前に Word 等の文書ファイルを提供してもらうようにしている。チューターは事前に提供された情報に目を通すなど準備をして学生の相談に臨む。1 回の相談時間が 45 分と限られているなか、相談文章の問題点やより良い文章に向けての改善案について、学生とチューターが対話を通して検討する時間をできるだけ長く確保するために、運営上、工夫を凝らしてきている点の一つである（小林・中竹 2020）。

　正課教育との連関としては、前述したように、学生の相談内容をシステム上で共有・蓄積することによって、学内レポート・論文の課題内容や提出時期などを分析し、運営に活かしている。また、学生が授業課題をこなす過程で AWC を円滑に利用できるよう、年度初頭オリエンテーション期間において、全新入生に利用案内リーフレットを配布し、全学生が自由に参加できる利用ガイダンスとライティングセミナーを実施している。同セミナーに関しては、取り上げるテーマを逐次増やしつつ、とくにコロナ禍以降は教材をオンデマンド化し、LMS（学習管理システム）を介していつでも受講できるようにしている。その他、授業実施期間中に、授業担当者からの依頼に応じてレポート・論文の書き方に関する出張講演を行い、自発的な AWC の利用を促すなど、様々な施策を通して正課教育との関係性を構築してきている。

3. 先行研究の検討と本章の目的

WRCをフィールドとした先行研究は、大きく二つに分類できる。一つは、ライティング支援の取り組み全般を報告・論考する研究である。そのなかでもNorth（1984）、佐渡島（2009）の論文は、2000年代以降に設置された国内WRCにとって、基本文献として位置づけられる。その影響を多分に受けながら各大学で発展を続けるWRCは、レポート・論文を添削するのではなく、学生自身が問題点を理解し、改善に向けて自ら考え、書き、書き直すことができる書き手の育成を目的とする点で共通している（井下ら2020）。

もう一つは、ライティング支援の現場に焦点化した研究である。具体的には、相談場面における対話の内容分析を通してWRCの実態に迫る論考（太田ら2013；佐渡島ら2014；中竹2017；外山ら2021）が挙げられる。支援を提供する側の視点から相談場面の実態を捉える、あるいは、チューター自身の支援者としての成長に着目するこれらの研究は、後発のWRCやその設置を構想している大学にとって、WRCの運営ノウハウ、チューターとして必要なスキルとその育成方法という面で多くの示唆に富む。

このように、WRCをフィールドとした先行研究では、各大学がどういう理念・方針のもと、何をどう支援しているのか、そのなかで支援者であるチューターにはどのようなスキルが必要で、研修や実践を通していかにチューターが育っていくのかをうかがい知ることができる。その一方で、利用者である学生が、WRCの実践を通して何を・どうできるようになっていくのかは見えてこない。WRCの利用者に生じる変化、すなわち、レポート・論文の書き手としての学生の変容過程を、具体的な論拠を示し解き明かした研究はないのが現状である。

ただし、学生の書く力の変化に着目した研究がないわけではない。そうした研究は従来、正課授業をフィールドとして行われてきた（たとえば、池田2000；原田2006；田中2011；太田ら2011；小林ら2012など）。これらの研究では、レポートを課した学生を分析対象とし、授業序盤・中盤・終盤の定点におけるレポート内容の比較を通して、学生の書く力の変化を明らかにするものが主流である。こうした先行研究により明らかになった成果はもとより、研究手法の面でも得られる知見は少なくない。

しかし、学生の書く力の変化に着目した先行研究は、授業をベースとしているがゆえに、分析対象期間が短くなりがちという欠点がある。当該授業後に、同一の学生の書く力がどうなっていくのか、どうなったのかまではわからない。また、当該授業のレポートは実践を通して書けるようになったとしても、異なるテーマのレポートや、より高度な質と量を求められる論文にも対応できる、普遍的な書く力がついたかまでは、確証を持つことができない。その点、学問分野を横断的に、学期・学年をまたいで、自主的に何度でも利用できる WRC は、教育実践的にも研究的にも、正課と正課外をつなぐ役割が果たせると考えられる。

　そこで本章では、最長 3 年の長期的な期間、WRC を継続的に利用した学生が書くレポート・論文の質的な変容過程について、紙幅が許す限り具体的かつ実証的に描くことを目指す。

4. 方法

4.1　分析対象

　本章では、2018 年度から 2020 年度の 3 年間の AWC 利用データを分析対象とする。利用データとは具体的に、いつ・どのような相談内容で利用したのか、相談文章、どのような支援を受けたのか、に関する情報を指す。また同期間に、利用者対象に実施したインタビュー調査も分析対象とする。分析・考察で詳述する事例検討の対象者は、WRC の利用者に生じる変化の過程を明らかにする本章の目的に照らして、次の全ての条件を満たす者とした。

　　条件 1.　2018 年度から 2020 年度の 3 年間で、通算 15 回以上 AWC を利用
　　条件 2.　通算 3 セメスター（1.5 年）以上の継続的な利用
　　条件 3.　利用期間における序盤・中盤・終盤に、和文の完成原稿で利用
　　条件 4.　問い・主張・論証が求められる授業課題レポート・論文で利用

　また、比較対象として、3 年間のうち 1 回きりだった AWC の利用において、問い・主張・論証が求められる授業課題で和文の完成原稿の相談をしていた学生を 10 名選定した。本章で扱うデータは、学生に研究利用の承諾を

得たうえ、運営管理者として著者らが支援現場に常駐し携わった範囲とした
ため、青山キャンパス AWC のみのデータとなっている。

4.2　文章評価の手順と基準

　文章評価は次の手順で行った。まず、3 年間の全利用者のうち、前述の四
つの条件を満たした 5 名の相談文章 17 本と、1 回きりの利用だった学生の
相談文章 10 本を比較対象として、第一著者（小林）が選定した。次に、選
定された計 27 本の相談文章を、小林を除く共同研究者 4 名[2]が、ルーブ
リックに基づき採点した（27 本× 4 名：N = 108）。評価の客観性と公平性を期
すため、誰が・いつ書いた文章なのか、分析対象者が何名なのか、採点者は
何も知らない状態で 27 本の文章評価を行った。なお、27 本の文章の平均字
数は 2997 文字であった（標準偏差＝ 1231、最大＝ 6725、最小＝ 1088）。
　ルーブリックの評価の観点と（配点）は、全体の構成（4）、内容の一貫性
（4）、問いの設定（4）、問いの背景（8）、主張の提示（8）、文献の利用（8）、
学術的表現・表記（4）の 7 観点で 40 点満点とした（章末の**付録**参照）。ルー
ブリックによる文章評価に際し、その共通理解を深め、評価者間の採点誤差
を最小限にするための検討会と試行的な評価を 2 回ずつ実施した後、2021
年 11 月から 12 月にかけて本評価を行った。評価者 4 名による採点が終了後、
小林が集計を行い、評価者間の信頼性を示す Cronbach の α 係数が 0.8 未満
の文章は再評価を依頼し補正した。最終的な同 α 係数は 0.95 で、十分な信
頼度が確認された。
　最後に、評価済みの文章を、各々が書かれた時系列順に小林が並べ直した
（**表 11-3** 参照）。この手順により、WRC を継続的に利用した学生の文章の質
的な変化について、ルーブリック評価に基づく数値も一つの指標とする分
析・考察が可能となった。なお、本ルーブリックは本章の分析のために作成
したものであり、AWC の運営においては用いていない。

5.　分析

5.1　事例検討で取り上げる学生の位置づけ

　本章の分析対象の全体像と、後の事例検討で取り上げる学生の位置づけを

表 11-1　2018 年-2020 年度の青山 AWC の開室日数と利用件数（年度別・月別／件）

	前期				後期				
2018 年度	4 月	5 月	6 月	7・8 月	9 月	10 月	11 月	12 月	1 月	合計
開室日数	5	20	21	21	4	23	20	15	15	144
利用件数	27	74	52	111	21	61	51	75	52	524
2019 年度	4 月	5 月	6 月	7 月	9 月	10 月	11 月	12 月	1 月	合計
開室日数	5	20	20	23	6	21	19	17	18	149
利用件数	8	74	77	193	14	66	58	75	114	679
2020 年度	5 月	6 月	7 月	8 月	9 月	10 月	11 月	12 月	1 月	合計
開室日数	15	22	23	9	12	21	18	16	14	150
利用件数	24	84	111	72	18	45	46	51	57	508

表 11-2　2018 年度-2020 年度の 3 年間における通算利用回数ごとの学生数（人）

1 回	2 回	3 回	4 回	5 回	6 回	7 回	8 回	9 回	10 回	11 回
343	127	68	31	29	15	9	5	3	4	4

12 回	13 回	16 回	17 回	20 回	29 回	30 回	31 回	34 回	43 回	58 回
1	1	1	3	1	1	1	1	1	1	1

明らかにするため、**表 11-1** で各年度の開室日数と利用件数を、**表 11-2** では 3 年間の通算利用回数ごとの学生数を示した。3 年間の利用者実数は 651 名だった。そのうち、事例検討における分析対象者の条件 1 の 3 年間で通算 15 回以上の利用者は 11 名、かつ条件 2 の通算 3 セメスター以上の継続的な利用者は 10 名、さらに条件 3 と 4 を満たした者が**表 11-3** で示す 5 名だった。

5.2　事例検討

　表 11-3 では、5 名（A さん～ E さん）の序盤・中盤・終盤の文章評価について、評価者 4 名の平均値を示した。「序盤」の文章とは、各自の利用期間のうち初めて一通り書き上げて相談した文章（完成原稿）を指す。「中盤」の文章とは、各自の利用期間における中間点の相談時の完成原稿を、「終盤」の文章とは、各自の利用期間における最後の完成原稿を指す。

表 11-3　ルーブリックによる文章評価（点）

	相談文章日付（相談時の学年学期）	全体の構成（4点）	内容の一貫性（4点）	問いの設定（4点）	問いの背景（8点）	主張の提示（8点）	文献の利用（8点）	表現・表記（4点）	合計（40点）
Aさん 序盤	2018年7月（1年次前期）	0.25	2.00	0.00	0.25	3.00	3.75	3.75	13.00
中盤①	2019年7月（2年次前期）	2.25	2.75	2.00	4.00	5.00	5.50	2.75	24.25
中盤②	2020年1月（2年次後期）	3.50	3.00	3.00	4.75	6.25	6.00	3.00	29.50
終盤	2020年7月（3年次前期）	3.50	3.50	3.25	6.75	8.00	6.75	3.00	34.75
Bさん 序盤	2019年7月（1年次前期）	1.50	2.00	1.50	1.75	3.75	5.00	2.25	17.75
中盤	2020年7月（2年次前期）	2.75	2.75	3.50	5.50	5.50	6.00	3.00	29.00
終盤	2021年1月（2年次後期）	2.50	2.25	0.75	2.75	4.75	5.25	2.50	20.75
Cさん 序盤	2019年7月（2年次前期）	0.25	0.75	0.00	0.00	2.25	0.00	1.75	5.00
中盤	2020年1月（2年次前期）	1.25	2.50	1.00	1.50	4.25	3.25	3.00	16.75
終盤	2020年7月（3年次前期）	1.50	2.25	2.00	2.50	4.25	5.75	2.75	21.00
Dさん 序盤	2019年1月（1年次後期）	2.50	2.25	3.25	4.25	6.00	2.50	2.50	23.25
中盤	2019年7月（2年次前期）	2.25	2.00	3.25	4.00	5.25	1.75	3.25	21.75
終盤	2020年7月（3年次前期）	2.00	2.25	2.00	4.00	4.25	3.00	2.00	19.50
Eさん 序盤	2018年7月（1年次前期）	3.25	3.25	3.50	5.00	6.75	6.00	2.75	30.50
中盤①	2019年5月（2年次前期）	3.25	3.25	3.25	6.50	6.25	5.50	2.75	30.75
中盤②	2020年1月（2年次後期）	2.75	3.00	3.25	5.50	6.50	4.50	3.50	29.00
終盤	2020年7月（3年次前期）	3.50	3.00	3.75	6.00	6.50	6.25	3.00	32.00
1回きりの利用者の平均（N＝40）		1.33	2.03	1.50	2.00	3.78	3.33	2.25	16.20
標準偏差		1.12	1.05	1.43	2.60	2.08	1.99	0.71	9.00
最低点－最高点		0-4	0-4	0-4	0-8	0-8	0-7	1-4	3-36
継続的利用者の序盤の平均（N＝20）		1.55	2.05	1.70	2.25	4.40	3.45	2.60	18.00
標準偏差		1.32	1.00	1.69	2.25	2.11	2.26	0.82	9.52
最低点－最高点		0-4	0-4	0-4	0-6	1-8	0-7	1-4	3-33
継続的利用者の終盤の平均（N＝20）		2.60	2.65	2.35	4.40	5.55	5.40	2.65	25.60
標準偏差		1.00	0.81	1.23	1.98	1.73	1.43	0.49	7.01
最低点－最高点		1-4	2-4	0-4	1-8	3-8	2-7	2-3	17-36
全評価対象文章の平均（N＝108）		1.93	2.35	2.05	3.12	4.73	4.08	2.59	20.85
標準偏差		1.22	1.04	1.48	2.50	2.02	2.03	0.71	9.20
最低点－最高点		0-4	0-4	0-4	0-8	0-8	0-7	1-4	3-36

本節では、AWC の利用履歴、相談文章、パネル調査的に半期単位で実施したインタビューにおける本人の言質を根拠に、5 名のうち 2 名の事例を具体的に取り上げ検討する[3]。なお、以下の分析・考察において「　（　）」で示す年月日は、インタビュー実施日を指す。

① A さん（AWC 利用歴：2018 年 4 月～ 2020 年 11 月）

　A さんが初めて AWC を利用したのは、入学して間もない 2018 年 4 月末のことである。「小学生の時から文章を書くことに対して苦手意識が強くて。大学生だからレポートを書く機会が増えるにもかかわらず、どう書けばいいか全然わからなかったから（2018 年 7 月 30 日）」というのが利用の契機だった。年度初頭に実施された利用ガイダンスとセミナーを受講し、「自分が書いたものを見てくれる所があるということを知って AWC を利用してみようと思った」という。「利用前は、自分が書いた文章をただ添削して返してくれる所だと思っていたけど、利用してみて、答えを教えてくれるわけではなく、チューターさんが一緒に考えてくれるのが自分にはすごく合った」という A さんは、授業の空き時間に AWC を利用しながら学期末レポートを書き進め、7 月末に初めて完成原稿を見てもらうことになる。

　授業内容を踏まえ 1,200 字程度で書くレポートだったが、**表 11-3**（A さん：序盤）の数値が示すように、問いの設定やその背景を中心に主観的な記述が散見され、大学生に求められるレポートとはどういう文章なのか、まだわかっていない状態だった。この点は本人も自覚しており、「レポートの書き方の話を聞くだけではなく、実際に自分で書いてみないと……と思った。でも、AWC に通うことで書くのが少し楽しくなってきた」と述べている。1 年次だけで計 16 回（和文で前期 6 回、英文で前期 3 回・後期 7 回）、三つの授業の課題レポートで利用した A さんは、和文で初めての利用時に半分くらい書いた状態だった以外、自分で一通り書き上げてから、一つの課題につき複数回利用するスタイルに特徴があった。

　A さんに大きな転機が訪れたのは、AWC を使い始めて 2 年目になってからである。2 年次には計 11 回（全て和文で前期 4 回・後期 7 回）、四つの授業の課題レポートで利用した A さんの書く文章は、飛躍的に変容していくこととなる。

　まず、1 年次から 2 年次にかけて利用を重ねるうちに、AWC の利用動機

が「良い成績・評価を得たいなって理由ではなく、徐々に自分の書く力を磨きたいと思うようになった（2020年1月27日）」という。ただ、2年次となりレポート課題の難易度が質的にも量的にも上がるなか、「授業で扱ったテーマから自由に述べよという課題の、自由にというのが逆に難しくて。それまでにAWCで教わったことを思い出しながら自分でやってみようとしたんですけど、ちょっと行き詰まったところがあったので、自分で全体の構成と書きたい項目の洗い出しまで考えて、相談に来ました」と、AWCの活かし方に変化が見られた。Aさん自身、「参考文献を読んで書くところで、どうしたら全部が引用にならずに書けるのか。あと、自分で推敲するときにどうやったら客観的に見られるのかコツを学びたくて」と述懐する通り、1年次と比べて、より自主的に、具体的かつ実践的な目的でAWCを利用していた。

そうした努力の積み重ねが、2年次後期に実を結ぶこととなる。「2年生前期までも、書く力が上がってるって実感はあったんです。でも、レファレンスの書き方がわかったとか、序論・本論・結論の構成で書くとか、直接・間接引用する時はこう書くんだとか、どこか漠然とした感じだった」とAさんは言う。「でもこの後期は一人で実際に書けたので」とインタビュー中に切り出し、次のエピソードを満面の笑顔で話すAさんの姿が、実に印象深い。

> 1年生からAWCで見ていただいているなかで、一つ自力で完成させたいって思いがあって。4,000字の期末レポートが出たんですけど相談せず、ここで教わったことを振り返りながら書き始めたらすごいスラスラ書けて、4時間くらいで「できた！」ってなって。自分でもビックリしたんですけど。「もう……何書こう」「どうしよう……」とかこれまでの嫌な気持ちが全然なく、書いているときに楽しいって。結構書けるぞ……自分って。これ、1年生の最初だったら絶対ありえないことだったなって思って。（2020年1月27日）

この後3年次後期まで3年弱の間AWCを利用し続け、利用終盤には7,000字程度のゼミ論文（**表11-3**におけるAさん「終盤」の文章で、今回の27文章のなかで最高評価だった）をほぼ自力で書けるまでになったAさんは、1,200字程度のレポートに苦労していた利用序盤から、段階的かつ着実に、書く力を身につけていった典型的な学生の一人であった。

② B さん（AWC 利用歴：2019 年 7 月〜 2021 年 1 月）

　「前期末に課題が出されて、レポートを書くのが初めてだったのでどうしよう……ってなっていたときに、あっ……そういえば AWC があるんだったと思い出して（2020 年 8 月 28 日）」。そう茶目っ気たっぷりに利用の契機を語る B さんが、初来室したのは 2019 年 7 月だった。まだ何も書いていない状態で、レポートの構成・展開の仕方と参考文献の探し方・書き方について、チューターに助言をもらうのが相談目的であった。この初めての相談では、授業のなかで関心を持ったテーマについて B さんが自分の言葉で説明できていたこと、レポート全体の構成に関して対話を通して検討できていたことが、チューターの支援履歴に記されている。

　その 4 日後には、3,000 字のレポートを一通り書きあげて再訪している。**表 11-3** によると、このレポート（B さん：序盤）の評価点と 1 回きり利用者の文章評価の平均値が、「文献の利用」以外ほぼ同じ数値であることからもわかるように、B さんが大学生として初めて書いたレポートは、わずか 4 日間で書き上げたことを除けば、AWC を初めて利用する学生の平均的水準の文章だった。1 〜 2 回の利用で満足し来なくなるのが本学の多くの学生に見られる傾向だが、B さんも 1 年次後期以降しばらく AWC の利用がないまま月日が経過する。

　新型コロナウィルスが大学教育全般にも多大な影響を及ぼし始めた 2020 年度、AWC は例年より約 1 ヶ月遅れてオンラインでの支援を開始した（**表 11-1** 参照）。折しも、約 1 年のブランクを経て B さんが利用を再開する。「1 年生の後期はレポート自体が少なかったのと、AWC で書き方を教わって自分で何となく書けたので。ただ、オンライン授業になって、授業中に先生とのコミュニケーションの機会が減って、でもレポート課題は増えて……（2020 年 8 月 28 日）」と当時の事情を語っている。このような経緯で、2 年次に計 15 回（和文で前期 8 回・後期 3 回、英文で前期 1 回・後期 3 回）、六つの授業の課題で AWC を利用することになる。

　たとえば、2 年次前期末には、自分の専門と違う学問分野の授業で課題とされた 4,000 字のレポートについて、草稿から完成原稿まで約 2 週間（計 4 回）にわたり利用している。非常に興味深いのは、その草稿と完成原稿が、全くと言っていいほど別物になっている点である。この変容過程を、相談文章とチューターが記した支援履歴をもとに詳しく見ていくと、授業内容のメ

モ書きにBさん自身の考えが追記された草稿に対して、チューターから、まず授業中に配布された資料等を見直し、レポートの論点を整理し直すことが提案されている。次に、自分の考えを裏づける根拠が一つの文献からしか挙がっていなかった草稿に対して、複数の文献を調べて読み比べたうえで、自分の考えの根拠として活かせるようにするにはどうすればよいか、別々の日に3回、じっくりと時間をかけてチューターと検討していた。

このような相談を経て書き直された完成原稿（Bさん：中盤）は、レポートの「全体の構成」（4点満点で序盤：1.50点→中盤：2.75点）、「問いの設定」（4点満点で1.50点→3.50点）、先行研究の整理を含めた「問いの背景」（8点満点で1.75点→5.50点）、根拠を伴った「主張の提示」（8点満点で3.75点→5.50点）の4観点を中心に、同原稿の草稿だけではなく利用序盤の1年次（Bさん：序盤）と比べても、文章の質が大きく向上していた。

一方で、「2年生最後の相談は、課題自体が難しかったので印象に残っていて。いつもは相談後、自分で書けそうってなるんですけど、締切までの時間的に、チューターと十分な検討ができないまま提出してしまった（2021年2月2日）」という2年次後期に書かれた原稿（Bさん：終盤）は、その通りに、後に行った文章評価の点数に表れていたと考えられる。

6. 考察

6.1 WRCの継続的利用者が書く文章は質的にどう変わっていくのか？

まず、WRCの利用序盤に書かれた文章の特徴をみていくと、レポート・論文の基本的な書き方に関する知識の有無、大学に至るまでにそうした文章を書いた経験の有無の差が、最も顕著に表れる。具体的には、文章の「書き出しが唐突」で「本文内に引用が（少）ない」、あるいは、部分的に書けないままの状態で相談に来るケースが多い。書き出しが唐突とは、レポート・論文で取り上げる問いや、その問いを取り上げるに至った経緯＝「問いの背景」の記述がない状態を指す。また、本文内に引用がなく、全体が主観的な意見や経験談をもとに書かれた状態の文章も目立つ。これらの特徴は、**表11-3**の「問いの設定」（4点満点中1.70点）、「問いの背景」（8点満点中2.25点）、

「文献の利用」（8 点満点中 3.45 点）で数値的にも表れており、「継続的利用者の序盤」と「1 回きりの利用者」の平均値を比較しても統計的有意差はなく[4]、利用序盤の学生が書く文章に見られる全体的な傾向といえる。ただ、同観点の標準偏差にも表れている通り個人差が大きいのも特徴で、たとえば D さんや E さんのように、WRC の利用序盤から比較的高い水準で書ける学生も少なからずいる。

　では、この初期状態から利用を重ねるにつれて、どこがどう書けるようになっていくのか。継続的利用者の「序盤」と「終盤」のルーブリックによる文章評価の数値を比較したところ、「全体の構成」（4 点満点で序盤：1.55 点→終盤：2.60 点）、「問いの背景」（8 点満点で 2.25 点→ 4.40 点）、「文献の利用」（8 点満点で 3.45 点→ 5.40 点）、「合計」（40 点満点で 18.00 点→ 25.60 点）の 4 点において統計的有意差（いずれも 0.1％水準）が認められたため、これらの点に注視して相談文章の質的変容過程を詳しく見ていく。

　長期的かつ継続的利用を重ねる過程で最も変化が大きいのは、自分の論を客観的な根拠で裏づけながら書く論証の質で、それは「問いの背景」や「文献の利用」の数値の上昇に表れている。利用序盤の文章では、そもそも引用文が一つもない場合や、文献からそのまま直接引用がされてはいるものの、引用の意図が明確でない場合が少なくない。しかし、正課授業を通して専門的知識の量が増えると同時に WRC を利用しながらレポート・論文の執筆経験を重ねるにつれて、参考文献の内容を自分なりに解釈・要約する間接引用が明らかに増えていく。そして、引用がレポート・論文の流れのなかで自分の論とスムーズに関連づき、かつ、説得的に活かされた文章を、熟れた表現を駆使して書けるようになっていくのである。

　このような局所的な質の向上を含みつつ、「全体の構成」に関しては、然るべき箇所で適切な論述ができるようになっていく。具体的には、序論でレポート・論文の目的（問いやその背景、論証方法など）を示し、本論で客観的な根拠を複数示しながら論を展開できるようになる。さらに、論証を通して明らかになった点を問いの答えとして結論で示すという基本に則り、課題内容や字数などの条件が変わるなかでも、安定して書けるようになっていく。

6.2　WRC の継続的利用者が書けるようになっていく要因は？

　WRC は短期間に数回利用して書けるようになる場所ではない。また、単

に長期間、複数回 WRC を利用したからといって、書く力が一様に伸びるわけでもない。では、学生が書けるようになる要因はどこにあるのだろうか。その答えの一つに至る道筋を、継続的利用者がインタビュー内の発言だけではなく、身をもって示してくれているように思えてならない。

> 答えを教えてもらうとか添削とかではなく、チューターさんと一緒に考えるスタンスだったからこそ、自分でレポートを書ける力がついた。
>
> （A さん：2020 年 1 月 27 日）

> 一方的に直されるのは自分が関わっていないので身にならない。1 箇所ずつ問題点を一緒に考えていくやり方でないと自分の為にならない。
>
> （C さん：2020 年 1 月 27 日）

> 自分の中にある考えをうまく言語化できない人にとって、チューターがその考えの引き出し方を教えてくれる AWC がすごく為になっている。今後 AWC を使わなくなったときでも、自分で引き出せるようになるじゃないですか。
>
> （D さん：2020 年 1 月 23 日）

このように、WRC の支援スタンスの意義を実感した学生は、要する時間に個人差こそあれ、自分で考え、書く力を着実に身につけていくのではないだろうか。裏を返せば、WRC における支援の神髄ともいえる理念・方針、すなわち、原稿を一方的に直すのではなく、学生自身の気づき・考えを尊重し、対話を通した支援に徹することが、何より重要なのである。

7. おわりに

本章では、青山学院大学 AWC の事例をもとに、WRC の継続的利用者が書く文章に生じる質的な変容過程について論じてきた。初めての利用時から必ずしも書けたわけではない学生が、レポート・論文の「全体の構成」、先行研究の整理と検討を含む「問いの背景」、本文への引用とその書き方に関する「文献の利用」の三点を中心に、それ相応の時間をかけながら段階的に、自らの力で書けるようになっていくことが明らかとなった。また、そうした

書く力の向上を実感するWRCの継続的利用者の体験と証言から、学生が書く文章を一方的に直すのではなく、学生自身の気づき・考えを尊重し、対話を通した実践を積み重ねていくことが、学生自身の書く力を高めていくうえで、きわめて重要であることがわかった。

　今後の研究課題は三点ある。第一に、紙幅とプライバシー保護の限界もあり、学生が書く文章の質的変容過程について、文章自体を具体的に挙げて示せなかった点である。この点は、紙幅と研究倫理上の問題をクリアしたうえで、別稿にて論じたい。第二に、その数を含めて事例の取り上げ方に課題がある。本章で具体的に取り上げた二つの事例を通して、WRCを継続的に利用する学生の変化の様相を示したが、WRCの利用をめぐる学生の多様性をまだ十分に捉えきれてはいない。この点は、本章では具体的に取り上げられなかったデータに基づき、別の切り口、論点において追究していきたい。第三に、本章ではサンプル数の都合上、和文の質的変容過程に限定した点である。今後は英文でも同様の手法で研究を進めたい。

　本章はWRCに軸足を置き、利用者である学生の書く力の変容過程に着目する実証的研究として、一定の成果を示せたのではないだろうか。WRCをフィールドとする教育、研究のさらなる発展の第一歩として本章が寄与するならば、著者らにとって幸甚の至りである。

付記

　研究協力者に感謝の意を表したい。本研究は、2020年度青山学院大学総合研究所基盤研究強化支援推進プログラム、ならびに、JSPS科研費JP20K13110の助成を受けた。

注

1）　小林は2017年10月から現在、中竹は2018年4月から2020年3月、嶼田は2020年10月から2021年3月、AWC専任教員として青山キャンパスに在籍。
2）　ルーブリックによる採点は、本章著者の中竹・嶼田に加え、本学AWCチューター歴4年の武居辰幸氏、千原義春氏にご協力いただいた。ここに厚く感謝の意を表したい。
3）　5名から2名の選定に際しては、インタビュー調査実施の有無、回数を優先した。
4）　対応のないt検定の結果は、次のとおりであった。
　　「全体の構成」：$t(58) = 0.692$, $p = 0.492$、「内容の一貫性」：$t(58) = 0.086$, $p = 0.932$
　　「問いの設定」：$t(58) = 0.480$, $p = 0.633$、「問いの背景」：$t(58) = 0.367$, $p = 0.715$
　　「主張の提示」：$t(58) = 1.091$, $p = 0.280$、「文献の利用」：$t(58) = 0.219$, $p = 0.827$

「学術的な表現・表記」：t(58) = 1.713, p = 0.092、「合計」：t(58) = 0.717, p = 0.476

参考文献

原田三千代（2006）「中級学習者の作文推敲過程に与えるピア・レスポンスの影響―教師添削との比較―」『日本語教育』131, 3–12.

池田玲子（2000）「推敲活動の違いによる推敲作業の実際」『お茶の水女子大学人文科学紀要』53, 203–213.

井下千以子・佐藤広子・小林至道・岩﨑千晶・佐渡島紗織・柴原宜幸・大島弥生・成瀬尚志・関田一彦（2020）「ライティング・センターの機能と展望―正課と正課外をつなぐライティング教育を目指して―」『大学教育学会誌』41(2), 90–94.

小林至道・杉谷祐美子（2012）「ワークシートの利用に着目した論文発展プロセスの分析」『大学教育学会誌』34(1), 96–104.

小林至道・中竹真依子（2020）「ライティングセンター運営上の工夫とその効果― AWC 立ち上げから 2 年間のデータの比較検討を通して―」『青山インフォメーション・サイエンス』47(1), 6–15.

中竹真依子（2017）「ライティング・センターのチューターの成長に関する一考察」『武蔵野大学教養教育リサーチセンター紀要』7, 23–28.

North, S. M.(1984). The Idea of a Writing Center, *College English*, 46(5), 433–446.

太田裕子・佐渡島紗織・冨永敦子・齋藤綾子（2011）「大学初年次日本語アカデミック・ライティング授業における帰国生と留学生の文章力―初回課題と最終回課題の文章評価調査から―」『Waseda Global Forum』8, 337–375.

太田裕子・佐渡島紗織（2013）「「自立した書き手」を育成するライティング・センターのチューター研修とチューターの意識―早稲田大学における実践事例と PAC 分析―」『Waseda Global Forum』9, 237–277.

佐渡島紗織（2009）「自立した書き手を育てる―対話による書き直し―」『国語科教育』66, 11–18.

佐渡島紗織・太田裕子（2014）「文章チュータリングに携わる大学院生チューターの学びと成長―早稲田大学ライティング・センターでの事例―」『国語科教育』75, 64–71.

田中信之（2011）「ピア・レスポンスが推敲作文に及ぼす影響―分析方法とフィードバックの教示に注目して―」『アカデミック・ジャパニーズ・ジャーナル』3, 9–20.

外山敦子・増地ひとみ（2021）「学部生チューターによるライティング支援の実態―セッションにおける対話の分析をとおして―」『リメディアル教育研究』15, 5–13.

■付録

ライティングルーブリック

採点対象：　　　　　　採点者：　　　　　　最終採点日：2021年　月　日

評価の観点	評価の観点の説明	0	1	2	3	4
①全体の構成	序論・本論・結論など、課題に対して適切な構成で書かれているか	序論・本論・結論など、適切な構成で全く書けていない		序論、本論、結論のうち、それに該当する記述が十分にない箇所がある		序論・本論・結論など、全体が適切な構成で書かれ、それぞれで書くべき点に過不足がない
②内容の一貫性	全体が筋道を立ててわかりやすく書かれているか	書かれている内容に一貫性がなく、論の筋道がわからない		書かれている内容の一部に飛躍や欠如があり、論の筋道がわかりづらい箇所がある		全体の内容につながりがあり、筋道を立てて論がわかりやすく書かれている
③問いの設定	取り上げる問い（問題）が、本文内で明確に示されているか	問いが本文内で示されていない		問いの所在がわかりづらい（例：問いが漠然としている、示されている箇所が不適切）		問いが序論で具体的に示されている
④問いの背景	なぜその問いを取り上げるに至ったのか（問いの背景、関連する先行研究の整理）が示されているか	その問いを取り上げるに至った背景が全く示されていない		・問いとの関連が示されづらい・自らの体験や身の回りの出来事（主観）にもとづいて述べられている箇所がある		・問いとの関連が明確である・社会的な事実や調査／実験データ、先行研究にもとづいて記述されている
⑤主張の提示	レポート・論文を通して最も述べたいこと／明らかにしたいことが、明確に示されているか	主張が本文にも、どこにも示されていない		・主張が、どこに書かれているのかわかりづらい（主張の提示が曖昧である）・問いとの関連性がわかりづらい		レポート・論文における主張が、問いの答えとして対応する形で明確に示されている
⑥文献の利用	問いや主張を支える文献を批判的に検討した上で、ルールにそって的確に利用されているか	本文内に、文献が一つも引用されていない（本文内に出典が示されている箇所が一つ）		・本文内の引用、参考文献一覧の書き方に、ルールに従っていない箇所が複数ある・問いや主張との関連がわかりづらい引用が複数ある		・本文内の引用、巻末の参考文献一覧が、一貫したルールにそって的確に書けている・参考文献が批判的に吟味された上で、問いや主張と関連づけて引用されている
⑦学術的な表現・表記	レポート・論文を書く上での表現、表記上のルールを守れているか	13項目全てができていない		13項目のうち、5〜9項目ができている		13項目のうち、11〜13項目ができている

⑦の評価項目

1. 課題の趣旨／指示にそって書けている
2. 全体の文体、表記（例：漢数字とアラビア数字など）が統一されている（表記の揺れがない）
3. 記号の使い方に誤りがない（文）
4. 話し言葉を用いている箇所がない（例：「」『』（）！？ など）
5. 与えられた課題（文）の主語ではなく、レポートの主旨を端的に示すタイトルがつけられている
6. キーワード、専門用語、略語などについて、初出の箇所で定義づけ、補足の説明がなされている
7. 誤字・脱字・内容の省略、ら抜き言葉を用いていないか（例：後で後悔、スマホなど通信機器）など、語句の用い方・表現に誤りがない
8. 「ている・である」など同じような表現を繰り返し用いていない
9. 具体的な意味、内容がわかりづらい品詞の用い方（例：指示語・代名詞が何を指すのか不明瞭、指示語／他）いて用いている
10. 接続語や文末で、同じような表現を繰り返し用いていない
11. 文末に「～けれど／～だが／～が」などが多用されない、推量表現、「思う／感じる」などが乱用されていない
12. 文意が損なわれない一文になっている（例：主語と述語がねじれていない文、句読点の位置が不適切で意味が行間に表れない文、段落間の無意味な行間がない）
13. 段落を正しく設けて書けている（例：段落初めの一字下げ、段落間の無意味な行間がない、全体に比して意味の取りづらい段落がない、一段落一主張）

第12章 正課と正課外の連環を目指した関西大学のライティングセンター

岩﨑千晶

1. 関西大学のライティングセンターに関する概要

　関西大学のライティングセンター（以下、WRC とする。関西大学は「ライティングラボ」と称しているが、他の章に合わせてライティングセンターを用いる）は、ライティング力の育成を目指した学習支援を2012年から行っている（中澤 2019）。活動の 3 本柱は、「個別相談」「出張講義」「ワンポイント講座」である。

　「個別相談」はチューターが学生と原則一対一でライティングに関する相談に応じる。学部生・修士課程の院生に対して、レポート、卒業・修士論文、留学・ゼミ志望理由書、プレゼンテーション等の日本語の文章への相談対応をしている。利用者に実施しているアンケート調査によると満足度は約 99 ％であり、一度利用するとその良さを実感することが多いという結果になっている。「出張講義」では、教員の希望に応じて授業に出向き、30 分程度のライティングに関する授業を行う。「ワンポイント講座」は昼休みに学部生や修士課程の院生を対象に 30 分程度のミニ講座を開講している。またこれらの活動を補足するために、学生向けにライティングに関する教材開発（冊子や e ラーニング等）も実施している。

　個別相談を担うチューターは、関西大学博士課程の大学院生（教員推薦があれば修士課程も可能）、PD（ポスト・ドクトラル・フェロー）が中心となっている。随時 20 名前後のチューターが勤務している。チューターのマネジメントや研修、授業連携による個別相談の依頼や出張講義等の学部教員とのや

り取りは WRC の専任教職員が行う。

　WRC の前身は 2010 年に発足した「卒論ラボ」であり、もともとは文学部の学生のみを対象としていた。卒論ラボでの運営が安定し、学習支援の効果を確認できたため、2012 年に関西大学教育推進部教育開発支援センターのもと、全学部の学生を対象とした WRC の運営を開始した。運営を開始した当初は 13 学部中 10 学部が集まる千里山キャンパスを中心に行っていたが、現在は高槻・MUSE・堺キャンパスも含めた 4 キャンパスに WRC を設置している。2018 年からはオンラインでリアルタイム型のライティング支援を実施しており、学生は自宅からでもライティング支援を受けられる（岩﨑2022）。

　関西大学 WRC の理念は、次の三点となっている。

①添削によって答えを与えるのではなく、対話による指導を通して、自分で問題を発見し、考え、解決する力を育成する

　ライティング力は高次の認知能力であるため（井下 2008）、短期間に養うことは容易ではない。そこで学生には 1 度だけではなく、大学 4 年間の間に定期的に WRC を利用し、「考え、表現し、発信する」ライティング力を育んでほしいと考えている。そうすることで、大学での学びにおいて学生が「自分で問題を発見し、考え、解決する力」を培うことを目指している。

　ライティング力を育成する方法は、添削ではなく、チューターと学生が対話することである。WRC を利用する学生が添削を希望する場合もあるが、チューターがレポートを添削したとしても、レポートは改善されるが学生が学ぶことは少ない。チューターとともに学生が課題を考え、解決策を見出すことで、彼らはライティング力を少しずつ育んでいくことができる。そもそも自分でレポートの課題を発見できていない場合、学生はレポートを改善する必要性すら感じることができないため、レポートを改善することが難しい。そのため、学生自身が課題がどこにあるのかについて気づき、どう改善すればよいのかを考える必要がある。しかし、学生が気づくことができる問題と、書くことに長けているチューターや教員が気づく問題には差がある（外山2018）。そこで、チューターは学生が自分で問題に気づくことができるように誘う。たとえば、表記表現に関しては音読をするように、また構成に関しては「この段落で一番伝えたいことは何？」等の質問をし、各段落で伝えた

いことやそれが文章で表現できているのかを確認しあうことで、学生自身が説明構築をするようにし、問題に自ら気づくことができるようにもしている。

　また本学の WRC は希望があった教授会において WRC の利用状況を報告する機会を設けている。各学部の利用状況、相談内容や学生からの声を紹介することが主目的であるが、学部の希望に応じて初年次教育やライティング教育について意見交換をすることもある。

　このように、ライティング力を向上させるには、学生が自分で、あるいはチューターとともに問題を発見し、考え、解決する必要がある。そして、こうした理念を学生と教員がともに理解しておくことで、よりよい WRC の活用につながると考える。

②学術的な文章作成の訓練を通して、社会に出てからも使える「書く力」を総合的に養い、社会で活躍できる人材の育成に貢献する

　大学 4 年間を通して、学部の授業や WRC を利用することで育成したライティング力（なお、関西大学 WRC の理念では「書く力」を用いているが、本章では他の章と合わせてライティング力で統一する）は、社会に出てからも使えることを目指している。そのため、これまでに社会で求められるライティング力や書く機会について把握するため、ダイキン工業株式会社、株式会社パソナグループ等に協力をいただき、社会人に求められるライティング力について調査を実施した（関西大学・津田塾大学 2015）。業種にもよるが社会に出てもライティングの機会は多数ある。たとえば、企画書、提案書、中長期行動計画書、業務評価、人事査定の小論文作成等が挙げられる。大学では論証型の文章を書くことが多いが、学術的な論証文の書き方を習得しておくことができれば、上記に挙げたライティングにはある程度応用して対応できる。関西大学の学生には、学術的な文章作成の訓練を通してライティング力を育み、社会で活躍する人材を送り出すことを目指している。

③学部教育と密接に連携して、専門教育の様々な場面でライティングサポートを行い、教育の効果を高める

　学習支援は正課と課外を連動させてより効果が上がる（Tinto 2004）。そこで、関西大学では学部教育と連携したライティング支援に力を入れている。「個別相談」に関しては、初年次教育における利用が最も多いが、専門科目、専門・卒業演習、教職科目等における利用も行われている。学部教員の希望に応じて、WRC を利用した学生には利用証明書を発行している。「出張講

義」に関してもやはり初年次教育、卒業演習が中心となっている。次節以降に詳述する。

2. 個別相談

　個別相談は、ライティングチューターと学生が対面型・リアルタイムオンライン型で実施している。相談時間は40分である。学生はインターネット予約、またはウォークインで利用できる。個別相談は学生自身が自分の意思で相談をする場合もあれば、教員からの指示で学生が利用する場合もある。割合としては2021年度の実績では約2対3であり、授業連携による教員からの利用指示が上回っている。多田ほか（2019）による調査では、教員による利用指示であっても、その後、学生の自主的なWRCの利用につながることがわかっている。そのため、授業連携によってWRCの利用経験を持つことで、学生がそこで何ができるのかを理解し、今後のWRC利用につなげることを重視している。なぜならライティングに関する相談を経験していることや自分のレポートの課題に気がついている学生は多いとは言えないからである。またレポートに自信を持てない場合、初めて会うチューターとの相談に恥ずかしさを感じる学生もいるため、まずはWRCで何ができるのか、どんな人が対応するのかを認識し、継続的な利用につなげていくことが重要だと考えている。

　以下、本書の第Ⅲ部「正課と正課外教育をつなぐライティングセンター」として、個別相談の中から授業連携を取り上げる。とくに、授業連携利用が多い初年次教育、専門・卒業演習・教職科目における個別相談について取り上げる。

2.1　初年次教育における授業連携

　春学期は初年次教育におけるWRCの利用が最も多い。利用の流れとしては、「①教員がレポート課題を課す、②学生がレポートを書く、③学生がWRCで相談をする、④学生がレポートを修正する、⑤学生がレポートを提出する」であることが多い。場合によっては、②と③、④と⑤の間に、授業で学生同士がピアレビューを行ったり、教員からのフィードバックが寄せられたりする場合もある。

アカデミックスキルの育成を目指す初年次教育ではノートテイキング・レポートの作成・プレゼンテーション等、書くことを扱った授業を行う。とくにライティング力は成績評価と直結するため、大学生活において単位を履修し卒業するために重要な力の一つだと言える。しかし、学生の多くはこれまで「書くこと」を十分に経験しているわけではなく、苦手意識を抱えている（渡辺 2010）。

　そこで岩﨑（2021）は、アカデミックスキルの育成を目指した初年次科目「スタディスキルゼミ（プレゼンテーション）」の受講生（24 名）がレポート執筆において抱える課題にはどのようなものがあるのか、ならびに、その課題に対する WRC の効果を調査している。具体的には、初年次生が執筆したレポートに対する WRC におけるライティング相談に着目し、WRC の利用前後のレポートに表出した課題を分析することから、①一旦書き終えた段階のレポートに表出した課題、② WRC を活用して、学生が改善できた点、ならびに改善するに至らなかった点を明らかにしている。なお、レポートの評価の観点は項目①「プレゼンに求められる要件を提示している（プレゼン要件）」、項目②「①の理由や根拠として、プレゼンを振り返っている（理由根拠）」、項目③「①②を踏まえ反省点を提示している（反省点）」、項目④「①‐③を踏まえ改善点を提示している（改善点）」項目⑤「①‐④を文章として表現できている（『文章』としての表現）」であった。そこで分析の観点は、項目①‐④を満たす「レポート課題の要件」と、項目⑤を満たす「『文章』としての表現」とした。

　調査の結果、「一旦書き終えた段階のレポートに表出した課題」では、教員からの指示を満たしていないレポートがあることが示されたが、WRC 利用後は、項目①③④を全員が執筆できていた。項目②に関しても統計的に改善の効果が示された。チューターとの対話を通して、学生はレポートのねらいに気づき、レポートの改善点に気が付いている様子が見られた。しかし、項目②は統計的には改善の効果がみられたが、十分に執筆しきれなかった学生もおり、授業課題で求められている内容についての確認や、相談回数を増やすことを提案する等の必要性が示された。

　項目⑤「①‐④を文章として表現できている（『文章』としての表現）」は、「一旦書き終えた段階のレポートに表出した課題」では、「表記／表現」に関する指摘が最も多く、次いで「内容補足」「構成」が挙げられた。「WRC を

活用して、学生が改善できた点」に関しては、統計的な結果から「表記／表現」「内容補足」に関して有意な結果が示されており、初年次生が一旦執筆したレポートを提出するまでのプロセスにおいて WRC を活用することで、レポートに表出した課題を改善できていることが指摘された。初年次生は WRC を活用することで自分一人では気づくことのできなかったレポートに表出した課題に対して、文章作成過程におけるモニタリングをし、レポートを見直しているという効果を実証的に確認できた。

　しかし「学生が改善するに至らなかった点」では、「表記／表現」で「話し言葉から書き言葉への変更」「主語述語の対応における般化」が挙げられた。「内容補足」では読み手に意味が通じるように「内容の補足」が十分に行えていなかったこと、「構成」では学生が自ら記述内容の分類／整理し、レポートを改善することが困難である傾向が示され、チューターから指示がないと自分で改善できない傾向が見受けられたため、レポート全体にわたって具体的な修正点についてチューターと話し合う必要性が指摘された。

　以上のことから、初年次生が抱える課題にはいくつかの傾向があること、そうした課題解決に WRC がある程度寄与していることが示された。今後はこうした課題を共有し、学部教育や WRC でその解決方法を検討していく必要があるだろう。さらに、初年次生の利用にとどまらず、2 年次以降も継続的に WRC の利用を促す必要がある。大学は初年次教育で「書くこと」を授業で扱い、3 年生から卒業論文の執筆に向けて「書くこと」を扱う。関西大学における利用者をみると、1 年、3 年、4 年生の利用より 2 年生の利用が少ない傾向にある。カリキュラムで「書くこと」を扱う授業では、教員からの指示や指導もきめ細やかに行われるが、通常の科目の中でレポートを課すことはあっても、「書くこと」そのものを扱う機会は十分にあるとは言いがたい。大学は、学生が 4 年を通していかにライティング力を育んでいくのかについて、学部単位ならびに大学単位で検討していくことが望まれる。

2.2　専門・卒業演習における授業連携

　秋学期に入ると専門・卒業演習における卒業論文の相談が増加する。専門・卒業演習は日本の大学教育の特徴でもあり、教員が授業内で何度となく学生の論文を指導するため、教員と学生の間で完結することがほとんどである。卒業論文を指導することは担当教員の責務であるため、WRC を利用す

る必要性を感じない教員もいるだろう。実際、利用者の状況を見ると、初年次教育における授業連携と比較して、卒業論文になると授業連携の利用は減少する。しかし授業連携ではなく、学生が自らの意思で WRC を利用し、卒論について相談をしている件数の多さが利用履歴からうかがえる。

　先述の通り、WRC を利用する行為に至るには学生が自分で課題を発見し、それが自分一人では解決することが容易ではなく、援助が必要であることを認識し、その援助を要請する行動をとる必要がある。初年次教育では、教員が授業連携によって、初年次生が援助を要請するための行動を促し、学習者がレポートを見直し、修正する機会を提供している。卒業論文の場合は、教員からのフィードバックや教員・ゼミ生との卒業論文に関するやり取りが、卒業論文のテーマ発表、アウトラインの作成、草稿発表といった形式で何度となく行われる。そのプロセスで、学生が自分の卒業論文に関する課題を指摘され、自ら課題を認識し、自分で改善できない場合は WRC に援助を要請する行動をとる様子が推測される。以上のようなことから、授業連携の利用例は初年次教育と比較して少ないものの、専門・卒業演習における WRC の利用は、自主的な利用は初年次教育と比較して多い傾向にあるといえる。

　卒業論文で WRC を利用した教員からは、担当教員からの意見だけではなく、複数の見方を学ぶことで、批判的に自分の書いた文章について考えてほしいという意見が寄せられている。社会に出ても 1 人の人間、たとえば直属の上長の言うことだけではなく、複数の立場の人間から意見を聞いて、自分がどうすべきなのかを選択し、行動する力が必要である。ライティングに関しても、教員、受講生、WRC 等による複数の意見をもとに、何を書くことが望ましいのかを学生が検討することで、ライティング力の育成に寄与できると考える。

2.3　教職科目との授業連携

　教員免許を取得するためには教職科目を履修する必要がある。新学習指導要領ではこれまでのように何を学ぶのかに加えて、それをどう学ぶのかという教育方法、ならびに授業を受けた後に何ができるようになるのかという教育の質保証をする必要が示されている。

　「主体的・対話的で深い学び」を推進するには、教員が一方向的に教えるだけではなく、生徒同士の意見交換や生徒による調べ学習の結果を発表する

等といった主体的で対話的な活動が求められている。生徒は調べた内容をノートに整理したり、スライドにまとめて発表したりするため、学習活動に「書くこと」が取り入れられている。つまり、教員を目指している学生にとっては、生徒のライティング力を育むための能力も求められると言えよう。

　また学習指導要領には「知識・技能、思考力・判断力・表現力、学びに向かう力・人間力等」が新しい時代に必要となる資質・能力として挙げられている（文部科学省 2017）。文部科学省（2017）は、知識・技能とは個別の事実を指すのではなく、それぞれが相互に関連付けられ社会の中で生きた知識として活用できるものである必要性を指摘している。このような能力を育むことができたのかどうかを判断するには、空欄埋めや選択方式のテストでは難しく、生徒が文章を書いたり、スライドを作成し、発表したりする学習活動が増えるであろう。こうした際にもやはりライティング力が求められる。

　そのため、教員を志望する学生にはライティング力を育むためにはどのような指導が望ましいのかについて検討する機会や、自分のレポートをよりよくするプロセスを通して、書くことに関する課題について認識する機会を設ける必要があると考えられる。

　「メディア教育論」の受講生は、課題レポートを仕上げた後、WRC で学習支援を受け、その後、レポートを修正して教員に提出している。教員に提出するレポートは、WRC 訪問前・訪問後のレポート、また WRC で指導を受けた点・どう改善したのかを提示する必要がある。この一連の活動に取り組んだ受講生からは次のような意見が寄せられ、ラボの効果を確認することができる。一部抜粋して紹介する。まずは、「自分がレポート内で主張している意見について『どうしてそう考えるのか』と一つひとつ問われるため、自分の主張は筋が通っているのかどうか、何を一番伝えたいのかなどについて振り返ることができた。これを行うことで、レポートの主軸がずれなくなり、より完成度の高いレポートを作り上げることができる」という、構成を見直す機会が取れたという意見である。先述の通り、学生は自分で構成を修正することは容易ではない。しかし、チューターからレポートで何を伝えたいのかを質問され、それに対応することで、学生は自分が書きたいことを焦点化し、論のずれがなくなった様子が見受けられる。

　次に、「チューターの方は質問や相談の答えを簡単に告げるのではなく、あくまでも相談者自身に話をさせて問題点に気づかせるなどといったスタン

スであるため、相談者自身が自分のレポートに対して積極的に取り組むようになる」「人に読んでもらうという作業が入ることで、自分では気づかなかった問題点にも気づくことができた」と、自分一人では気がつくことのできなかった課題に気づいている様子が見受けられた。

さらに、「自分が悩んでいたことに加えて問題視していなかった部分についても改善のアドバイスをいただくことができ、より良いレポートにできた」「レポートの作成序盤から行き詰まってしまった場合でも適切なアドバイスをくれるライティングラボを利用することで、解決の糸口や自身の足りない点、アイデアを発見することができる」と、自分では気がつくことができなかった新たな視点を得ることができたという利点も指摘されている。

教職を志望する学生にとっては、「第三者とレポートを見直すことで、自分では気がつくことができなかった課題、新たな視点を発見することにつながる」というように、ピアレビューや教員からのフィードバックが、ライティング力を育むために重要であるという気づきにつながったのではないかと期待している。

3. 出張講義・ワンポイント講座

出張講義では、WRC の業務を担っている教員が大学の授業科目において 30 分程度の講座を提供し、WRC の紹介をしている（**図 12-1** 参照）。単に教員が講義を提供するスタイルではなく、簡単なワークを導入することで、アクティブラーニングを交えたライティング教育により学生が主体的に学ぶことができるようにしている。なお、利用希望が最も多いテーマは初年次教育を対象とした「基本的なレポートの書き方」である。

ワンポイント講座は、お昼休み 30 分の時間を使った講座である。春学期は主に初年次生をターゲットとした書き方を中心にアカデミックスキルの講座を実施している。各学部の初年次教育はライティングを扱っているが、15回の授業の中でレポート、プレゼンテーション、ディベート等を取り上げるとなると、ライティングを扱う授業時間数はおのずと限られる。また学科によっては専門基礎を扱うためレポートの書き方を扱う時間が取れないこともある。そこで「ライティングを学びたい、深めたい」と希望する学生を対象とした講座を提供している。また春学期の終わりや秋学期には卒業論文を扱

図 12-1　ワンポイント講座、出張講義一覧

った講座も行っており、卒業論文に早めに取り掛かり、WRC への訪問をするように促している。

　出張講義やワンポイント講座では、WRC の紹介も丁寧にすることで、安心感を持って学生が相談できるようにしている。学生が授業に関連する課題に取り組む際は、科目担任者に対して授業内、あるいは休み時間に問い合わせることがほとんどである。一部の進学塾ではチューターやメンターといった学習補助員の制度はあるものの、多くの学生は授業担当と関連のないチューターに対して、授業外に問い合わせをするという経験がない。初年次教育の学生と同様、学生が WRC を利用しやすくするには、利用者がここで相談するとよりよいレポートができる、安心して自分の課題について打ち明けることができるという印象を持たせることが重要である。

　出張講義やワンポイント講座は、授業で学んだことをさらに深めたい学生のために、また書くことが苦手であったり、欠席をしたりして授業では学びきれなかった学生のために、ライティングに関する学習を行う機会である。また、同時に、安心して WRC を利用することができるための雰囲気を伝え

る機会でもある。

4. 教材提供

　個別相談、出張講義、ワンポイント講座を支えるため、WRCではライティングに関する教材も提供している。具体的には「レポートの書き方ガイド」「プレゼンテーションの作り方ガイド」「アカデミックライティングに関するeラーニング」である。

　「レポートの書き方ガイド」「プレゼンテーションの作り方ガイド」は学生の自習用教材として利用されることもあれば、教員が授業資料として利用することもある。共通の教材があれば、学生がチュータリングのセッションを受ける際に利用したり、セッション後も復習をして自ら学ぶことができる。チューターと学生が同じ教材を持っているということはセッション後の自学自習を促すために非常に重要である。さらに、教員からWRCの指導方針を尋ねられたとき、レポートの書き方ガイドに沿って指導している旨を伝えることができれば、細かな齟齬も解消されやすいという利点もある。

　「アカデミックライティングに関するeラーニング」は、学生が自学自習に利用できる教材として開発した。5分から8分程度の動画に加えて、理解度を確認できる小テスト（2、3問）、スライド資料が提供されている。コロナ禍においては卒業論文や初年次教育の教材として教員が利用を勧めることもあり、利用者が増えた。

　また教員向けに、ライティングの評価に関わる「ルーブリック」も提供している。教員からの希望があれば、レポートの課題内容、アイスブレイクの内容などアカデミックスキルを育む初年次教育を中心とした教育内容相談にも、WRCの教員が応じることもある。これらは年度末の学部教授会にてWRCの利用状況を報告する際のやりとりの中で学部から希望があれば相談に応じるようにしている。

5. 正課と課外の連環を誘うデザイン

　関西大学のWRCは学生が抱える課題に寄り添った相談をすることを心掛けている。それと同時に、教員がどのようなライティング力を学生に身につ

けさせたいと考えているのかを踏まえて、教員の指導方針を考慮した上で学生からの相談に対応する学習支援も行っている。WRC は課外での学習活動が中心となるため、正課の授業でどのような学習が行われているのかは気にせず活動すればよいという声もある。教員の声を聴くと WRC での相談が学生との対話ではなく、レポートをよりよくする活動になってしまう懸念があることも承知している。しかし、日本の学生、とりわけ初年次生は自分でレポートの課題を気づくことが少ないという現状もあり、教員からの薦めなしに WRC を利用する学生は限られている。まずは、WRC は安心して利用できる学習支援の施設であることを学生が認識するためにも、教員と WRC が情報を交換し合い、連携をとって WRC の利用を薦め、学生のライティング力を高めていく活動をすることは重要であると考える。

　そのため、WRC は学部で「書くこと」に絡んでどのような教育が行われているのかを把握する必要がある。たとえば、ビブリオバトルを取り入れている学部もあれば、ビジネスプランコンペを行っている学部もある。またゼミや留学の志望理由書を出す時期を考慮して、WRC がワンポイント講座の実施をしたり、場合によっては留学の説明会に出向き志望理由書の書き方について紹介したりする。そうしたプロセスで、教職員と WRC が情報を共有し、ニーズや課題について情報交換をし、学部の教育ならびに WRC の活動に活かしていくことが重要になる。

　また各学部でのライティング教育に関わる課題が明らかになれば、正課の授業に活かすことができ、学部の課題に応じたワンポイント講座を実施することも可能になる。同時に、教員が気楽に WRC を利用しようと思う環境を構築することも重要である。たとえば、教員が WRC の利用について説明しやすい資料を用意したり、書くことの教材としてレポートの書き方ガイドを提供したり、レポートを評価するためのルーブリックなどの教材を作成したりすることである。WRC は、教員が WRC を使ってみたくなる工夫をし、正課と課外の連環を誘う必要がある。

　関西大学 WRC では、開設当初は文学部の学生のみへのライティング支援であったが、その後、全学部の学部生へと対象を広げ、現在は修士課程の大学院生への相談も対応している。試行的に併設校からの希望に応じてライティングの出張講義や個別相談も行っている。また対面での相談に加えてオンライン相談も実施している。さらに教材はレポートの書き方ガイド、プレゼ

ンテーションの作り方ガイド、e ラーニング教材の開発も手掛けている。今
後も、学生や教員との意見交換を通じて、その時々のニーズに合わせたチュ
ータリング教材に工夫をし、正課と課外の連環を誘う仕掛けづくりをしてい
きたい。

付記

2.1 は岩﨑（2021）の一部をまとめたものである。また本章は JSPS 科研費 JP19K03
040、JP20K03100 の助成を受けている。

参考文献

井下千以子（2008）『大学における書く力考える力―認知心理学の知見をもとに―』東信堂.

岩﨑千晶（2021）「初年次生のレポートに表出した課題分析とライティングセンターの寄
　　与」『関西大学高等教育研究』12, 25-35.

岩﨑千晶編著（2022）『大学生の学びを育むオンライン授業のデザイン―リスク社会に挑
　　戦する大学教育の実践―』関西大学出版部.

関西大学ライティングラボ（2022）「ライティングラボとは：理念」(https://www.kansai-u.
　　ac.jp/ctl/labo/)（2022 年 1 月 28 日）.

関西大学・津田塾大学（2015）「〈考え、表現し、発信する力〉を培うライティング／キャ
　　リア支援」『2012（平成 24）年度採択文部科学省大学間連携共同教育推進事業 2015
　　（平成 27）年度報告書』.

文部科学省（2017）「新しい学習指導要領の考え方―中央教育審議会における議論から改
　　訂そして実施へ―」(http://www.mext.go.jp/a_menu/shotou/new-cs/__icsFiles/afieldfile/2017/
　　09/28/1396716_1.pdf)（2018 年 10 月 9 日）.

中澤務（2019）「書く力の育成とライティングセンター」関西大学ライティングラボ・津
　　田塾大学ライティングセンター編『大学におけるライティング支援―どのように〈書
　　く力〉を伸ばすか―』東信堂.

多田泰紘・岩﨑千晶・中澤務（2019）「ライティングセンターと教員の連携がプロセスに
　　沿った継続的なライティング学習に与える影響」『大学教育学会誌』40(2), 46-53.

Tinto, V. (2004). Student Retention and Graduation: Facing the Truth, *Living with the Consequences*.
　　Pell Institute for the Study of Opportunity in Higher Education, Occasional Paper 1, 3-15.

外山敦（2018）「学生の文章作成における「つまずき」の傾向―ライティングサポートデ
　　スク相談記録の分析を通して―」『愛知淑徳大学初年次教育研究年報』3, 5-8.

渡辺哲司（2010）『「書くのが苦手」をみきわめる―大学新入生の文章表現力向上をめざし
　　て―』学術出版会.

第13章 指導と研究を行う早稲田大学 ライティング・センター

佐渡島紗織

　本章では、早稲田大学に設置されたライティング・センターを紹介する。詳細は、書籍として刊行されているので参照していただければ幸いである（佐渡島ほか 2013）。ここでは、書籍とは異なる角度から、指導方針、運営方針、正課教育との関連、成果と課題を記す。

　早稲田大学ライティング・センターは、2004 年に設立された。新設された国際教養学部が、学生の利用のために設立した[1]。日英双方の文章が検討できるセンターとして開設された。2008 年より大学が運営するようになり、2009 年からは全学の教員と学生が利用可能となった。分室が、2010 年に西早稲田キャンパスで、2013 年に所沢キャンパスで、週に 1、2 回開かれるようになった。常時約 30 人の文章指導者が指導に当たっている。

1. 指導方針

1.1 書き手の意図を大切に

　早稲田大学のライティング・センターで最も大切にしている指導方針は、書き手の意図を大切にするというものである。

　なぜこの指導方針は大切なのか。当ライティング・センターでは、学術的な文章だけを検討対象としている。すなわち、語学の課題文章、レポート、学位論文、投稿論文、研究計画書、留学志望書などが検討対象である。これらの文種を並べると、学術的な文章とは、いかにも定型があり規則に沿って

図 13-1　早稲田大学ライティング・センターのブース

書くものであるというイメージを持たれる読者が多いのではないか。またそれを指導するのがライティング・センターの役目であると。しかし、学術的な文章とは、人類の発展に寄与するために様々な分野の人々が意見交換をしながら最先端の知識を生みだそうとする、壮大な目的をもった文章である。語学の課題文章やレポートは、そのほんの始めの半歩のところにとどまるような文章かもしれないが、それでも知識を生み出そうという目標に向かう一つの文種である。ましてや、学位論文や投稿論文、その手前で書く研究計画書は、いかに先行研究を超えて新しい知識を提供できるかという、挑戦に満ち満ちている文種である。

　こうした学術的文章の使命を考えるならば、それがいかに独創性を目指して書かれるものであるかが納得できる。学術的文章とは、一定の規則に沿って書かれるだけの文章ではなく、本来は、その書き手が世界でただ一人の書き手として、独自の考えを述べ、その妥当性と新しさを示す場なのである。学術的文章を作成するという行為は、実に創造的な営みである。

　この、一人ひとりの書き手が持つ独自の考えを文章という形にするお手伝いをするのがライティング・センターの使命である。だから早稲田大学ライティング・センターは、何よりも書き手の意図を尊重する文章作成指導を心掛けてきた。学術的文章を書く多くの書き手は、考えがあってもそれが十分に文章に表れていない。自分の考えがはっきりしていない書き手も多い。とても多くの考えを持っているが、考え同士の関係が分からず混乱している書き手もいる。こうした書き手が、自分に向き合うお手伝いをするのがライティング・センターである。自分は何を大切に思うのか。何を伝えたいのか。自分はこれから何に向かって進むのか。それを考えるための文章を書くお手伝いをするのである。

　一人ひとりの書き手が自分に向き合い、それを言葉に表して文章にするお

手伝いをするためには、一対一の指導がよい。だからライティング・センターは、複数の生徒や学生を相手に指導をする授業とは異なる次元で書き手を育てる。ライティング・センターに勤める文章指導者は、人間に興味のある人がよい。それぞれの人間がその人らしく物事を見たり分析したりするのを眺めているのが楽しいと感じる人がよい。人の顔がそれぞれに異なるように、この人はこんな文章を生み出すのか、といちいち新鮮な驚きをもって書き手と接することのできる人がよい。

1.2　対話によって書き手と協働する

　では、書き手一人ひとりが自分に向き合い考えを言葉に表して文章にするお手伝いをするためには、文章指導者はそばにいて何をするのがよいのか。それはおそらく、〈書き手の想い、疑問、気づき、考え、意見〉と、〈文章に綴られている言葉〉とのギャップを埋める作業を書き手とともにしていく、という表現で説明されるのではないか。目の前にいる書き手と、そこに置かれている文章（まだ1行も書かれていなくても）の間には、まだ広い隔たりがあるのか、あるとしたらどのように埋めていったらよいかを、書き手とともに考える。これがライティング・センターに求められる働きである。

　このギャップを埋める作業は、書き手と文章指導者とが協働で行うものである。だから、書き手自身が感じている不十分さや不満足さを説明してもらうことは大切である。また、文章指導者が感じる違和感、混乱、疑問は大切である。これらを互いに共有することによって、二人で何に取り組めばよいかという目標が見えてくる。

　どのようなギャップをどのように埋めていくかという協働作業は、すべて言葉のやり取りによって行われる。すなわち、対話である。文章指導者は、言葉を駆使してやり取りをし、〈書き手の想い、疑問、気づき、考え、意見〉を引き出す。気づかせる。そのうえでその書き手の想いや考えと〈文章に綴られている言葉〉とのギャップを埋める作業を書き手とともにする。すなわち対話によって、文章をより書き手の意図に近づけるお手伝いをする。これが基本である。誰とも異なる、この書き手独自の想いや考えを文章に綴るお手伝いを対話によって実現させる。

1.3 読者代表としての文章指導者

　ライティング・センターで働く文章指導者は、授業を行う教員ではない。あくまで、授業やゼミを通して学んでいる書き手と、授業を行う教員との橋渡し役である。だから、おのおののセッションにおいて、「正解」を示すことはできない。書き手が何を言いたいかをくみ取り、その内容が、教員が指示している課題の目的や範囲のうちにあることを確かめながら、文章を書き手と一緒に改良する。学位論文であったなら、書き手の立てている研究目的にそった内容で書かれているかを確かめながら文章の改良を手伝う。なかには、次のような要望をもって訪れる書き手がいる。「すべてのページに目を通しておかしい点を指摘してほしい。」や「A＋がとれるレポートに直してほしい。」という要望である。しかし、これはライティング・センターの機能を誤った認識で捉えている例である。

　文章指導者は、まずはレポート課題や研究目的を把握し、書き手がその課題や目的に沿いながら何を言いたいのかを傾聴する必要がある。つまり、教員の眼をもって文章に向き合い、同時に書き手の眼をもって文章に向き合う。その行ったり来たりの中で、どうしたら文章がもっとよくなるかを考える。すなわち、教員をはじめとする読者代表として文章を読むのである。

　さらにいえば、すぐれた文章指導者は、文章のどこが問題と思うか、どう直すとよいかを自分からは一切言わず、書き手に気づかせる技術を持つ。たとえば、レポート課題と少しずれた内容の節があったとする。文章指導者は、「このレポートの課題は何でしたっけ。もう一度、教えてください。」、「なるほど。この節で○○さんが一番言いたかった内容はどこですか、そこに下線を引いてください。」、「このレポート課題とこの下線部分はどのようにつながりますか。」などと聞く。書き手は、一つひとつの質問に答えていくうちにその節がレポート課題とずれた内容になっていることに気づくであろう。上のやり取りで、文章指導者は、ここが問題でこう直すとよいという発言は一切していない。書き手自身が気づくような質問をしているだけである。あるいは、「この部分を読むと少し混乱します。何が言いたかったのですか。」と反応を返す。このように、読者の目線で文章と向き合い、書き手とやり取りをしていくと、書き手は自らの力で問題点に気づき、修正法を考え出すことができるようになる。

2. 運営方針

2.1 文章指導者の育成に何より力を注ぐ

　ライティング・センターは、極端にいえば、廊下の片隅であっても成立する。場所や設備は二次的な要素である。最も重要なのは、1.の節で書いたような文章指導ができる人材の確保である。

　早稲田大学ライティング・センターでは、設立当初より、大学院生（大学規定が変わるまでは学部生も）を育成して文章指導を行ってきた。学部生や大学院生による文章指導は、一斉指導をする教員たちの指導を個別指導という形で補うことができるほか、自身も学位論文を執筆している書き手であるという強みを生かすこともできる。そして、何より、文章指導の経験が、指導に就く者の成長につながるのである。

　早稲田大学ライティング・センターの運営において自慢できる点といえば、文章指導者を育成する過程を丁寧に行っている点である。ざっと書き出すと、以下のような工程を経て育成している。

- ・一学期手前の文章作成授業（15 週間対面授業、アカデミック・ライティングの技術を徹底的に学ぶ。800 字の文章 13 編を個別指導する。合格者だけが指導に就く資格を得る。英語文章担当者はこの限りではない）。
- ・指導開始前の新人研修（就業規則、ライティング・センターの沿革、指導方針などを、助手が 2 時間で一斉研修する）。
- ・初期の 10 回研修（セッションとはどのようなものかを 10 のテーマに分けて学ぶ。1 回目は音声で、2 回から 5 回はベテラン指導者の見学を通して、6 回から 10 回はベテランに付き添ってもらってセッションを行う）。
- ・独り立ち審査（付き添いなしの単独でセッションを行う資格を得るための審査。助手が行い、審査のたびにフィードバックする。独り立ちした指導者の時給は 1,100 円）。
- ・教育補助審査（独り立ちして 1、2 ヶ月した頃に受ける。助手が審査をし、合格すると正式な文章指導者となる。合格した指導者の時給は 2,100 円）。

就業してから教育補助審査を通過するまでは、ほぼ1学期間かかる。加えて、文章指導者全員による毎週研修が学期中に行われている。

・学期中毎週の文章指導者研修（毎週70分間の一斉研修。助手が、指導全体の様子を見てテーマを決めたり全員からテーマを募ったりして研修テーマを組む。グループに分かれて話し合ったり模擬セッションをしたりする形態が多い。学期の最後には、小研究発表会を行う）。

・学期中一人1回のセッション音声文字化（毎学期、文章指導者一人につき1回のセッションを業者委託により文字化する。この文字化原稿を読んで個別に振り返ったり、グループ研究のための分析を行ったりする）。この費用は大学が負担している。1セッションの文字化代はおおよそ8,000円である。

　他に、書き手がセッション終了後に提出するアンケートを、教員が読み、問題のありそうなセッションがないかを監督している。あれば、週研修のテーマに反映させ指導の改善をはかっている。

　助手10名と教員4名が、協働して上の育成を行っている。「一学期手前の文章作成授業」は、教員が手分けして毎学期開講する。「指導開始前の新人研修」「独り立ち審査」「教育補助審査」は、直接は助手が行い、その結果を助手と教員合同のミーティングで助手が報告し全員で協議する。ライティング・センター設置の直後は、「独り立ち審査」「教育補助審査」はなかったが、質を保証するために5年目に設けられた。

　週研修とセッション対話の文字化は、18年間続けてきた。週研修は、ベテランの文章指導者と新人指導者たちが交流しながら互いの技能を磨き合うよい機会である。下は、研修テーマの例である。

　毎週の文章指導者研修のテーマ例
　　・書き手と協働でセッションの目標設定をする
　　・書き手の気づきを促す質問とは
　　・書き手の気づきを促す作業
　　・書き手からのサインを読み取る

- セッション中に参照
  できる書籍や資料
- コーパスや辞書をセ
  ッションに生かす
- ブレイン・ストーミ
  ングを行うセッショ
  ン
- 発表スライドを検討
  するセッション
- 留学志望書を検討す
  るセッション

図13-2　学期中毎週行われる文章指導者研修の様子

- 長い文章を扱うセッション
- 法律分野、数学分野などの専門的文章を検討するセッション
- 文法チェックを依頼されたら
- オンライン・セッションにおける対話のこつ
- 「困ったセッション」
- セッション文字化原稿を使っての振り返り

2.2　学内での理解を求めて

　ライティング・センターの働きは、しょせん日本には馴染まない。40人の生徒が一つの学級として構成される日本の学校では、書いている途中の文章を教員が見て助言するのは難しい。教員は、「清書された最終稿」を評価するので精一杯である。小学校から高校まで同様である。だから、生徒たちには書き途中の文章を他人に見せるという習慣がない。早稲田大学でライティング・センターを設置した頃、「ライティング・センターに文章を持っていくところを人に見られたくない」と言った学生がいた。未完成の文章を人に見せるという行為には、マイナスのイメージがあるのであろう。ライティング・センターは、日本の学校で育った多くの書き手にとって敷居が高いのである。

　ましてや、ライティング・センターというものが日本に存在しなかった時代に生徒であった現在の大学教員にとっては、ライティング・センターが何

図13-3　早稲田大学ライティング・センターの待ち合いスペース（左）とブース（右）

を行うところなのかイメージが持ちにくい。設立に当たって学部内の教員に
聴き取りをしたところ、次のような反応があった。「では、教員はライティ
ング・センターのチューターさんたちが書いた文章を評価することになるの
ですか。」、「私は、学生たちが書いた文章の不十分な点を踏まえて次の授業
内容を構想するので、次の授業までに文章がよくなってしまうと困ります。」、
「私の分野では、あえて専門的な者同士でしか使わない表現があるので、誰
にでもわかりやすい文章に直されてしまってはかえって困る。私の授業をと
る学生には利用させないようにしたい。」。こうした声には、文章を他者に見
せてよりよくしていくという考え方がない。また、他者に見せながら文章を
改良していく過程に学びがあるという考え方もない。アメリカでは、小学校
は20人学級で文章を途中で何度か教員が見る。こうした土壌で生まれたの
がライティング・センターであるから、全米の大学にごく自然に広まったの
であろう。

　日本では、学生や教員が持つライティング・センターのイメージを建設的
なものに変えていくための努力は欠かせない。学生や教員にライティング・
センターの機能を説明する機会を積極的に重ねる必要がある。下は早稲田大
学ライティング・センターが行ってきた広報活動である。

・学部運営委員会（教授会）に赴き、口頭で5分ほどの説明をする。
・教員全員の個人メールボックスにちらしを入れる。
・大学主催の新任教員ガイダンスで5分ほどの紹介をする。

・教員にツアーの案内をする。学期始めにクラス全員を連れてきてもら
い、文章指導者が15分ほどのツアーをしたうえで、機能や利用法を
説明する。
・春学期と秋学期の始めに行われる新入生ガイダンスで、5分間の紹介
を学部に依頼する。
・校内や学バスに貼り紙をする。
・ツイッターやインスタグラムでライティング・センターを紹介する。
・学部や研究科ごとの学生メールで、一斉に紹介文を流す。

　設立18年が経った現在でも、上のほぼすべての項目を実践している。広
報をかけると、利用率が少し上がる。日本では、まだまだライティング・セ
ンターは馴染みのない支援機関であるという自覚を持つ必要がある。

2.3　文章指導者が研究をする

　早稲田大学ライティング・センターについて言及できる特徴に、文章指導
者がライティング支援に関する研究を行うという点がある。春学期と秋学期
の終わり、年に計2回、グループに分かれてミニ研究を行い週研修の最終日
に発表し合う。

　たいていは、どのような研究目的を追究したいかを指導者全員が白板に書
き、似た研究関心を持つ者同士がグループとなって研究を行う。発表までの
準備期間は1ヶ月ほどである。日本語文章担当者、英語文章担当者同士でグ
ループが組まれることがあるが、双方が混在するグループができることもあ
る。週研修の時間を使って各グループが研究を行う。

　学期最終の週研修で発表したあとは、グループによっては、学会やシンポ
ジウムで発表する。毎年開かれている Symposium of Writing Center in Asia や
早稲田大学ライティング・フォーラムでのポスター・セッションで発表する
グループも多い。日本語アカデミック・ライティング授業に携わっている文
章指導者たちの中にも早稲田大学ライティング・フォーラムで発表を希望す
るグループがある。

　日頃、文章指導でなんとなく感じている疑問や、よりよいセッションへの
模索など、互いの発表を聞き合うことで得られる学びは大きい。また、学会

図 13-4　研究発表をする文章指導者たち

などでの発表は、文章指導者たちの研究業績となるので、それが就職への足掛かりとなる。

　以下は、発表された研究のリストである。

◆研究と活動実績—早稲田大学 アカデミック・ライティング・プログラム
　https://www.waseda.jp/inst/aw/activities

3. 正規授業との関係

　早稲田大学では、学部を超えた授業を提供する部署があり（グローバルエデュケーションセンター）、ライティング・センターは、その部署の中のアカデミック・ライティング教育部門に属している。このアカデミック・ライティング教育部門は、主に二つの学務を担当している。ライティング・センターと日本語アカデミック・ライティング授業である。これら双方が、早稲田大学で学部を超えて提供されているアカデミック・ライティング指導のすべてである（英語アカデミック・ライティング授業は、英語教育部門が担当している）。

　アカデミック・ライティング教育部門で提供している授業「学術的文章の作成」は、2009 年より 14 年にわたり行われてきた。1 単位のフル・オンデマンド授業で、1 回が 60 分間の講義ビデオと文章課題で構成されている。1 週間に 1 回配信され 8 週間続く。講義ビデオと課題指示画面は教員が作成す

るが、履修者が書く課題文章は、訓練を受けた大学院生が個別にコメントと得点をつけて各履修者に返却する。課題文章は、400字または600字で、その回で学ぶ文章作成技術を反映させるように指示される。この8回の授業が、春、夏、秋クオーターで年に3回開講されている。

図13-5　日本語アカデミックライティングの授業画面

◆「学術的文章の作成」授業とは―早稲田大学 アカデミック・ライティング・プログラム https://www.waseda.jp/inst/aw/course/what

　1クオーターで履修する学生は約1,500人で、常時60人から70人の大学院生が指導に就いている。この大学院生たちも、ライティング・センターと同様、一学期手前で大学院授業を受け、一定の成績を超えた人たちが指導に就いている。この60人から70人の文章指導者たちは8から10のグループに分かれ、ベテランの文章指導者がグループリーダーとなって、週に一度のミーティングで集まる。このミーティングで評価のすり合わせと練習を行っている。グループリーダーたちと教員も週に一度のミーティングを持ち、そこで打ち合わせを行う。

　単位を付与する本授業と支援機関であるライティング・センターは、指導に就く大学院生たちを同一の大学院授業で育成しているというつながりがある。つまり、アカデミック・ライティングを指導する観点が共有されている。大学院授業で合格となった人は、授業（オンライン指導）、ライティング・センター（主に対面指導）のどちらで仕事をするかを選択するが、1割ほどは双方を担当する。先のライティング授業ではライティング・センターの利用を勧めており、履修者がライティング・センターを訪れた際には、同じ内容の訓練を受けた文章指導者に指導を受けることができる。ただし、正規授業は基礎的な文章作成技術を教え、ライティング・センターはその応用を担う。授業ではどのような分野の文章にも生かせる文章作成技術を教え内容には踏み込まないが、ライティング・センターで文章を検討する際には内容をどう

表現するかが検討される。

　正規授業と支援機関の双方の運営を円滑に行うため、助手・助教、教員は、次のように仕事を分担している。

教員の仕事（4名）
・大学院授業「学術的文章の作成とその指導」を各人年1回開き指導者を育成する。
・学部授業「学術的文章の作成」授業の課題画面を作成する。
・グループリーダーたちとのミーティングに週1回参加する。
・助手・助教全員と教員が週1回ミーティングを行い、運営全般について協議する。
・ライティング・センターの毎週ミーティングに出席し、観察する。
・早稲田大学ライティング・フォーラムの企画・開催をする。

助手・助教の仕事（日本語文章担当者6名、英語文章担当者4名）
・大学院授業「学術的文章の作成とその指導」の個別文章指導を教員のもと行う。
・学部授業「学術的文章の作成」授業のグループリーダーを務める。
・ライティング・センターの毎週ミーティングを企画する。
・ライティング・センター文章指導者の審査を行う。
・ライティング・センターの宣伝活動を行う。
・全学対象のワークショップを企画・開催する。
・早稲田大学ライティング・フォーラムの開催業務を行う。
・研究活動を推進させる。

　背後では、事務所、委託事務所の多大なサポートを得ている[2]。

4. 成果と課題

4.1 文章指導経験を生かした就職

　18年間、本アカデミック・ライティング教育部門で仕事をしてきて誇りに思えるのは、一緒に文章指導をしてきた人たちが、その技能を生かして全国で活躍していることである。ライティング・センターやアカデミック・ライティング授業で文章指導をした人たちは、文章を診断したり評価したりする観点を知っており、また書き手にどのように働きかけをすれば書き手の力が伸びるかも知っている。そのため、この人たちは他の大学に就職したのち、ライティング・センターで文章指導に就く人を養成したり、アカデミック・ライティング授業を担当したりすることができる。本教育部門で助手や助教を務めた人は、それに加えてライティング・センターの運営法も知っているため、ライティング・センターを立ち上げることができる。

　これまでに多くの文章指導経験者が全国の大学に就職し、自分の専門分野の授業に加えてアカデミック・ライティング教育に携わっている。彼らは、文章構成などの型にはめるライティング教育ではなく、書き手の意図・考えを育てるライティング教育を広めているだろう。彼らの力が、これからの日本の高等教育におけるライティング教育をよい方向へと導いていると確信できる。

4.2 文章指導に就いた人の成長

　具体的には、次のような成長を本人たちが感じている。学期の終わりに全員が書いている「振り返りシート」に記された記述から抜粋する。

　何といっても文章指導力がつく。「ゼミで、他の人の文章のどこが問題かを瞬時に分かるようになってきた。」、「相手の話を良く聞き、より多くの話を引き出せるよう心がけるようになりました。人としても、将来教壇に立つことを目指す者としても、重要なことです。」、「前は、気になったところは何でも指摘しまいがちでしたが、目標に沿って大切なところから指摘できるようになった。」自身の文章作成力も自ずと伸びる。「投稿論文が査読を通るようになった。」、「クラスメートから『レポートが読みやすい』と言われる

ようになった。」

　また、指導者としての素養が身につくという。「書き手のタイプをなんとなくつかんで、書き手に応じたセッションができるようになりました」。同時に、人間としての幅が出たと述べる人がいる。「よいチューターとは良い聞き手、読み手である」、「友人から人生相談があったりすると、以前よりも傾聴できるようになったと感じる。」と書いている。ここでの勤務によって重層的な学びが起きていると分析する者もいた。「私は、博士論文を執筆する書き手で、自分でもセッションを受け、また人に助言を与えるチューターです。また自分のセッションについて人から助言も受けます。これらが同時に起きていて、すべての経験が他の経験に役立っています。」という。

　こうした文章指導者たちの自覚は、「教えることは学ぶことである」と感じさせてくれる。ライティングの支援や授業を行ってきて、最もやりがいを感じる瞬間は、こうした文章指導者たちの成長を目にしたときである。

4.3　今後に向けて

　現在、筆者が課題として考えている点は、教員の専門性である。ライティング教育を担当する教員は、どのような専門的知識を持っていることが必須なのであろうか。日本で広まってきた大学ライティング教育やライティング・センターをみていると、この問いに対する答えはまだなく、全国で模索が続いているように思える。

　筆者自身は、ライティング教育を専門として研究と実践を積み重ねてきた。早稲田大学がライティング・センターの運営責任者を代えずに筆者を使い続けてくれたおかげで実現した事柄は多い。改良を重ねられたからこそ、指導内容においても運営方法においても着実な進歩があったと感じる。

　しかし、ライティング教育の専門家が必要でありながらも、そこに限定しなくてもよいと考えてきた。学術界では、すべての研究者が論文を書く。だから、本教育部門において教員の公募をする際には、あえて様々な領域の研究者を採用してきた。現在勤務している教員 4 名と助手 10 名の専門分野は多岐にわたる。分野横断型の授業と支援機関を運営するためには、この 14 名の同僚たちの多分野からの視点は貴重だと常々感じる。ちなみに、ライティング・センターを発足させた米国では、たいていのライティング・センターは、English Department の English 部門に在籍している大学院生をチュータ

ーにしている。日本で言えば文学部日本語学専修である。日本では、全学の教員や学生に頼りにされるライティング・センターは、どのような人が責任をもって運営していくのがよいのか。

　ライティング教育には、様々な理論、あるいは議論がある。こうした理論や議論を同僚たちと共有し、ライティング・センターをさらに発展させることができるよう、いっそう勉強を積んでいきたいと考えている。

　最後に、これからライティング・センターを設立しようとしている皆さんに伝えたい。早稲田大学ライティング・センターは、日英双方の文章を扱う、日本初のセンターとして発足し本格的といわれるまでになった。そして、ライティング教育ができる人材を多数輩出してきた。しかし、発足当初は一桁の文章指導者たちと小さな部屋で始められた。空きセッションがあると、仕切りの向こうの小さなテーブルに集まって「来ない人はどのくらい待ってあげようか。」、「受付用紙を作って記録を残した方がよくないか。」などと素朴な相談を重ねたものである。これが本センターの原点である。だから、皆さんは、焦らずに、自分の大学にいる学生たちの様子をよく観察し、どうしたら彼らを支援できるかをいろいろに試しながら進んでほしい。よいライティング・センターを作る最強の方法は、自分の大学にいる学生のニーズを捉え、小さな改良を積み重ねることである。

注

1 ）　2004 年〜 2007 年は文部科学省「現代的教育ニーズ取組支援プログラム」（現代 GP）補助金で運営された。2008 年は同省「国際化拠点整備事業」（グローバル 30）補助金で、2009 年よりは同省「質の高い大学教育推進プログラム」（教育 GP）補助金、その後は大学資金で運営されている。

2 ）　学部授業「学術的文章の作成」、大学院授業「学術的文章の作成とその指導」の開講とライティング・センター運営は、グローバルエデュケーションセンターの事務職員 2 名と、委託事務所職員 4 名、遠隔教育職員 2 名が、年間を通してサポートしている。履修、クラス分け、単位付与、予約受付、セッション管理、文章指導者の勤怠管理などを担当している。

参考文献

佐渡島紗織・太田裕子編著（2013）『文章チュータリングの理念と実践—早稲田大学ライティング・センターでの取り組み—』ひつじ書房.

第 IV 部

思考を鍛える
ライティング教育の未来

第14章 | 「学術日本語」は
分野を横断するか

―理系の作文技術と英語に関する一考察―

小笠原正明

1. はじめに

　理系の基礎的分野では、国際的認知のためにそれぞれの研究成果を最終的には英語の論文にまとめる必要がある。そのため英語で論文が書けるようになることが大学におけるライティング教育の目標の一つになっているが、実際には学士課程でこのレベルに達するのはむずかしい。大学院課程にまたがる研究室教育（ラボワーク）において英語論文のための集中的な訓練がなされるので、実際に書けるようになる時期は研究テーマや研究室環境によって様々である。しかし科学技術の急速なグローバル化に伴い、近い将来、学士課程・大学院課程にかかわらず理系分野の卒業・修了生であれば英語でレポートを書くことが当然とみなされる日が来ることは明らかである。大学院課程におけるラボワークとの役割分担を明確にしたうえで、学士課程のコースワークとして構造のしっかりした効果的なライティング教程を作り、組織的に「英語でレポートが書ける科学技術者」を養成しなければならない。

　この目標に沿ってライティング教育の戦略を考えると、大まかに次の三つに絞られる。一つ目は日本語による作文技術をまず身につけさせた上で英語への変換を訓練する方法で、いまの日本の大学はおおむねこの教育戦略を採用している。二つ目は、日本語による作文技術は大学進学以前に身につけているとみなして、正規の大学教育では英語によるライティングに主力を置く方法である。旧制の帝国大学・大学の理系学部はその準備課程である大学予科および高等学校の卒業生のみを受け入れていたため、それが可能であった。

新制大学ではこの条件が失われたため、一部の研究大学における大学院教育でその肩代わりがなされるようになった。この二つの戦略とは別に、英語への変換を意識しながら日本語による作文技術の訓練を行う折衷的な方法も考えられるので、これを三つ目と数える。小論は、この三つ目の戦略に軸足をおいて、理科系の作文技術と英語の関係を考察したものである。

　なお、理系に固有の作文技術があるかどうかは議論の分かれるところだろう。日本の大学で「理系」と漠然と定義されているのは、いわゆる STEM 分野（サイエンス・テクノロジー、エンジニアリング、数理科学）に医学・医療系や農学などの実践的分野を加えた広大な領域である。そこで通用する文書の特徴として、正確に定義された専門用語、数式の多用、各種の単位の厳格な表記、フォーマットに基づいた図表やデータの表示などが挙げられているが、このような技術的側面は理系に限らず他の多くの専門分野の論文作成においても必須とされるもので、実際に実験・実習・演習などそれぞれの専門教育のコースで訓練がなされている。これらをあえて「理系の作文技術」の骨組みとして取り出すことには無理がある[1]。

　論文指導で残る要素は、文体、文脈、論理の展開法など「作文」そのものに関わる技術である。理系に限らず学問分野の発展にはそれぞれ歴史的経緯があり、作文指導に違いがあるのは当然で、分野によっては作文技法そのものが学問と一体化しているものもある。ただし基本的なところでコンセンサスが存在しないと、大学のライティング教程を構築するときの桎梏となる。一方で、米国の大学においては 20 世紀の半ばに、「アカデミック・イングリッシュ（学術英語）」と呼ばれるある英語のスタイルの教程が成立し、学士課程前期の必須のコースとして定着している（中村 2019）。ここでは米国における学術英語の成立の過程とその特徴について若干の説明を行ったうえで、分野を横断する「学術日本語」の可能性について考えてみたい。

2.　リンガフランカとローカル言語

　村上陽一郎は『文明のなかの科学』という著書のなかで岩谷宏の説を次のように引用している（村上 1994：171）。

　　ローカル者 A とそのラング（言語、ランゲージのことか：著者註）a、

Bとそのラングβがあるとき、AB間のコミュニケーションを支えるラングωは、αとβの和集合でも積集合でもなく、またどちらからが他方を圧し去ったものでもないだろう。ラングωは、コミュニケーションへの意思を持ったAB両者によって、あらたに作りだされていくものだ。

　冒頭で触れた学術英語はここでいうラングωに相当するが、岩谷は「$\alpha\beta$から完全に断絶した、まったく新規の言語系ではない。またそれは歴史上のほとんどの時間において、最終完成態ではなくて進化的動態である［…］。」とその動的な性格を説明している（前掲書：171–172）。

　ラングωの概念導入には多文化主義の考えが反映されている。高等教育において多文化主義が力を得たのは20世紀も半ばからで、それ以前は近代主義を基盤としていた。ローカル者A、B……はいわゆる発展途上の段階にある。それぞれが持つ文化は否定されないまでもそれからの脱皮が求められており、いずれある種の「普遍」に到達しなければならない。教育はローカル者A、Bが普遍的文化に至たるプロセスを助けるものと考えられていたから、どの言語を採用するかは一種の覇権争いになる。いまでこそ英語が共通語になっているが、かつてはラテン語だったりフランス語だったりした。いずれにせよ世界共通語になるとその言葉に近い言葉を話す国民はとくに努力をしなくとも世界標準に近くなるので格段に有利と考えられており、実際にそういう面がある。大学の授業をすべて英語にせよ、とか初等中等教育から英語で教育するべきだと主張する人が現れるのは、「ローカル共同体」をここでいう「普遍」にできるだけ早く到達させるための有効な方策だ、といまでも思っている人がいるからだろう。

　しかしこのような近代主義的教育は有効ではない、あるいは有害でさえあることが次第にわかってきた。人間の発達過程を考えると、近代主義のこの側面に対する批判は当然で、ローカル言語の安易な切り替えは率直に言って野蛮な行為である。村上は、人間は他の動物に比べて極端な「早産」で生まれてくるので、それを産んだ母親が帰属する共同体という「社会的な子宮」のなかで長いあいだ保護され育てられなければ一人立ちできない。そのあいだ、「［…］人間の脳は、社会的子宮としての共同体のもろもろのセッティングのなかで、言語を習得し、習得された言語が成立する意味の空間の『歪み』のなかで、それに添って行動するための能力を発揮するようになる」と

述べている（前掲書：174）。「［…］人間の認識は、あるいはしたがってすべての人間の知識は、そのような場と空間のなかの個人が、外界との相互作用の中で組み上げる構成物である」とも述べている。

　ここで少し横道に入るが、科学者や技術者同士はたとえ片言であっても英語やフランス語が話せればコミュニケーションが可能である。数学や物理や化学のエッセンスは最終的には数式や化学記号——合わせて「科学的言語」と呼ぶことにするが——で表現されるので、それをマスターすればお互い何とか意志の疎通はできる。ただし、ここで、一人の人間においては科学的言語といえどもローカル言語と密接に結びついて理解されていることを忘れてはならない。抽象的な力学の方程式を考えるときに、赤い玉が白い玉にぶつかって云々という日常の例え話をするのはその表れである。赤い玉とか白い玉の動きを必要に応じて数式や化学式に翻訳する、その逆のことをする、つまり抽象的な記号や方程式と「ローカル言語で表現される自己の体験」の間で自由に往還ができるようになって、はじめて人はその概念を自分のものにしたと言える。学生が理解しているかどうかは面接をすればすぐわかるという教員が多いのはそのためだ。

　ここまで考えれば、STEM教育の言語を途中で他の言語に切り替えることがいかに危険かがわかる。それまで学生一人ひとりの中に構築されてきた科学言語とローカル言語との関係をご破算にして、初めからやり直せと言っているようなもので、政策レベルでこれを下手に強行すれば、ゆうに一国の科学・技術を破壊することができる。大学で英語による授業を開講するのは推奨されるべきだが、数値目標を掲げて無理に英語に変えさせるようなことをしてはいけない。とくに学士課程では、自国語できちんと基礎を作ることが最優先課題になる。

3. 学術英語の成立と『理科系の作文技術』

　宮本陽一郎によれば、第二次世界大戦時に米国で設立された現在のCIAの前身であるOSS（The Office of Strategic Services、戦時情報局）が交戦国・交戦地域について学術調査を行う学術総動員体制を作ったときに、異なる学術分野の研究者が相互に理解し活用できる論述スタイルが必要になった（宮本2016：92–94）。こうして「作文教育に異分野の教育が参画することにより、

段階的に "Academic English" というコンセンサスが形成されていった」とい
う（宮本 2019：35–37）。ローカル言語からラング ω への移行が戦略的になさ
れたことになるが、この場合のローカル言語には二重の意味がある。米語と
いう地生えの言語のほかに、学問共同体のなかのディシプリンという個別社
会の個別言語である専門言語という意味も含まれている。専門言語をローカ
ル言語と呼ぶのは適切ではないかもしれないが、他の分野の人にとっては理
解できないという意味では同じことである。OSS は 1942 年の創立と同年に
論文執筆スタイルのマニュアルを作った。「ジャーゴン（専門用語）に依存
しない論述、情報源の明示、曖昧表現や誇張表現の禁止など、『アカデミッ
ク・イングリッシュ』の祖型がしっかりと現れている」(宮本 2019：35–39)。
そのときに、古く 1918 年に自家出版されたがエキセントリックな本として
無視されてきたコーネル大学の W. Strunk Jr. の教則本がベースになった。こ
の教程が戦後のハーバード大学等による一般教育改革運動に影響を与えた。
同書は 1959 年には Strunk Jr. とかつての彼の学生であった E. B. White との共
著による教則本として増補改訂され、これがアメリカの大学における作文教
育のバイブルとなった（Strunk Jr., W. and White, E. B. 1959）。

　この教則本はペーパーバックで索引も含めて 105 ページというパンフレッ
トのような本で、前半で Strunk Jr. が定めた 22 の規則を「使い方の規則」と
「作文の基本原則」の 2 章に分けてまとめている。肝となる規則は第 2 章に
集約されており、中でも規則 17「余計な言葉を削れ」は Strunk Jr. が最も強
調したものだという。

> 力強い文章は簡潔である——センテンスのなかに余計な言葉はなく、パ
> ラグラフのなかに余計なセンテンスはない。それは優れた素描に余計な
> 線がなく、優れた機械に余計な部品がないのと同じだ。［…］一語一語
> がすべて役割を果たしているということだ。（宮本［2016：300］）

「世界大学ランキング」で英語圏の大学が上位を占めているのは、米国が
軍事的・経済的に卓越する覇権主義によるものではなく、「冷戦期のアメリ
カ合衆国の教育が、アカデミック・イングリッシュという、グローバルな汎
用性をもったユーザー・インターフェイスを創出し、それが世界を席巻した
ことを何よりも物語る」と宮本は述べている（前掲書：301）。

一方、木下（1981）の本は論文を書くための手引き書として40年以上も前に出版されたものだが、いまでも大学の書店では季節によってベストセラーになるほどよく読まれており、いずれ英語で論文を書くことになる大学院の学生にとって標準的な教則本になっている。本の構成は、論文の立案の過程から、文章の組み立て、パラグラフライティング、文の構造と文章の流れ、原稿や図表の書き方、手紙や原著論文など目的の異なる文書の書き方、講演の要領まで幅広く、内容においても日本人の修辞法の癖を日本と西洋の文化の違いで説明するなど、興味深い考察がなされている。木下はこの本を書いた動機の一つを本のなかで次のように「告白」（木下の表現）している（木下1981：94）。

　　　私は、自分は日本人のなかで西欧的な考え方、感じ方を比較的よく解するほうで、時と場合によっては彼らと共通の足場で考え、感じることもできる——と信じている。しかし、論文を書くときに「ほかの可能性もあるのに、それを斟酌せず自分の考えを断定的に述べる」ことにはいつも強い抵抗を感じる。英語の論文の場合にはデアルと書くし、日本語の論文でもこのごろはデアルと書くようにつとめているが、それは心の中で押し問答をしたあげくのことだ。ほんとうはデアロウ、ト考エラレルと含みを残した書き方をしたいのである。これは私のなかの日本的教養が抵抗するので、性根において私はまごうかたなく日本人であり、日本的感性を骨まで刻みこまれていることの証拠であろう。

　木下の本は、日本人である自分が英語で論文を書くときに必然的に感じる内心の葛藤を分析した上で、どうすれば本来備わっている知性と文化を致命的に損なうことなく日本語を汎用化できるかを論じ、結果として将来の「学術日本語」と学術英語の橋渡しの役目を果たしている。そのなかでもとくに、①文の構成と文章の流れにおいて本論から派生的に外れて枝わかれをする逆茂木型（木下の命名）の文体を避けること、②わかりやすく簡潔な表現にすること、③はっきり言い切る姿勢を保つこと、という提案が重要なので、最後にこの三点に集中して学術日本語の可能性を考察したい。

4. 学術日本語の問題点

　木下が言う「逆茂木型」の文章の問題は、日本語の構造に関係して最も本質的かつ多岐にわたる内容を含んでいる。逆茂木型の文章が生じる原因は、個々のセンテンスのなかの特定の語または句に修飾や説明が必要なときに、適切な接続詞が見つからない場合はその前に該当する文を挿入するか新たに別のセンテンスを立てるしかないという日本語の文法上の事情による。前に長い語句を挿入すると主語部分が過大になって述語との関係がわかりにくくなり読み手に負荷を与えるので、むしろ新しいセンテンスを作ったほうがよいとされている。しかし新しいセンテンスができると、それに派生して別のセンテンスが必要になり、結果として多くの枝葉が生じ、なかには論文全体を読まなければその存在意義がわからないという部分も生じてくる。木下は、英語では「一つの文に書いてあることとその次の文に書いてあることとの関係が、読めば即座にわかる」ように書かなければならないので、こういう事態はあり得ないと述べている（前掲書：76）。これは、関係代名詞や接続詞により語句の「主従関係」をはっきりさせセンテンスを「構造化」できる欧米語でこそ言い得ることで、日本語では容易ではない。しかも「こんにちの逆茂木横行の誘因は、私たちが、そういう組立ての欧文のへ̇た̇な̇翻訳——漢文に返り点をつけて読む要領の直訳——に慣らされて鈍感になった」（前掲書：82）せいだというから問題は複雑である。

　早くから日本語におけるこの問題を指摘した司馬遼太郎は、日本語を荷車の列に喩え、その配置を工夫することにより問題を解決できると述べている。「荷車の形には大小長短が必要で、当然、荷物にも大小があり、軽重がある」ので、「その馬車のつらね方——つまり大小や長短、もしくは軽重をうまく配置する」ことによってセンテンスによる他のセンテンス（あるいはその一部）の修飾を行い、文章のバランスをとることができると述べている（司馬2001）。木下自身も、文の流れによって逆茂木型の構造であっても読者に負荷を与えない例を挙げている（木下 1981：83）。いずれにせよ、英語と日本語は文法の違いからセンテンスの配置が違っているのだから、一方から一方への変換に際しては文法の特性に応じた組み直しが必要になる。

　簡潔な表現については文章日本語にもその伝統がある。われわれの世代に

は、指導教授から自分が書いた草稿をもとの形がなくなるまで削られた経験を持つ者が多い。その教授たちも修行時代には同じ経験をしたというから、Strunk Jr. が「言葉を削れ！」と教室で叫んでいた時代よりもはるか以前からあった文章日本語の伝統的教授法である。北川扶生子によれば明治の軍人乃木希典が日露戦争のあとに天皇に奏上した「第三軍指令官復命書」は明治・大正および昭和初期の学校教育に絶大な影響を与えたという（北川 2020）。この文章を読むと、ぎりぎりまで言葉を節約しながら戦争の栄光と悲惨を伝えようとした乃木の姿が浮かんでくる。この文章スタイルは明治時代人が「言文一致運動」以前に身につけていた漢詩文の素養によるもので、文の構成は単純明快、用いる言葉は必要最小限に絞られている。ただし言葉そのものは漢文に依り、多くは中国の古典に由来するため、深い意味を有する一方で解釈には幅がある。これでは「近今の発達せる細密の考え」を表現することはできないという意見が明治のはじめからあった[2]。漢字かな混じり文の原則は動かせないとして、用いる言葉を平易にかつ正確にしなければ本当の意味で簡潔明瞭な文にはならない。さらに漢学の伝統が失われた今日では、学術日本語のボキャブラリーをどのように更新・補充するかという問題も生じている。

　ドイツ語においては「正書法」が存在し、実験方法や結果の記述は最終的には誰が書いても同じ文になるという。日本語でも、正書法は無理としても、簡素簡明な文のモデルがなければならない。日本では昭和 21 年に、詔書の口語体採用、官庁公用文における口語体化が行われた。口語体による「日本国憲法」および「当用漢字表」「現代かなづかい」の公布によって明治以来の言文一致運動は終わったとされているが、実は、語尾をどうするかという重要な問題が解決されていなかった（山本 1965：55）。山本によると英語でbe 動詞にあたる日本語の口語は、古代の「ニテアリ」を源流として「ニテアル」「デアル」「デア」「ダ」「ジャ」「ヤ」と変化し、江戸時代後期のオランダ語訳の作業で必要に迫られて「デアル」になったという（前掲書：59-89）。国語改革でも「デアル調」とともに「マス調」が口語文として採用され、そのほかに「ダ」「デアリマス」という語尾も現に使われている。「ダ・デアル調」は学術日本語のノルムと目されてはいるが、翻訳体に起源を持つためか、堅苦しい、断定的過ぎると考える人もいる。上の引用文で木下が言い切る際にためらいを感じるのは、日本語のこの語尾に違和感があったせい

かもしれない。これは単なる語尾ではなく、「調」と呼ばれているように文章全体に影響を与えるから問題は簡単ではない。

　それにもかかわらず「はっきり言い切る姿勢を保つこと」は必要である。文章日本語がものをはっきり言い切らない傾向を有することには二つの理由がある。一つは、わかりきったことをくどくどと書いてはならず、読者も想像力を働かせて行間を読むようにすべきだという文章日本語の伝統による。一方英語では、結論に至る論理の鎖は一環たりとも省略してはならないというルールがあり、すべてを書き切ることが求められている。ただし日本の新しい世代には、もはや「行間を読む」習慣などないので、英語由来のこのルールは自然に定着すると思う。もう一つの理由として、木下の引用文にあるように結論を自分の意見として言い切りたくない文化があり、こちらのほうはそう簡単ではない。

　理系の論文を書くとき、日本人といえども論点がはっきりしている場合には――白か黒かの場合には――このようなためらいはない。問題が生じるのは、俯瞰的な問題や全体像を扱う場合だろう。実験などで得られたデータは面として全体をカバーしているとは限らず、点として存在することが多いから、全体像を描くためにはいくつかの点をつないで何らかの仮定を含む「ストーリー」を作らなければならない。「仮定」はありていに言えば「フィクション」で、いずれ実証されるとしても、その時点では著者の「推理」である。著者は論文を書くからにはそれなりに自分のストーリーに自信を持っているが、それを提示する際に木下の言う日本的な「教養」が邪魔をする。自分のストーリーにはもちろん責任を感じているが、自分の研究の前に誰それの研究があり、誰それのアイディアがあり、ヒントがあり、全体の流れがあり、結果として自ずとこのストーリーが浮かび上がってきた、と書きたいところがある。実際にそうである場合も少なくないが、ストーリーそのものよりもそのいきさつ、仮定、限界、将来における修正の可能性などに力点を置きがちである。そのように書いても読者の側には著者のオリジナリティを忖度し、評価する文化があるから、後に先取権（誰が最初に提案したか、プライオリティ）を主張するときの妨げにはならない。ただしこれは日本語というローカル言語の世界だけで通用することである。

　17世紀に古典力学の「ストーリー」を構築したアイザック・ニュートンは、「知識を求め、神の恵みによってそれが獲得された」と断言している（ウェ

ストフォール 1993）。神が与えたものであって自分はそれを媒介したに過ぎないと言っているのだが、見方によってはこれは究極の自己主張とも言える[3]。日本ではこれに匹敵するほどの強い自己主張をする人にはお目にかかったことがない。著者の独自性やオリジナリティを強調し過ぎると読者のあいだに反発が生じることを知っているせいでもある。木下は、欧州の読者は日本人の書いた日本語的な英文に接してまるで「墨絵のようだ」と感じて当惑する、と述べている（木下 1981：77）。読者は何よりもまず著者が意図するストーリーを知りたいと思うからだ。学術上のストーリーの生き残りは一種の「覇権争い」だから、あえて墨絵のようにしてしまったらとても勝てない。英語の論文においても学術日本語の論文においても「はっきり言い切る姿勢」は必須である。これは、読者の側の問題でもあるので、日本人にとっても学術日本語にとっても克服するのは容易なことではないだろう。

注

1） この種の教則本として以下の例がある。ヤング，マット（小笠原正明訳）（1993）『テクニカル・ライティング―話し言葉で書く科学英語―』丸善．この本は、一見、論文のフォーマットの教則本のようであるが、実際は科学論文における英語表現の批判的解説書になっている。

2） 山本正秀（1965）『近代文体発生の史的研究』岩波出版．山本はこの本で明治の文学者森田思軒が明治 21 年 6 月に同志社大学で行った講演をもとにした論説をこの本に転載している。森田は漢字の限界を詳細に述べつつも、「其字は支那の法則にて支配しながらこれを陳列するは西洋の造句措辞（エキスプレッション）（直訳の文体：著者註）に由れる者即日本将来の必要を充たすところの文体となるへきなり」と主張している（676–681 頁）。

3） ニュートンが微分積分の概念と計算法を発明したのと同じ時期に、ドイツのライプニッツも同様のアイディアを得ていた。しかしニュートンは別の問題に没頭していたため、ライプニッツをはじめとする同時代の数学者に自分の方法の意味をていねいに説明しようとしなかった。晩年近くになってライプニッツとプライオリティ論争が起こったが、その論争の激しさはプライオリティに対する科学者の執念のすさまじさを物語っている（前掲書）。

参考文献

ウエストフォール，R. S.（田中一郎・大谷隆昶訳）（1993）『アイザック・ニュートン』平凡社．

木下是雄（1981）『理科系の作文技術』中公新書．

北川扶生子（2020）『漱石文体見本帳』勉誠出版．

宮本陽一郎（2016）『アトミック・メロドラマ―冷戦アメリカのドラマトゥルギー―』彩流社.

宮本陽一郎（2019）「STEM 教育時代の英語とアメリカ」『大学教育学会誌』41(1), 35–37.

村上陽一郎（1994）『文明のなかの科学』青土社.

中村優希（2019）「UC バークレーでの理系カリキュラム：化学科での実体験をもとに／Science Curriculum in UC Berkeley 〜 Based on My Experience at College of Chemistry 〜」『大学教育学会誌』41(1), 40–44.

司馬遼太郎（2001）『以下、無用なことながら』文藝春秋.

Srunk Jr., W. and White, E. B. (1959). *The Element of Style*, Macmillan.

第15章 21世紀型能力と ライティング教育の未来

山地弘起

1. はじめに

　本書の最後に位置する本章では、ライティング教育の実際からやや距離を
とって、いわゆる21世紀型能力を踏まえて今後の「思考を鍛えるライティ
ング教育」へのキーワードを整理しておきたい。それによって、これからの
ライティング教育を展望するための一助にしていただけることを願う。

2. 求められる21世紀型能力とは

　グローバル化やICTの浸透など20世紀後半の急速な社会変化に直面して、
いわゆる21世紀型能力の整理が様々になされてきた。そのなかで、1997年
から検討を始め2003年に最終報告を出したOECDのDeSeCoプロジェクト
は、大局的かつ理論的な見地から「キー・コンピテンシー」をまとめ上げた
点で影響力の大きいものであった（Rychen & Salganik 2003；白井 2020）。キー・
コンピテンシーとは、「道具を相互作用的に使える」「自律的に行動できる」
「様々に異なった背景の人が参加する集団で相互作用ができる」という大き
く三つの汎用的なコンピテンシーをさし、「省察力」（reflectivity）がこれらを
支えるものとされた（Rychen & Salganik 2003）。
　その後、DeSeCoプロジェクトの後継として2015年に開始されたEduca-
tion2030プロジェクトでは、より多様な地域からの参加国および参加主体
（企業やNGO、学校ネットワークなど）の間での議論を経て、キー・コンピテ

ンシーを現代の状況により適合した「変革コンピテンシー」にアップデートした（白井 2020）。変革コンピテンシーには、「新たな価値を創り出せる」「責任を引き受けることができる」「対立や葛藤を調整できる」という三つの力が挙げられている（OECD 2019）。加えて、これらを通底する中核的な特性として、「エージェンシー」（変化を起こすために目標を設定し、省察し、責任ある行動をとれること）が挙げられた（OECD 2019）。キー・コンピテンシーと比較して、先がさらに不透明になっている現代において個人レベルでも社会レベルでもより望ましいあり方（well-being）をめざす方向性が明確にされている。

　変革コンピテンシーのうち、コロナ禍での生活格差の拡大やロシアのウクライナ侵攻を目の当たりにした 2020 年代の我々にとって、対人レベルのみならず社会レベルで生じる対立や葛藤を創造的に調整できる力は、多様性の包摂あるいは多文化共生をめざすなかでとくに重視されるべきものと考えられる。そして、目下の対立や葛藤を調整するための具体的なアクションは、より公平・公正な社会に向けた責任意識を涵養するとともに、共感を伴う新たな価値を創り出すことにもつながりうる。

　たとえば、Voice Up Japan という学生を中心にした団体は、性差別や性暴力の問題を起点に署名活動や記者会見、講演等を行って公平・公正な社会の実現をめざしている[1]。その活動は政府関係者や学校・大学からも注目されることになった。同団体の高校生支部では、「高校生が協力して社会問題の解決を先導できるようにエンパワーする」ことを目標の一つに掲げ、2022年 1 月に「高等学校における校則・制服制度の改善を求める意見書」を文科省に提出して意見交換を行っている[2]。

　また、日本若者協議会は、超党派の若者団体として与野党を問わず各党へ働きかけ、欧州での "youth parliament" をモデルに様々な社会問題に関して政策提言を行っている[3]。校則についても、学校内民主主義の実現に向けて「校則見直しガイドライン」を策定・公表し[4]、2022 年改定の文科省の生徒指導提要に反映されることをめざしている。

　もちろん、校則をめぐっては、教員と生徒の対立というような単純な図式ではなく、生徒の間にも意見の対立があるであろうし、教員、生徒、保護者、地域の関係者等の間で様々な考え方が表出されたうえで、それらを相互に調整して納得解を得ていくプロセスこそが重要である。いわば、学校生活の場

を「民主主義の学校」にする試みといってよい。そこでこそ、若者たちは後輩や地域への責任を引き受けることになり、新たな仕組みづくりに貢献することができる。

　大人においても、不測の事態や社会の理不尽に直面したとき、それまで当たり前のものになっていた社会基盤、生活基盤のあり方が強烈に意識化され、問い直される。自分（たち）のために考え、声を上げて調整したり交渉したりするなかで、我々それぞれが声を持っていることに気づき、より広い見地から問題を捉え直すことにもなる。変化が常態であるような社会環境を、互いを犠牲にすることなく共生していくには、多様な声を交流させ昇華させるためにしぶとく考え合っていくスキルとスタミナが要求される。これはかなり難度の高い要求であり、したがって、変革コンピテンシーは学校時代から試行錯誤しながら意識的に身につけていかねばならないものであろう。

3. 育てるべき思考力とは

　ところで、先の校則見直しのような若者の運動は必ずしも多くみられるものではない。互いの主張を交流させてより適切な解を得ていこうとするよりも、現状あるいは大勢に自身をなじませていくことのほうが一般的ではないだろうか。山本七平氏の『「空気」の研究』（文藝春秋、1977 年）をはじめとして、以前から日本での共同体原理や同調行動の特徴を扱った論考は多く、最近もコロナ禍での度を過ぎた同調圧力や相互監視を取り上げた本が出版されている（鴻上・佐藤 2020：太田 2021）。若い世代に限っても、他者とのつながりに過剰に配慮し、排除を恐れ、他者による受容を確証したいコミュニケーション強迫の状態にあるとする研究報告が少なくない（土井 2014：木村 2012）。そうした状態では、各自の思考を表現し合って創造的に協働していくことは容易でないと考えられる。

　そもそも、対人的な協調を乱さないようにする配慮からか、日本では批判的思考にネガティブな評価を示す傾向がある（元吉 2011）。また、韓国、中国、米国と比べて日本の大学生は社会的場面での主張性が低く（原田ほか 2014）、米国と比べて日本の成人は葛藤の潜在化や対立回避の傾向がある（大渕 2015）。相互抑制の対人力動が強く働く文化的土壌では、思考停止を促すことになるだけでなく、声を上げにくい人々が犠牲になる可能性も高くなる。

しかし、否が応でも多様な他者と関わらなければならない今日、必要があればより主張的に協働でき、軋轢が生じた場合には視点や背景の相違を斟酌しつつ創造的に調整できる能力が従来以上に要請される。そこでは、当事者性のない単なる学校知としての思考力ではなく、自分（たち）がより十全に生き抜いていくことを可能にする日常での実践的な思考力が育っている必要がある。

　ライティング教育においても、そうした思考を鍛えるためには、一種の隠れたカリキュラム（無自覚のうちに伝えられる規範的内容）として、各々の考えや表現をていねいに吟味し合い自由なやりとりができる場を醸成することが最も肝腎ではないだろうか。何よりもそうした学習の構えを体現する教員や先輩たちの姿こそ、教育力の源であろう。

　以上の議論を踏まえて、次節では今後のライティング教育を展望する際に役立つと思われるキーワードを挙げ、それぞれに考察を加える。キーワードは、学習者の中の働き、教育環境の中にあるもの、教育環境の外にあるもの、と便宜的に三区分して示す。

4. これからの「思考を鍛えるライティング教育」を考えるためのキーワード

4.1　学習者の中の働き

①自己調整

　目標に向かって自分の行動や環境、さらには自分自身を適切に調整できることは、先に挙げたエージェンシーを発揮するうえで不可欠なスキルである。より具体的には、行動を計画立てたりモニターしたり、必要があれば修正したり振り返ったり、また環境を整えたり周囲の関連資源を活用したり、さらには自分のやる気を高めたり感情をマネジメントしたり、など多くの側面がある（Zimmerman & Martinez-Pons 1988 など）。

　自己調整には、当該課題についての知識や経験、関心が影響する。つまり、何をやったらいいのかわからない、あるいはなぜやるのかわからないところでは、自己調整は発動されず、他者からの要請にただ応えるだけになってしまう。自己調整が働き始めるには、ある程度当事者性を感じられる課題であ

ることが前提といえよう。一方で、たとえ問題意識を持っていたとしても、場に同調することで思考停止してしまっては新たな知識や経験を得ることができず、変革コンピテンシーを発揮するチャンスも失ってしまう。諦めてしまわないでいかに粘り強く自己調整を維持できるかが問われる。

②思考

　思考を鍛えるということが本書を貫くテーマとなっているが、思考あるいは思考力とはいったい何かという問いは難問である。ここでは、学校教育との関連で国立教育政策研究所（2013）が整理した次の文言を踏まえて、思考力を「自己調整に導かれた広義の問題解決力」と捉えておきたい：「問題の解決や発見、アイデアの生成に関わる問題解決・発見力・創造力、その過程で発揮され続ける論理的・批判的思考力、自分の問題の解き方や学び方を振り返るメタ認知、そこから次に学ぶべきことを探す適応的学習力等から構成される」（p.27）。

　自己調整に導かれた広義の問題解決力という捉え方をすることで、エージェンシーや変革コンピテンシーの育成においても無理なく思考力を位置づけることができる。そのうえで、それではライティング教育でねらう思考力とは何かをあらためて確認してみる。

　ここは、よりミクロなレベルで捉えて、次のように答えることができるのではないか。「何をテーマとするのか、なぜそれが問題なのか、どう解きほぐすのか、なぜその方法をとるのか、どのような成果になるのか、それをどう評価するのか、といった思考プロセスのなかで、それぞれのブロックの解像度を高めて、意味の明確化、適切な関連づけ、筋道立て、などが十分成り立っているかどうかを吟味する力」と。その吟味においては、いわば外付けワーキングメモリとして「描く」「書く」（思考ツールの利用や文章化）が大変有用であるし、また他者と共有したり他者に働きかけたりするための読み手意識を持った「書く」、そしてそれをもとにした他者とのやりとりが大きく貢献する。こうして個人作業と協働作業が相俟ってスパイラルに思考を鍛えていくといえよう。

③言語化

　日常、言葉を自由に使っているように思っていても、自分の考えを言語化

するというのは案外難しい。とくに、自分に根を下ろした言葉や思考が習慣化していない場合、他者の思考に付き合うばかりとなって、なんとなくの曖昧な言葉や思考にとどまってしまう。内的体験を言葉に具体化できることは自分の思考の出発点であり、実際、内的体験を容易に言語化できるかどうかと批判的思考態度との間で中程度の相関が報告されている（後藤・安念2015）。また、自分の体験を通して社会の課題を発見することにも、体験を十分に言語化できるかどうかが鍵となる（早稲田大学平山郁夫記念ボランティアセンター 2018）。

　内的体験を言葉にしていく方法の一つに、フォーカシング（Gendlin 1978）がある。これは、身体感覚（フェルト・センス）を手がかりにした内的対話のプロセスである。十分意識化されていない思いや感情が、ぴったりとする表現に結晶したときには、身体感覚が大きく変わる（フェルト・シフト）。具体的な技法は池見（1995）などを参照いただきたいが、技法とはいっても、本来自然に生じてくるプロセスを敢えてステップに分けて明確化したものとされる（Gendlin 1978）。そこで求められる態度は、身体がおのずから方向を示唆し過程を推進していくことへの信頼と立会いの構えである。近年の「身体化された認知」（embodied cognition）の研究では、身体の動きやジェスチャーが思考や言語化を促進することも知られているため（Tversky 2019）、フォーカシングにおいても自由で自然な身体の動きに任せながら行えるとよい。

　こうした自身との関わり方は、新たな意味を創造する質的研究や論理的思考過程にも拡張され、TAE（Thinking At the Edge）という技法にまとめられている（得丸 2008, 2010）。TAE では、「考える」という行為を、外部から取り込んだ概念間の操作ではなく、体験過程に照合しながら独自の概念化を得て、それをもとに徐々に意味の創造や論理的な推論を進める作業と捉えている。こうして何らかのロジックを通すことができれば、批判的吟味に堪える対象となる。

4.2　教育環境の中にあるもの

①カリキュラムとサポート部署

　大学では基礎的なライティングスキルの習得から教養教育・専門教育でのレポート提出、さらに卒業論文までライティング課題のいくつかの類型があり、また自己省察や創造的思考に焦点を当てたライティング課題も含まれる

ことがある（関西地区 FD 連絡協議会・京都大学高等教育研究開発推進センター 2013）。それらがばらばらになされるのでなく、一連のライティング教育として体系立てられていることが望ましく、またそうしたカリキュラムデザインがあれば、図書館やライティングセンター等のサポート部署がどのようなサービスを提供すべきか、全体の見通しのうえで計画することが可能になる。

　関連科目間の連係、とくにリーディング教育とライティング教育の連係は相乗効果が期待され、本書の中でも事例が挙げられている。また本書ではライティングセンターの先端事例もいくつか紹介されているが、今後、教学 IR の部署とも連携することができれば、学生の学習状況や図書館等の利用状況を踏まえて、より個別化したサポートのあり方も工夫できるのではないだろうか。

②教員の授業運営

　ここでは、例として、思考を鍛えることをめざす比較的少人数の初年次ライティング科目を想定する。

　学生の思考を深めるには、当事者性の高いライティング課題であることが望ましく、またできれば違った見方や考え方を交流させられるよう、多様な背景を持つ学生から構成されるクラスでありたいものである。しかし、そのことが自己開示を強要したり過度の対人葛藤を引き起こしたりするのでは本末転倒である。授業が安心して居られる場でなければ、それぞれの思考を深めていくことも難しい。教員は、安心・安全な場を支えながら個々の学生の思考に関わっていかなければならない。パーソナル・ライティングという文章表現科目を担当する谷（2021）は、「一人一人の人柄や実情を把握し、それらに対応した指導を考えながら当人たちの文章表現に立ち入らなければならない。言うは易いが、実際にはこれほどの難事業も少ないと思うこともしばしばである」（pp.88–89）と述べ、教員が学生ともども思考を深化させていくことへの覚悟を示している。

③学生同士の関わり

　ライティング活動において、思考と言語化をていねいに行き来しながら一つの成果物に仕上げていくプロセスは、なかなか苦しい道のりである。その苦しさを経てこそ達成感や充実感を得られるわけだが、学生同士でそのプロ

セスを分かち合い支え合うことができれば、独力では辿り着けない高みに達することもできる。いわば、サポートグループとしての機能である。ここに、ナナメの関係としての先輩アシスタントが入っていれば、後輩の側は先達からの助言を得ることができる一方、先輩の側でもメタ的にライティングのプロセスを振り返る機会になって、両者にとって有益な経験となる。

　学生同士で、書いたものをじっくり読み合ったりフィードバックし合ったりすることは、それ自体が一種のフォーカシング経験となり、自分の言葉で表現したりロジックを確かめたりする練習ともなる。率直なフィードバックを受けることは、読み手意識の不足や書き方の癖（＝思考の癖）などに気づく機会になり、場合によっては、差別的なニュアンスのある用語や表現を指摘されるなど無意識のバイアスに気づかされる機会にもなるだろう。書き手として自分は何を言いたいのか、何を大事にしたいのか、といったことが、読み手とのやりとりの中から浮かび上がってくることも少なくない。

　こうしてモラールを支え合いライティングの質を高め合う協働が成り立つことは、その経験を内面化して自己調整に生かすことにつながるため、個々の学生にとって貴重な学習となる。

4.3　教育環境の外にあるもの

①教室外の学習フィールド

　PBL（Project-Based Learning）や CBL（Community-Based Learning）、またサービスラーニングなどの経験学習が浸透しつつある今日、同世代が圧倒的に多い日本の大学キャンパスの外に出ることで、多様な世代、多様な背景、多様な考え方の人々と協働する機会が得られる。そのことによって、自分の「当たり前」や既習内容の理解が揺さぶられ、思考が解発され、ライティングが実践的な意義をもつ文脈が生まれる。

　豊富な経験学習機会の提供で知られるある米国大学の学長は、AI 時代においてナマの経験こそ人間独自の重要な学習機会であると述べる：「さまざまな状況や文脈を経験することによって、私たちは感情を掻き立てられ、信念を疑い、別の思考の筋道を試す。このような、ほとんど潜在意識的な思考の要素が、私たちの頭の成長を促す。そしてこの潜在意識的な要素はコンピュータ・プロセッサには真似できないものである」（アウン 2020：107）。まさに「別の思考の筋道を試す」過程で、思考を対象化して練り上げるライテ

ィング活動が貢献するといえる。

②外部資料

ライティングの過程では様々な資料を参照することになる。とくにネット上で公開されている研究報告や統計データなどは大変便利であり、近年のオープンサイエンスの推進は知見の再現性の検討や不正行為の抑止も促している。一方で、フェイクニュースやディープフェイクが容易に制作され拡散されるようになった今日、誤情報や偽情報の類を見極めることは非常に難しくなった。メディアリテラシーやファクトチェックが重要であることはもちろんだが、「本当のこと」などというナイーブな表現はもう使うことができない。メディアは本来、現実のどの部分をどう切り取り、どのような伝え方をするのかについて多様性を孕むものであり、編集や加工が高じると捏造とも紙一重になる。もとの「現実」さえ捏造されることがあるため、我々に可能なのは、いくつかの信頼に足る情報ソースから確かなことは何かを探り、それらをていねいに関連づけていくことで、より適切な理解を試みるところまでではないだろうか。

情報と関わる際には、受け取る側の認知バイアスも考慮しなければならない。人間には、周囲の影響を受けやすい、先入観で見てしまう、慣れ親しんだ情報を信頼する、など多様なバイアスがあるため、外部情報の選択や解釈においても偏りが生じうる。一旦思い込みが出来上がってしまうと、それを反駁して修正するにはかなりの工夫を要する（Chan et al. 2017: Lewandowsky et al. 2020）。外部情報を参照する際、意識化することが容易でないとはいえ、自分（たち）の認知バイアスの存在に注意深くなっておかなければならない。

③デジタルツール

教員の立場からは剽窃チェックのツールが最もなじみのあるものかもしれないが、今や日本語でも多くの文章作成支援ツールが開発されており、文章表現の向上や校正・校閲の省力化に役立っている。また、少なくともビジネス文書においては、文章の自動作成も可能となりつつある[5]。ライティングの授業にそうした支援ツールを活用することは以前から試みられており（又平ほか 2010 など）、今後はさらに高度化した AI ツールをいかに意味ある形で取り入れるかが問われるであろう。デジタル・ネイティブの若者たちが便利

なツールをすぐに見つけて使い始めるなかで、少なくとも発想段階ではあえて手書き（手描き）を勧めるなど、デジタルとアナログを効果的に使い分ける工夫も求められよう。

5. おわりに

　先行きが不透明な時代、社会環境・自然環境がより厳しさを増していくかもしれない将来を見据えて、我々自身が「思考を止めない」ことが最も大切ではないだろうか。「自分で考える」「互いに考え合う」ことを促し、同調圧力のなかでも粘り強く柔軟に考え続けることのしたたかさや、正気を保って行動を選択することの勇気を示すことで、後に続く若者たちに変革コンピテンシーの土台を築くことができる。

　ライティング教育でも、まずは教員や支援スタッフがそうした「思考主体」「変革者」のモデルとなって学生たちの前に立つことではないか。様々な「書く」教育の実践では多くの配慮や工夫が要求されて苦労が尽きることはないが、学生たちは教員や支援スタッフとの関わりを通して、思考を、言葉を、そして自分自身を鍛えることが解放感や達成感、成長感につながることを実感する。おそらく普段の「読む」「聞く」「話す」も、そして社会課題への向かい方も、少しずつ変わっていくのではないだろうか。思考を鍛えるライティング教育は、小さなステップの積み重ねではあるが、次代の「思考主体」「変革者」を育てていくことに直接寄与することが期待できよう。

注
1 ）https://voiceupjapan.org/ja/（2022 年 3 月 31 日）
2 ）https://voiceupjapan.org/ja/call-for-improvement-of-school-rules-and-uniform-system/（2022 年 3 月 31 日）
3 ）http://youthconference.jp/（2022 年 3 月 31 日）
4 ）https://youthconference.jp/archives/4239/（2022 年 3 月 31 日）
5 ）https://www.pencil.elyza.ai/（2022 年 3 月 31 日）

引用文献
Aoun, J. E. (2017). *Robot-proof: Higher education in the age of artificial intelligence.* MIT Press. アウン，J. E.（杉森公一ほか訳）（2020）『ROBOT-PROOF ― AI 時代の大学教育―』森北出版.
Chan, M. S., Jones, C. R., Jamieson, K. H., & Albarracin, D. (2017). Debunking: A meta-analysis of

the psychological efficacy of messages countering misinformation. *Psychological Science,* 28(11), 1531–1546.

土井隆義（2014）『つながりを煽られる子どもたち』岩波ブックレット.

Gendlin, E. T. (1978). *Focusing.* Bantam Books. ジェンドリン，E. T.（村山正治・都留春夫・村瀬孝雄訳）（1982）『フォーカシング』福村出版.

後藤和史・安念保昌（2015）「アレキシサイミア空間からみた批判的思考態度」『日本心理学会第 79 回大会発表論文集』321.

原田知佳ほか（2014）「日・韓・中・米における社会的自己制御と逸脱行為との関係」『パーソナリティ研究』22, 273–276.

池見陽（1995）『心のメッセージを聴く』講談社現代新書.

関西地区 FD 連絡協議会・京都大学高等教育研究開発推進センター編（2013）『思考し表現する学生を育てるライティング指導のヒント』ミネルヴァ書房.

木村忠正（2012）『デジタルネイティブの時代』平凡社新書.

鴻上尚史・佐藤直樹（2020）『同調圧力—日本社会はなぜ息苦しいのか—』講談社現代新書.

国立教育政策研究所（2013）『社会の変化に対応する資質や能力を育成する教育課程編成の基本原理　教育課程の編成に関する基礎的研究報告書5』

Lewandowsky, S., et al. (2020). *The debunking handbook 2020.* (https://sks.to/db2020)（2022 年 3 月 31 日）

又平恵美子・竹内純人・大野博之・稲積宏誠（2010）「文章作成支援ツールによる日本語文章力育成」『ICT 活用教育方法研究』13(1), 16–20.

元吉忠寛（2011）「批判的思考の社会的側面」楠見孝・子安増生・道田泰司編『批判的思考力を育む』有斐閣，45–65.

大渕憲一（2015）『紛争と葛藤の心理学』サイエンス社.

太田肇（2021）『同調圧力の正体』PHP 新書.

OECD (2019). *OECD Learning Compass 2030 concept notes.*（https://www.oecd.org/education/2030-project/teaching-and-learning/learning/all-concept-notes/）（2022 年 3 月 31 日）

Rychen, D. S., & Salganik, L. H. (Eds.). (2003). *Key competencies for a successful life and a well-functioning society.* Hogrefe & Huber Publishers.

白井俊（2020）『OECD Education2030 プロジェクトが描く教育の未来』ミネルヴァ書房.

谷美奈（2021）『「書く」ことによる学生の自己形成—文章表現「パーソナル・ライティング」の実践を通して—』東信堂.

得丸さと子（2008）『TAE による文章表現ワークブック』図書文化社.

得丸さと子（2010）『ステップ式質的研究法— TAE の理論と応用—』海鳴社.

Tversky, B. (2019). *Mind in motion: How action shapes thought.* Basic Books.

早稲田大学平山郁夫記念ボランティアセンター編（2018）『体験の言語化実践ガイドブック』成文堂.

Zimmerman, B. J., & Martinez-Pons, M. (1988). Construct validation of a strategy model of student self-regulated learning. *Journal of Educational Psychology,* 80(3), 284–290.

あとがき

　大学教育学会課題研究シンポジウムは、2018年度と2019年度は対面で、2020年度はオンラインでの開催となった。その後、2021年度大会発表を経て、4年間の研究成果を出版するに至った。登壇者全員が執筆している。ライティング教育と大学教育の第一線で活躍する研究者らと、分野を超え、議論を重ねる機会を得て、個人研究では到底成し得ない、学際的な共同研究となった。実践と理論の両面から捉えた実証的・応用的な研究である。

　実践に役立つポイントを3点にまとめた。第一に、ライティング教育に携わる高校や大学の先生方がすぐさま実践できる内容が随所に盛り込まれている。とりわけ、思考を鍛えるツールに加えて、読むことの指導や読書習慣の意義について説いている。

　第二に、「高大接続」と「探究学習」に関する事例分析を通じて、主体的で対話的な授業、よく練られた論述課題が、生徒や学生の思考を鍛えることを示した。さらに、レポート課題の分類、大学でのレポート執筆経験が卒業後の職業生活に生かされていることなど、大社接続も取り上げた。

　第三に、初等・中等教育から、大学のカリキュラムや学習環境の整備まで包括的な支援体制を示した。初年次教育・教養教育・専門教育の連関、正課と正課外を架橋するライティングセンター、大学図書館との連携、学術日本語、デジタル化に向けた支援まで未来を見据えている。

　執筆中に、ロシアによるウクライナへの軍事侵攻が始まった。叡智を結集しても解決の糸口が見つからない。2018年と2019年に調査でフィンランドを訪れた。ロシアの上空を飛び、直行便で10時間程の日本から一番近い欧州だった。フィンランドもこれまで隣国の侵攻に翻弄されてきた。その苦悩の歴史が教育に深く刻み込まれている。うわついたところのない真摯な国民という印象は、このたびの惨事を目の当たりにして腑に落ちた。

　国の歴史が教育を創る。過酷な体験が世代を超えて子らに引き継がれている。その一方で、教育が国の歴史を先導するという側面もある。

この世界的危機をどう乗り越えていくのか。"思考を鍛える"教育の意味と意義が一層深まったように思う。思考を鍛えるライティング教育の目標は、変革期を生きる人間形成の基本となる、教養ある"自律した書き手"の育成にある。どのような問いを立てるかはアカデミック・ライティングの根幹を貫くものである。何をどう書かせるかは、どのような人間を育てたいか、どのような社会にしたいかということにつながる。

　平和を祈るとともに、本書がこれからの教育の一助となれば幸いである。慶應義塾大学出版会の奥田詠二氏には、貴重なご指摘をいただき、校正では大変なご苦労をおかけした。心から感謝申し上げる。

　若葉の美しい季節に生徒・学生の成長を願って　　　　　　　　編者

【編著者】
井下千以子（いのした・ちいこ）［序章、第5章、第6章、第7章］
桜美林大学リベラルアーツ学群教授
慶應義塾大学大学院健康マネジメント研究科非常勤講師
日本女子大学大学院人間発達学専攻修了。学術博士。
主な著書：『思考を鍛えるレポート・論文作成法【第3版】』（慶應義塾大学出版会）、『思考を鍛える大学の学び入門―論理的な考え方・書き方からキャリアデザインまで―【第2版】』（慶應義塾大学出版会）、『大学における書く力考える力―認知心理学の知見をもとに―』（東信堂）、『高等教育における文章表現教育に関する研究―大学教養教育と看護基礎教育に向けて―』（風間書房）ほか。

【著者】（執筆順）
大島弥生（おおしま・やよい）［第1章］
立命館大学経営学部教授

福　博充（ふく・ひろみつ）［第2章］
創価大学総合学習支援センター助教

関田一彦（せきた・かずひこ）［第2章］
創価大学教育学部教授

高橋　薫（たかはし・かおる）［第3章、第10章］
創価大学学士課程教育機構准教授

杉谷祐美子（すぎたに・ゆみこ）［第4章］
青山学院大学教育人間科学部教授

柴原宜幸（しばはら・よしゆき）［第6章、第7章］
開智国際大学教育学部教授

成瀬尚志（なるせ・たかし）［第8章］
大阪成蹊大学経営学部准教授

小山　治（こやま・おさむ）［第7章、第9章］
京都産業大学全学共通教育センター准教授

佐藤広子（さとう・ひろこ）［第 10 章］
創価大学学士課程教育機構准教授

小林至道（こばやし・のりみち）［第 11 章］
青山学院大学アカデミックライティングセンター助教

中竹真依子（なかたけ・まいこ）［第 11 章］
学習院大学外国語教育研究センター准教授

嶼田大海（しまだ・ひろみ）［第 11 章］
青山学院大学アカデミックライティングセンター助教

岩﨑千晶（いわさき・ちあき）［第 12 章］
関西大学教育推進部教授

佐渡島紗織（さどしま・さおり）［第 13 章］
早稲田大学国際学術院教授

小笠原正明（おがさわら・まさあき）［第 14 章］
北海道大学名誉教授

山地弘起（やまじ・ひろき）［第 15 章］
独立行政法人大学入試センター試験・研究統括官

思考を鍛えるライティング教育
――書く・読む・対話する・探究する力を育む

2022年6月25日　初版第1刷発行

編著者―――――井下千以子
発行者―――――依田俊之
発行所―――――慶應義塾大学出版会株式会社
　　　　　　　〒108-8346　東京都港区三田2-19-30
　　　　　　　TEL〔編集部〕03-3451-0931
　　　　　　　　　〔営業部〕03-3451-3584〈ご注文〉
　　　　　　　　　　〃　　　03-3451-6926
　　　　　　　FAX〔営業部〕03-3451-3122
　　　　　　　振替00190-8-155497
　　　　　　　https://www.keio-up.co.jp/
装　丁―――――土屋　光
組　版―――――株式会社キャップス
印刷・製本―――中央精版印刷株式会社
カバー印刷―――株式会社太平印刷社

慶應義塾大学出版会

思考を鍛える
レポート・論文作成法 第3版

井下千以子著　累計5万部超の好評レポート・論文入門書の第3版。文献の調べ方・読み方から、フォーマットを使った書き方までを懇切丁寧に解説。また、「引用」時の注意点の追記や重要単語の索引を付し、利便性を向上。

定価 1,320 円（本体 1,200 円）

思考を鍛える
大学の学び入門 第2版
─論理的な考え方・書き方からキャリアデザインまで

井下千以子著　「学びの基本」を学びたい大学1、2年生を対象とした好評解説書。ワークシートで、学びの基本的スキルが身につく。「探究学習」にも役立つ。第2版では、アカデミックプランニング・エッセイを追加。

定価 1,320 円（本体 1,200 円）